概论

民商法

（下册）

AN INTRODUCTION
TO CIVIL
AND
COMMERCIAL LAW

贺东山　　许中缘　　龚　博◎主编　▶▶▶

中南大学出版社
www.csupress.com.cn
·长沙·

图书在版编目(CIP)数据

民商法概论 / 贺东山, 许中缘, 龚博主编. --长沙：
中南大学出版社, 2025.6. --ISBN 978-7-5487-6132-7

Ⅰ. D923

中国国家版本馆 CIP 数据核字第 20258SK314 号

民商法概论

MINSHANGFA GAILUN

贺东山　许中缘　龚博　主编

□出 版 人	林绵优
□责任编辑	沈常阳
□责任印制	唐　曦
□出版发行	中南大学出版社
	社址：长沙市麓山南路　　　　邮编：410083
	发行科电话：0731-88876770　　传真：0731-88710482
□印　　装	广东虎彩云印刷有限公司

□开　　本	787 mm×1092 mm 1/16	□印张 36.75	□字数 916 千字
□版　　次	2025 年 6 月第 1 版	□印次 2025 年 6 月第 1 次印刷	
□书　　号	ISBN 978-7-5487-6132-7		
□两册定价	108.00 元		

目 录 / Contents

第二编　公司法

第三编　破产法

第四编　证券法

第五编　票据法

第六编　保险法

绪　论

　　商法是一门实务性强、内容丰富、范围广泛、体系完整的法律学科，商法学是法学专业必修的一门重要的专业课程，也是法学教育的一门传统课程。该课程主要介绍商法的基本理论知识，包括公司、破产、证券、票据、保险等法律制度，并涉及市场经济法律体系中的一些重要组织制度和交易制度，以及当前商事法律活动中的前沿问题。在现代市场经济国家，商法是最基本、最重要的法律部门之一，是维系市场经济秩序的主要法律手段。

　　商法学作为一门独立的法学学科，被各高等院校列入法学专业核心课程。商法学与民法学、经济法学有着密切的联系，同时也与经济学的一些学科相关联。商法学包括公司法、破产法、证券法、票据法和保险法等，这些法律法规及相关制度具有很强的政策性和技术性。商法学课程的设置便于学生了解和掌握商法学的基本理论，熟悉有关商事立法，提高运用所学的专业理论知识分析和解决商事法律问题的能力，为建立和完善社会主义市场经济体制、发展国民经济提供法律服务。商法学是为培养适应社会主义市场经济需要的法学人才而设置的一门必修课程，课程教学任务除了介绍商法学的基础理论知识、公司法律制度、破产法律制度、证券法律制度、票据法律制度、保险法律制度的内容及其在商事活动中的实际应用外，还包括市场经济法律体系中的一些重要组织制度和交易制度，以及根据这些法律制度从事相关商事活动的方法、程序、规则等内容。学生可以通过学习了解商法的性质、地位、特点及商法的基本原理和基本内容，掌握商法的基础知识、我国商法发展的现状，以及现行商事立法的法律规定，并能结合现行法律解决商法的实践问题。商法学的内容丰富、范围广泛且实务性强，为了获得较理想的学习成果，必须重视理论与实践的结合。在学习的过程中，可根据个人的条件和特点采取以下几种方式：文献法、交流法、实验法。教师可依照本课程提供的实验大纲，开展课堂互动、分组讨论、课外学术讲座等多种学习实践活动。

第一编

商法总论

第一章　商法概述

　　【导语】商法是调整商事法律关系的法律规范的总称，是一个极为重要的法律部门，也是整个法律体系中不可或缺的重要组成部分。商法起源于地中海沿岸商人的习惯法，随着经济贸易活动的发展和商业规则的丰富，大陆法系国家制定了商法等商事法律法规，形成了民商分立的模式。随着商人地位的变化和商业贸易活动的日渐扩大，逐步呈现出民商合一的趋势。自清朝末年开始，我国采用了民商合一的立法模式，理论界通常将商法视为民法的特别法。

　　【重点】商法的概念及特征、商法的调整对象、商法的基本原则、民商立法模式、商法与经济法的关系、商法与劳动法的关系

第一节　商法的概念

一、商的概念

　　商是指货物或服务的交易，尤指涉及城市、州、国家之间运输的大规模交易(《布莱克法律辞典》)。商是指对各种物品的交易或交换之总括(《拉威尼(Lavine)当代商法》)。

　　商法在一般意义上是关于商事的法律。在此基础上，商法的概念、规范和制度的建立，均与对"商事"的具体理解是分不开的。

　　"商事"是整个商法建立的基石。探究商法的含义，明确"商事"这一概念显得尤为重要。研究商法，首先必须界定"商事"的内涵与外延。

　　"商事"作为商法意义上的概念，许多国家并未对其作出一般性和抽象性的定义，而一些国家则通过列举具体的商业活动以明确其外延。对于"商事"范畴的具体界定，不同国家的规定各异，均根据本国实际情况以法律形式予以确定。

　　根据商法理论通说，商法中所称的"商事"，是指商事主体(也称商主体)以营利为目的而从事的各种营利性活动。

　　商法意义上的"商事"，是指一切营利活动的总称，为营利的目的从事媒介交易的行

为，都称为"商"。

"商事"的范畴非常广泛，几乎囊括了所有种类的、以营利为目的的商品交换以及其他有关活动，其中买卖行为是整个商事活动的核心。

二、商法的概念

尽管各国在社会、经济和文化等方面的发展水平有差异，"商事"的范畴在各国之间也因此而不尽相同，但它们之间却存在着一个根本的共同点，那就是"商事"是指以营利为目的的经营活动的统称。因此，从这个角度来看，商法就是商事法，是调整商事法律关系的法律规范的总和。

根据我国学者的理论通说，现代商法中的"商事"内涵包括以下四种：

第一，直接的财货交易以及传统商法中的基本商业活动（即"固有商"），主要是买卖行为，包括直接的货物买卖交易、证券交易、票据交易以及海商海事活动等。理论上称之为"第一种商"。

第二，为实现上述商业活动而提供的辅助性营业活动，旨在帮助"固有商"实现其活动，称为"辅助商"。如货物运输、仓储、代理、行纪、居间、包装等。理论上称之为"第二种商"。

第三，指本身不是直接的货物贸易，也不为直接的货物贸易提供辅助，但与"固有商"和"辅助商"有密切关系的活动。如融资、信托、制造、加工、印刷、摄影等。理论上称之为"第三种商"。

第四，仅指与"第二种商"或"第三种商"发生商事法律关系的营利性活动。如广告、人身和财产保险、饭店旅馆、旅游服务等。这类营业活动和"固有商"的联系已经非常间接。理论上称之为"第四种商"。

三、商法的分类

商法能够从不同的角度进行分类：按照法系可分为英美法系商法和大陆法系商法；按照表现形式可分为形式商法和实质商法；按照范围不同可分为广义商法和狭义商法。

(一)英美法系商法和大陆法系商法

这是按照不同的法系对商法进行的分类。

英美法系国家法律的表现形式通常是习惯法和判例，但作为两大法系之间不断渗透与融合的结果，英国和美国都颁布了一些属于成文法的商事制定法，如英国颁布的《商品买卖法》《合同法》《票据法》《公司法》《合伙法》《企业破产法》等。美国从联邦政府到各州都颁布了商事单行法，如《公司法》《企业破产法》等，甚至联邦政府还颁布了《统一商法典》。

大陆法系的商法以法国商法和德国商法为代表。虽然二者之间存在很大的差异——德国商法以商人为立法基础，法国商法以商事行为（也称商行为）为立法基础——但二者的共同点是，为了对商法典进行补充，两国都另外制定了许多商事单行法，如《公司法》等。

(二)形式商法和实质商法

这是按照表现形式的不同对商法进行的分类。

商法理论界的通说认为，形式意义上的商法是指冠以"商法典"名称的商事法典，实质意义上的商法是指调整商事关系的所有法律规范的总称。图1-1为法国商法典。

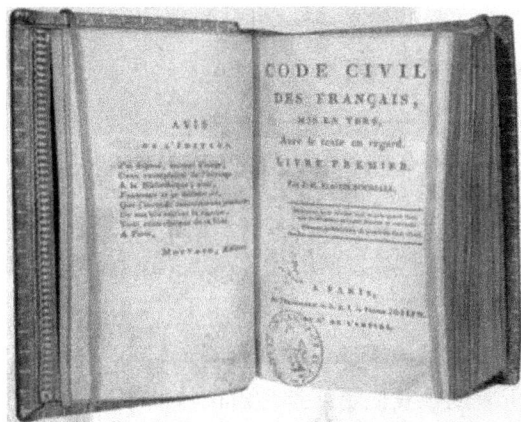

图1-1　法国商法典

形式意义的商法着眼于规范的表现形式和法律的编纂结构，它最终表现为一个成文的法律文件——商法典，其内容通常包括商法的一般性抽象规则，以及公司法、保险法、票据法、破产法等基本制度。在大陆法系国家中，德国、法国、意大利、西班牙、葡萄牙等国都制定了专门的商法典。根据统计数据，现今约有四十个国家颁行了成文商法典。

实质意义的商法着眼于规范性质、规范结构和作用理念的统一，其内容包括有关商事的专门法规，散见于民法、行政法和其他法律中有关商事的规定，以及有关判例、规则等。因此，商法的实质意义是指以商主体为调整对象，并规范其特有商事关系的全部法规的总和，并不以法律文件冠以"商法典"名称为限。因此，在市场经济条件下，一个国家可能没有成文商法典，但绝不可能没有调整商事活动的法律法规。也就是说，一个国家可能没有形式意义上的商法，但是不可能没有实质意义上的商法。

从法律形式而言，我国没有形式意义上的商法，即没有成文的商法典，但用于规范商事活动的法律仍然存在。我国采取的是制定商事单行法规的立法方式，已经颁行了包括《公司法》《合伙企业法》《票据法》《保险法》《企业破产法》等在内的法律。纵观我国的商事立法现状，实际上已经建立了实质意义上的商法体系。

(三)广义商法和狭义商法

这是根据商法的范围进行的分类。

广义商法是规范各种商事关系的商法规范的总称，可以分为国际商法和国内商法。国际商法是指调整国际商事活动的法律规范，主要包括国家间的商事条约、公约、协定，以及国际上共同遵守的商事惯例等，《联合国国际货物销售合同公约》就属此类。国内商法规范可分为商公法和商私法。所谓商公法，主要是指宪法、行政法、税法、银行法及刑法中关于商事内容的规定（如税法中关于企业税收的规定等）。商私法则是指私法领域内关于商事活动的法律法规，如民商分立体制下国家的商法典、英美法系国家的商事习惯法，以及采用民商合一体制国家的民法典中的商事规定。

狭义的商法是指用于规范国内商事法律关系的商事私法，即国内商法中的私法部分。从现代各国的商法内容来看，随着经济全球化的进一步发展，商法国际化的趋势也越发明显。因此，越来越多的学者在强调狭义商法的同时，也主张注重商法的国际性内容和公法性内容。

第二节　商法的特征和调整对象

一、商法的特征

商法作为调整商品经济关系的法律，有其自身的特征，这是其本质属性的外在表现。对商法特征的研究和分析有助于我们更好地理解商法的本质和意义，这也是商法区别于其他部门法的重要标志。商法的特征主要有六个方面：私法性兼具公法性质、实体法兼具程序性、商品经济的法具有营利性、强烈的技术性及操作性、变革性及进步性、国际性。

（一）商法是私法

商法兼具公法和私法的特性，是公法和私法的结合，但其本质上仍为私法。关于公法和私法的划分标准，学界普遍认可查士丁尼在《法学总论》中的论述："法律学系分为两个部分，即公法和私法。公法涉及罗马帝国的政体，私法则涉及个人利益。"一般认为，私法主要包括民法和商法，公法主要包括宪法、刑法、行政法等。商法与民法一同被视为私法，这是大陆法系国家的普遍观点。

商法的私法性是显而易见的，因为商法的主旨在于调整和保护商事主体的财产利益。无论是个人还是法人，当其作为商事主体参与商事活动时，其权利义务关系均受商法的约束。调整个人（包括自然人和法人）之间的利益关系，正是私法存在的意义。

进入现代社会以来，随着西方国家对经济活动干预的增多，许多政策被纳入法律规定，出现了"私法公法化"的趋势。商法也因此具有了更多的公法色彩，且商法中本身也存在具有公法性质的规范，但这都不能改变商法的私法属性，商法本质上依然属于私法。

（二）商法是实体法，兼具程序性

根据法律规定的内容不同，可以将法律分为实体法与程序法。实体法是指规定具体权利义务内容或者法律保护的具体情况的法律，如民法、合同法、婚姻法、公司法等。程序法是规定为保证法律主体权利和职权得以实现与行使、义务和责任得以履行的有关程序的法律，如行政诉讼法、刑事诉讼法、民事诉讼法等。

商法的主要内容是规定商事主体在交易活动中具有的权利和义务。尽管在商法中不可避免地存在程序性的规范，如关于商事登记的规范，但此类规范与严格意义上的程序法

规范是不同的，商法本质上属于实体法。

作为实体法的商法，兼具极强的程序性。商法中包括大量的非诉讼程序规范和诉讼程序规范。

（1）非诉讼程序规范。为确保商事主体的实体权利义务得以实现，商法中规定了大量的非诉讼程序性规范，比如《公司法》中通常包含公司设立程序、公司股东和董事等高级管理人员的产生和决议程序、公司资本的增减程序、证券的发行与交易程序、公司的合并和解散程序等。

（2）诉讼程序规范。实体法的实施通常有专门的诉讼程序法保驾护航，比如《刑法》有《刑事诉讼法》，《民法典》有《民事诉讼法》，《行政法》有《行政诉讼法》。而商法，尤其是在不具备统一商法典的我国，其程序性商事规则大多散见于各单行的商事立法中。其中，最典型的诉讼程序性商法规范是《企业破产法》规定的破产程序，主要涉及破产申请与受理、债权人会议、破产宣告、破产清算、破产和解等一系列规则。除此之外，《公司法》规定了股东派生诉讼，证券和票据相关立法中规定了公示催告程序等。

（三）商法是商品经济的法

商法以促进和保护商事交易中的利益实现为主旨，是具有营利性的法。商法自诞生起，就是以营利为其本质特征，讲求交易价值，谋求投资回报，实现利益最大化。例如，设立公司意在营利，股东进行投资也是为谋利；再如投资股票、债券等，都是以营利为目的。但同时，商法只是鼓励和保护通过正当手段和合法投资途径获取经济利益和商业利润的交易，诚实信用原则仍是首要原则。对于那些欺行霸市、坑蒙拐骗的竞争行为和手段，是商法坚决禁止的。

（四）商法具有较强技术性和操作性

商法的技术性来源于商事活动的实践，是商事实践的总结和提高，同时又用于解决商事实践中提出的各种问题。随着商事交易活动日趋现代化和科技化，商法要准确反映商品经济的客观规律，其规范不仅要做定性的规定，而且要做定量的规定。同时，随着科技时代的发展，现代商事交易更多地融入了先进的科学技术，这使得商法的内容也必须具有极高的技术性。它要求人们具有更为精确、缜密的经济、技术知识和思维。例如，票据法中有关票据的文义性、独立性、票据抗辩的限制，持票人的追索权以及参加承兑等，保险法中有关损害赔偿的估定，公司法中有关董事及监事的选举、股东会议的召集程序和方法等方面的规定，都体现了极强的技术性。

（五）商法具有变革性和进步性

商法被人们称为整个法律的开路先锋。在商事领域，法律调整的需求往往最先表现于商法中，使它领先于其他法律。此外，私法的很多制度都起源于商法，如善意取得制度、外观权利制度等。商法与实践的关系极为密切，而市场经济发展瞬息万变，实践的发展要求商法不断进行进步与变革，否则，它就会失去调整商事关系特别法的地位。商法的变革与进步最直接地表现在制度的创新上，各国公司法的不断更新就是其突出代表。商法的变革性与进步性使其能始终适应并调整商事关系的变化。

（六）商法的国际性日趋加强

在经济全球化的发展中，商法的国际性倾向也很突出。这种倾向具体表现为，继受了行之有效的制度，并出现了对国内商法影响极大的统一商事条约和国际商事惯例。第一，由于商法的技术性，行之有效的制度措施容易被其他国家接受和借鉴。例如，美国的股东代表诉讼制度，已为大陆法系国家和地区所广泛采用；美国的有限责任合伙为我国和日本所采用，在我国被称为"特殊的普通合伙企业"。第二，出现了统一的商事条约和国际商事惯例。由于国际贸易的发展，加之交通和信息技术的不断进步，出现了一系列的国际商事条约，如《1974年海上旅客及其行李运输雅典公约》《1976年海事赔偿责任限制公约》等国际条约，以及为大多数国家接受的国际惯例，例如1974年的《约克—安特卫普规则》，是我国起草《海商法》时关于共同海损规定的重要参照。这些国际性规则对于作为国内法的商法影响极大。

二、商法的调整对象

特定的调整对象是商法作为部门法存在的前提和基础。世界各国商法学界对何为商法的调整对象存在各种不同的学说，有商事关系说、商业流通经济关系说、市场交易关系说等。商事关系说认为商法是以商事关系为调整对象的法律部门，该学说认为商事关系是商事主体基于商事行为而产生的权利义务关系，是民事法律关系的一种特殊表现形式；商业流通经济关系说认为商法调整的是以社会公共利益为本位、平等主体间营利性的商业流通经济关系；市场交易关系说则认为商法调整的就是市场交易关系。这三种对何为商法调整对象的主张都有其独特意义，从概括内容的全面性和含义的准确性来说，我们认为商事关系说最为恰当。

商事关系是平等主体之间基于营利性活动持续形成的社会关系，是从事营业行为所引起的社会经济关系以及与此相联系的社会关系的总和。基于以上定义，商事关系具有以下两个一般性特点。

（一）商事关系是发生在平等主体之间的社会经济关系

在社会生活中，各种社会关系的主体丰富多彩。总的来说，可以划分为公法上的主体和私法上的主体。商法是私法，商事主体是私法上的主体，商事关系只能发生在平等主体之间。

（二）商事关系是商事主体基于营利动机而建立的社会经济关系

商事关系只能发生在以营利为目的的商事活动过程中，也只能存在于以营利为目的的主体之间，这是商事关系区别于普通民事法律关系最关键的特点。民事法律关系是更广范围内的财产关系和人身关系，商事关系是民事关系的一部分，在大陆法系中被定义为民法的特别法。

营利性是商事关系的本质属性。所谓"营利"，是指为了谋取超出资本的利益并将其分配给投资者的行为。营利是一切商事关系形成的基本动机和目的，是商事经营活动的出发点和归宿。这种营利指的是商事行为主体的主观目的是取得经济利益，至于客观上是否真的取得利益则在所不问。正是基于商事关系的营利性本质，现代商事活动表现出无所不包、无所不商的状态，几乎一切社会活动，都可以基于营利而进行，都可以成为一种商事活动。

第三节 商法的基本原则

由于商法是作为民法的特别法而存在的，所以民法的基本原则，如意思自治原则、诚实信用原则等都适用于商法。同时，商法所调整的商事关系又具有不同于民法所调整的一般的民事法律关系的特征，作为规范商品交易的法，商法具有自身独特的原则。

要作为商法的基本原则，必须能够准确地表达出商法的价值追求，又能清楚地展示构建商法制度的主要立法技术，且必须构成商法理念的集中表现，并因此而能够作为商事立法、商事诉讼以及商事交往活动统一准据的根本性规则。

一、商事主体法定原则

商法是规范商事主体进行交易活动的基本法律。市场经济条件下，商事主体是最基本的活动单位，为了保护交易安全、相对人的利益以及市场秩序的稳定，商法通常以强制性规范对商事主体的类型、标准及设立作出具体规定，以此达到控制其进入市场的目的。

商事主体法定的内容具体包括商事主体类型法定、商事主体内容法定和商事主体程序法定三个方面。

(一)商事主体类型法定

在市场经济条件下，商事主体是最基本的活动单位，其组织的健全与否直接决定市场交易基础是否稳固，关系到市场秩序是否稳定，还涉及交易相对方的利益和商事活动的繁荣与否。因此，商法必须用强行法规对商事主体的准入进行严格的规制。

所谓商事主体类型法定，是指对商事主体的类型作出明文规定，当事人只能在法定类型的范围内选择，而不能任意创设法律中未规定的类型。当事人创设或变更商事主体时，仅具有在法定范围内自由选择的权利，如果超出法律规定的范围，就得不到法律承认及市场准入。例如，在西方国家，无限公司、两合公司都是商事主体，而我国公司法没有规定这些类别的公司，因此，这类经济体在我国就不能成为商事主体。

(二)商事主体内容法定

所谓商事主体内容法定，是指商法对各主体的组织关系和财产关系在法律中予以明确规定，当事人不得擅自变更其组织关系和财产关系。

在商法中，对不同主体的财产关系和组织关系有不同的规定，当事人必须遵循，否则就可能造成主体形式的混乱，影响市场经济秩序。例如，根据法律规定，有限责任公司、股份有限公司、合伙企业、独资企业、外资企业等不同的商事主体，在财产关系和组织关系中存在重大差异。

（三）商事主体程序法定

所谓商事主体程序法定，是指设立、变更和终止商事主体，必须遵守商事法律法规的程序。商法对设立商事主体的程序有明确的规定，当事人想要设立商事主体，必须严格按照法律规定的程序进行，否则将无法完成设立。例如，我国公司法规定的有限责任公司和股份有限公司的设立原则是严格准则设立主义和核准设立主义的结合。

设立一般的公司，符合法律规定的，遵守严格准则设立主义，直接办理登记注册手续，但对于涉及国家安全、公共利益和关系国计民生等特定的行业和项目，法律规定设立公司必须报经审批的，则应当履行审批手续。

二、保护交易安全原则

在市场经济条件下，随着交易手段日趋复杂、交易周期不断缩短、交易范围不断扩大，各种风险因素日益增多，交易风险时刻存在，影响交易安全。为了保证商事活动的顺利有效进行，各国的商事法律规范都将保护交易安全确立为商法的基本原则。

（一）公示主义

公示主义是指商法要求交易当事人对于涉及利害关系人的客观事实必须向公众显示，以便利害关系人了解。商法中规定了各种有关公示的制度，如果负有公示义务的商事主体没有履行该义务或者向公众虚假公示，应承担相应的法律责任。例如，《上市公司信息披露管理办法》规定，上市公司负有向股东披露招股说明书、募集说明书、上市公告书、定期报告和临时报告等信息的义务。

（二）外观主义

外观主义是指以交易当事人行为的外观为准来认定商事交易行为的效力。当外观表示与真实意思可能不一致时，依据外观主义，交易行为完成后，出于对交易安全的保护，原则上认定有效，不得撤销。商法将民法中的表见代理贯彻得更为彻底。例如，商法中有关不实登记的责任，字号借用人、表见代理董事的责任，以及票据法上对票据行为解释的外观原则、背书证明力等规定，都体现了外观主义的要求。

（三）严格责任主义

商法对于商事责任实行严格责任主义。所谓严格责任主义，是指在商事交易中，无论债务人有无过错，都应对债权人负责。例如，我国《公司法》规定，股份有限公司的发起人在公司不能成立时，对认股人已经缴纳的股款，负有返还股款并加算银行同期存款利息的连带责任，这一规定就是严格责任主义的体现。

三、维护交易公平原则

公平原则是民法的基本原则之一，体现在商法中就是交易公平原则。公平是以利益均衡作为价值判断标准来规范商事主体之间物质利益关系的法律要求。它意味着，为商事主体之间的利益均衡或互惠，理性经济人必须放弃一些纯粹的营利追求。

交易公平是商事主体的普遍愿望，也是商品交换规律和自由竞争规律的客观要求。然而，商事活动的利己性会不可避免地引发不正当竞争行为，因此，必须通过商法中维护交易公平的原则来有效保护公平竞争。该原则的主要内容包括平等交易原则、诚实信用原则和情势变更原则。

四、促进交易简便快捷原则

在市场经济条件下，交易频繁，行情瞬息万变，交易的简便、快捷对于商事主体而言，意味着交易时间的节约、成本的降低和资金利用率的提高，从而更有可能实现商事主体的营利目的。现代商业实践中，商品交易流转的速度，对于商事主体而言具有至关重要的意义。

(一) 充分尊重当事人意思自治

促进交易便捷的一个最基本的方法就是贯彻意思自治原则，其在商法中的集中体现就是商事契约自由。商事法律，如公司法、票据法、保险法、海商法中规定了大量的任意性规范，由商事主体按照自己的意思决定有关事项。

(二) 交易规则的定型化

交易规则的定型化，包括交易方式的定型化和交易客体的定型化。交易方式定型化是指商事法律中预先规定若干类型的典型交易方式，从而使商事交易方式定型化。例如，要求销售商对商品明码标价的规定、记名票据背书转让和无记名票据交付转让的规定等。交易客体定型化是指商事法律对交易客体的商品化和证券化。对于有形商品，商法分门别类地规定了统一的规格或要求使用特定的标志，使其商品化，确保交易可以迅速进行。对于无形的商品，如股票、债券、票据、保险单、运单等，商法则通过使其证券化的方式，通过证券的流通实现无形商品的交易，从而大大简化了交易程序，提高了交易效率。

(三) 短期时效主义

所谓短期时效主义，是指商法对于各类商事请求权规定的时效期间较一般民事请求权短，从而可以推动商事交易纠纷的迅速解决，提高交易效率。

五、确认和保护营利原则

商法是调整具有营利性质的商事关系的法律，商事主体从事交易活动的目的就是为了营利，追求利润最大化。商事主体所有的商事行为都是围绕营利这个核心展开的，例如，在公司法中，发起人之所以创立公司、公司之所以从事营利活动、股东之所以转让股票、非股东之所以购买股票，其目的皆在于营利。

因此，作为规范商事主体及其商事活动的商法，始终贯彻确认和保护营利的原则与价值取向。商法中，关于商事登记、公司、证券、保险、票据等规范，都从各个方面体现了确认和保护营利的原则。所以，确认和保护营利原则既反映了商事关系的本质特性，体现了商法的独特性，又体现了商法与民法在价值取向上的差异。

第四节　商法与其他部门法的关系

一、商法与民法的关系

商法和民法是法律体系中私法的两大领域。不同的私法立法体制决定了商法与民法的不同关系，现今世界上关于商法和民法的关系存在三种分类模式。

（1）民商合一模式。采用民商合一立法模式的国家只制定民法典，不再另行制定商法典。这种模式认为商法与民法在基本原理、基本制度方面具有共通性，都贯彻着私法的共同精神，其内容是民法的组成部分，要么规定在民法典中，要么制定单行法。因此，在民法典外，不再另行制定商法典。例如，民商合一制度由瑞士首先实行；1942年，意大利开始实行民商合一制度的改革。

（2）民商分立模式。采用民商分立立法体制的国家在制定民法典外，又单独制定商法典，商法是其法律体系中一个单独的法律部门。这种模式认为，商事主体并不等同于一般的民事法律主体，商事行为不同于一般民事法律行为，商法是独立于民法的法律部门。目前，采用民商分立立法体制的国家主要有法国、德国、日本、比利时、西班牙、葡萄牙等。法国于1807年制定了《法国商法典》，德国于1897年制定了《德国商法典》，日本于1899年制定了《日本商法典》。

（3）商法作为民法的特别法。不管是上述哪一种模式，从本质上来讲，商法都是作为民法的特别法而存在的，主要体现为两点。第一，商法与民法在基本原理、基本制度方面具有共通性。例如，民法中关于自然人能力、法人、侵权行为等的规定，都适用于商法，商法不需要对上述方面做出特别规定。第二，在法律适用方面，商法的适用优先于民法。依据特别法优先于普通法的原理，凡是涉及商事的事项，当商法有规定时，应优先适用商法，只有当商法没有规定时，才可以适用民法的有关规定。

我国是采用民商合一制度的国家，在我国，商法仅仅作为民法的特别法而存在。例如，就《民法典》与《公司法》而言，前者中关于法人制度的一般规定同样适用于公司，但并未对公司董事、监事作出规定，则由后者予以补充，这就体现了民法与商法之间的关系。

二、商法与经济法的关系

第一次世界大战以后，资本主义经济发展各种矛盾日趋尖锐，经济危机席卷了整个资本主义世界，干扰市场秩序、限制自由竞争的行为日益严重，破坏经济体系，从而使整个社会的经济秩序面临严重考验。为了缓和社会矛盾，维护健康、自由竞争的市场秩序，西方各国从过去信奉亚当·斯密等人所说的"最好的政府就是干预最少的政府"的信条，过渡到实行积极适当干预经济的政策。在这种背景下，出现了一系列与政府干预经济相适应的法律、法规，以及解决经济危机的法律措施、反对限制竞争和保护弱者的法律措施，德国学者称之为"经济法"（Wirtchabtsrecht）。

（1）两者之间的共同点。第一，商法和经济法都是规范企业经济活动的法律，企业间的经济活动既需要接受商法的规范，也需要接受经济法的规范。第二，因经济法调整经济生活，包括维护市场秩序和进行经济宏观调控，需要借助国家公权力，从一定程度上来说，经济法具有公法性质；商法虽总体上属于私法，但为了强化其对经济关系的调整，在一定程度上也带有部分公法的性质。

（2）两者之间的差异性。依照狭义的经济法概念，经济法主要包括反不正当竞争法、反垄断法、宏观调控法，因而，两者差异主要体现在四个方面。第一，两者调整的对象不同。商法主要是以平等主体之间从事商品交易所产生的社会关系为调整对象，而经济法是以国家协调本国经济运行过程中所发生的社会关系为调整对象。前者为私法关系，而后者则明显不属于私法关系。第二，两者的属性不同。商事法律规范的性质以任意性规范为主，强制性规范为辅；而经济法作为国家对经济进行宏观调控的法，其规范多为强制性规范，同时也存在一些任意性规范。第三，两者的调整方法不同。商法属于私法性质，其调整方法多为市场机制和民事责任，强调意思自治和当事人地位平等；而经济法具有公法性质，其调整方法多为强制机制和行政责任。第四，两者所追求的利益保护结构不同。商法保护个体即商事主体的合法利益，包括保护商人及其他从事商行为者实现其营利目的，只要行为人不违反强制性法律规范。经济法的立法侧重点在于建立公平的市场竞争秩序，维护社会整体利益，为所有商事主体进入市场和公平竞争创造条件。

三、商法与劳动法的关系

之所以把劳动法视为商法的邻近部门法，是因为劳动法的调整对象是劳动关系，它和商法的调整对象一样涉及企业，并且在早期的商法中包含了劳动法的某些内容。基于劳动法的独立和单行法化，商法的内容得到了极大的净化。换言之，现代的劳动法和商法都有各自的调整对象。两者的调整对象都涉及企业，而企业都是以其资本、劳动力和经营条件为存在基础的，实践中，这三个要素的结合与相互作用产生的社会关系非常复杂。

（1）投资者和企业的关系。出资者投资于企业而与企业形成一定的社会关系，包括股东和公司的关系、合伙人和合伙企业的关系、个人出资人和个人独资企业的关系。这种社会关系的核心，是企业的资本由出资者的出资构成，出资者因其出资享有对该企业的权利。其中，公司的股东对该公司享有股权，公司对其股东投资形成的全部法人财产享有所有权。

（2）投资者和经营者的关系。经营者的意义，在不同的企业中是不同的。在股份有限公司和有限责任公司中，经营者通常指董事会成员及高级管理人员。无疑，公司属于股东，经营事务由董事会承担，这是所有者和经营者的关系，所有权与经营权的分离是这两类公司奉行的重要原则，两者所有权和经营权分离的程度不同。在合伙企业中，普通合伙企业的合伙人均可以执行经营业务，有限合伙企业的普通合伙人执行合伙事务，有限合伙人不执行合伙事务。这样，出资者与经营者之间的关系表现为合伙人之间的关系。在个人独资企业中，个人出资者可以自己经营，也可以将经营事务委托给经理人经营，对于后者，经营者与个人出资者的关系是聘任关系。

（3）经营者和企业的关系。合伙企业和个人独资企业不是法人，因而经营者和企业的关系主要在商事公司范围内讨论，公司董事及高级管理人员均应对公司履行善良管理人的勤勉义务和忠实义务。

（4）企业和职工的关系。就员工而言，他们与企业的关系是通过与企业订立劳动合同而建立的劳动关系。

在上述四种关系中，只有劳动关系由劳动法进行调整，其余关系都由商法进行调整，因此，两者的界限非常清晰。但同时，劳动法和商法之间仍然有一定联系。例如，作为企业的高级管理人员（如经理），其由企业聘用，薪金、待遇显然属于劳动法的规范对象。但其作为企业经营活动的代表，在商业文件上的签字效力、职权范围等，则通常由商法规定。

四、商法与刑法的关系

（1）刑法中本身就设有关于商事的刑罚规定。例如，我国刑法中关于伪造有价证券等罪的规定。刑法中有关"经济犯罪"的规定，大多属于"商事犯罪"。

（2）商法中本身也设有关于刑罚的规定。例如，《公司法》《证券法》等法律中都设有关于刑罚的规定，目的在于健全企业组织，规范交易秩序，保护交易信用和安全。

第五节　商法的历史发展

根据国内外商法学界的通说观点，近代商法起源于欧洲中世纪的商人习惯法。

一、西方国家商法的历史发展

从西方的历史来看，近代意义的商法起源于中世纪时期，约公元 476 年至公元 1453 年间，地中海沿岸的商人习惯法，也称商人法。

近代商法的发展虽然建立在中世纪商人习惯法的基础上，但其产生和发展的背景却不同于中世纪的商法。15 世纪开始，随着资本主义商品经济的萌芽以及欧洲国家封建势力的衰落，统一的民族国家逐渐形成，取代了封建割据和封建专制，早期的自治城邦已不复存在，原有的商人团体逐渐消亡，资本主义的商品经济关系受到保护。与此相对应，国家取得了商事立法权，国家的商事立法取代了中世纪时期的商事习惯法。

在初期阶段，各国的商事立法均采取制定单行法的形式，如法国 1673 年颁行的《商事条例》，德国统一前的普鲁士于 1794 年颁行的成文商事法规《普鲁士普通法》，其中商事方面的内容与法国的《商事条例》相似。至 19 世纪，各国才开始制定内容丰富、体系庞大的商事法典。

法国大革命之后，建立了资产阶级共和国。为进一步巩固和促进资本主义经济的发展，法国在拿破仑的推动下，于 1807 年制定了《法国商法典》。该法典以商行为观念为立法基础，是客观主义原则的商事立法。这部商法典是近代的第一部商法典，是近代统一商法形成的标志。它与 1804 年颁布的《法国民法典》一起，开创了民商分立体系的先河。该法典创立的"民商分立"原则被欧洲许多国家的商法吸收。在此后的几百年里，《法国商法典》通过修改法典内容和制定商事单行法的方式，来适应社会变迁和经济发展的需要。

德国在统一之前，普鲁士曾颁行过成文商事法规《普鲁士普通法》。后德国于统一前夕制定了《普通德意志商法》，即今天人们所称的德意志旧商法，该部商法为大多数邦所采用。1871 年统一后，德国开始起草、编纂统一的商法典，《德国商法典》于 1897 年完成，并于 1900 年 1 月 1 日生效。为了区别 1861 年商法和 1900 年商法，前者称为旧商法，后者称为新商法。旧商法借鉴了法国的商事立法方式，采取客观主义原则，即以商行为观念为立法基础；而新商法则采取主观主义原则，即以商人观念为基础。《德国商法典》大部分内容仍在当代适用，但随着社会经济的发展，也通过修改法典内容和制定商事单行法的方式弥补不足。

日本是最早引进欧洲商事法律制度的亚洲国家。日本在进行明治维新之前，是实行闭关锁国的封建社会国家。明治维新期间，为了适应从封建社会经济向资本主义经济过渡的现实情况，日本完成了从个别性商事立法到全面展开商事立法的过程。1890 年颁布的商法典被称为"旧商法典"，其虽是依照法国商法体系起草，但内容主要借鉴了德国商法。这部法典颁行之际，由于受日本国内政治情况的影响，不得不延期实施，并于 1899 年颁布并施行"新商法典"。这部"新商法典"在此后的百余年里又经过多次修改。1999 年对其进行修订后，成为当时通行的《日本商法典》。

英国的法律体系同上述法国、德国和日本不同，英国属于普通法系国家，不具有法典意义上的形式商法。英国商法属于实质商法，以习惯法、判例为其渊源，后被普通法吸收。为了适应经济的发展以及日益频繁的国际商事交往的需求，英国自 18 世纪中叶开始出现商事单行制定法，如 1882 年制定的《票据法》、1890 年制定的《合伙法》、1894 年制定的《破产法》和《商船法》等。值得一提的是，虽然英国出现了成文的商法，但除了《公司法》和《票据法》之外，其他成文商法在本质上只是对判例的一种补充，判例仍然是英国商法最主要的渊源。

美国也属于普通法系国家，其法律渊源主要是判例。依照美国宪法的规定，联邦政府没有统一的刑事、民商事立法权，因此美国各州实行不同的商法制度，这给商业活动的发展带来很大障碍。因此，自 19 世纪开始，美国兴起统一州法运动，美国统一州法委员会于 1952 年颁布了《美国统一商法典》，这部法典被除路易斯安那州以外的所有州采用。

二、我国商法的发展历史

我国长期处于封建社会，加上重农抑商政策的推行，尽管宋代出现过资本主义经济萌芽，但自给自足的自然经济占据主导地位，导致我国的商品经济非常不发达，也就无法建立起发达的商业城市和独立的商人阶层，因而我国古代的商法极不发达。

中国近代的商法发展历史不同于前述欧洲国家从封建制度中自然演进，而是伴随着近代资本主义商品经济的发展和外国资本主义的入侵而来的。例如，在洋务运动中出现了一批官办、官督商办和官商合办的企业；同时，明朝就已出现的钱庄随着商业贸易的发展而得到进一步发展，甚至出现了专营的票号。

为了满足这种需要，清政府制定了一系列商事法律、法规。我国真正意义上的商事立法起于清朝末年，当时随着商事交易的增多，商业有了较大的发展。因此，1908 年清政府颁布了《大清商律》，虽然其内容非常简单，但其体例和内容借鉴了日本和德国的模式，在某种意义上是我国的第一部单行商事法。

清朝末年至 20 世纪 80 年代，我国的商法发展十分缓慢。我国商业活动的蓬勃发展始于改革开放之后，经济随之迅速发展。特别是在我国确立社会主义市场经济体制以来，我国的商事立法建设进入了快速发展时期，制定了大量规范企业、市场及其商事活动的商事单行法律、法规和规章。

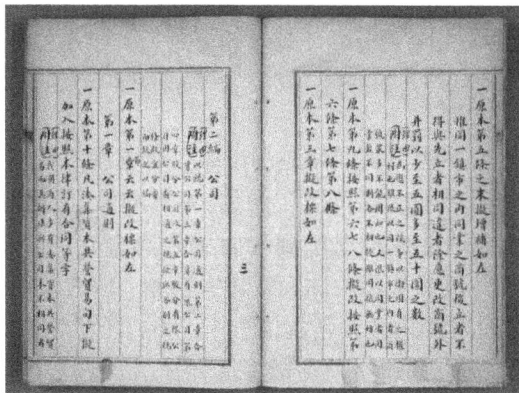

图1-2　金邦平小楷《大清商律存疑》

我国现行的具有商法性质的主要单行法律、法规及规章，主要包括：1979年颁布的《中外合资经营企业法》、1986年颁布的《外资企业法》、1988年颁布的《中外合作经营企业法》和《全民所有制工业企业法》，1990年颁布的《乡村集体所有制企业条例》、1991年颁布的《城镇集体所有制企业条例》、1992年颁布的《海商法》、2013年修订的《公司法》、2004年修订的《票据法》、2003年修订的《商业银行法》、2009年修订的《保险法》、2006年修订的《合伙企业法》、2014年修订的《证券法》、1999年颁布的《合同法》（已纳入《民法典》）和《个人独资企业法》、2001年颁布的《信托法》、2006年颁布的《企业破产法》。

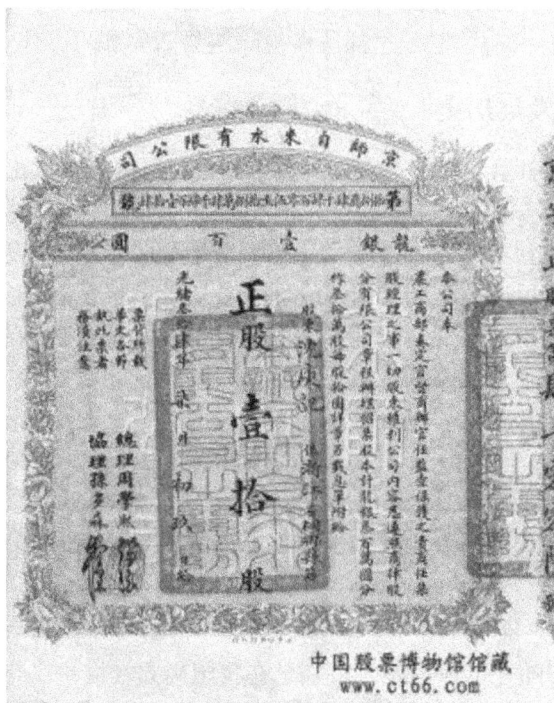

图1-3　京师自来水公司股票

从我国已经制定和修订的商事法律法规来看,在市场经济发展的过程中,我国的商法体系已经基本形成。

小 结

商法是调整商事法律关系的法律总和,是极为重要的一个法律部门,也是整个法律体系中不可缺少的重要内容。商法是调整因商行为而形成的商事法律关系的法律规范的总称。商事关系是平等主体之间基于营利性活动而持续形成的社会关系,是从事营业行为所引起的社会经济关系以及与此相联系的社会关系的总和。商法具有较强的技术性;商法调整的对象具有特定性;商法调整的行为具有营利性;商法具有较强的国际性。

知识点

商法的分类:

分类标准	不同分类	表现形式		代表性国家
按照不同法系分类	英美法系商法	习惯法、判例法		英国、美国
	大陆法系商法	商法典		法国、德国
按照不同的表现形式分类	形式商法	民商分立。着眼于商法规范的表现形式和编纂结构,最终表现为商法典的制定		德国、法国、意大利、西班牙、葡萄牙
	实质商法	以商事主体为对象而规范其特有法律关系的全部法规	民商合一	英国、美国
			民商分立	
按照商法包括的范围分类	广义商法	国际商法		
		国内商法	公商法	
			私商法	
	狭义商法	国内商事私法		

商法的特征:

代表人	特征表述
本书作者	私法性兼具公法性质;实体法兼具程序性;商品经济的法具有营利性;强烈的技术性、操作性、变革性;国际性
徐学鹿	内容的丰富性;产生的自主性;集中保护交易自由;体系的完整性;各地商法的类似性(国际性)
赵万一	复合性(兼容性);技术性;营利性;国际性
李永军	对商事主体的高要求性;交易形式的高自由性;保护交易安全与信赖

续上表

代表人	特征表述
施天涛	私法性与公法性；伦理性与技术性；实体性与程序性；稳定性与进步性；冲突性与协调性；国际性
范健	营利性；技术性和易变性；对象特定性；公法性；国际性

商法的基本原则：

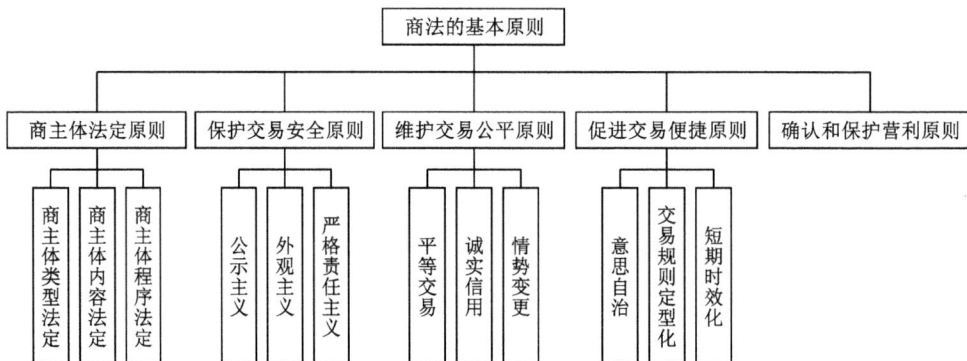

```
                         商法的基本原则
        ┌──────────┬──────────┬──────────┬──────────┬──────────┐
   商主体法定原则  保护交易安全原则  维护交易公平原则  促进交易便捷原则  确认和保护营利原则
    ┌──┬──┬──┐   ┌──┬──┬──┐   ┌──┬──┬──┐   ┌──┬──┬──┐
   商  商  商    公  外  严    平  诚  情    意  交  短
   主  主  主    示  观  格    等  实  势    思  易  期
   体  体  体    主  主  责    交  信  变    自  规  时
   类  内  程    义  义  任    易  用  更    治  则  效
   型  容  序              主                  定  化
   法  法  法              义                  型
   定  定  定                                  化
```

✦ **复习思考**

一、简答

1. 如何认识商法的私法性质及其与公法的融合？

2. 保护交易安全在商法中是如何体现的？

3. 简述经济法与商法之间的关系。

二、案例分析

某市市民张某有私人住房两间。2020 年 8 月，外地人李某来此地准备开餐馆，经人介绍，向张某以 1 万元的月租租用该房。张某表示，愿意出租房子，但不收租金，而要从餐馆的利润中分一部分，李某表示同意。双方签订了书面合同，规定：张某出租房屋两间，并负责装修，适合开店之后交由李某使用 3 年，张某、李某按 2：8 的比例分配盈利，张某不干预李某的经营，也不参与经营管理。于是，李某到工商部门登记，将协议上交后，登记为合伙企业，领取了营业执照。从 2020 年 10 月到 2021 年 2 月，李某与张某每两个月都按照合同分配盈利，张某一共从中分得盈利 3 万元。2021 年 5 月，李某不慎购进一批有质量问题的牛肉，两天造成一百多人中毒，为此赔偿医疗费、损失等费用 10 万元。李某让张某承担一部分，张某不同意，说自己未经营饭店，是房屋出租人，李某将自己登记为合伙人未经其同意而无效，故中毒事故与己无关。双方发生争议，李某起诉到法院。

问：(1)张某和李某之间的租赁关系是民事法律关系还是商事法律关系？

（2）张某和李某之间的利润分配行为应由什么来调整，民法还是商法？

（3）民法的调整对象和商法的调整对象有哪些区别？

（4）民法和商法有哪些区别？

三、课后作业

1. 简述商法的特征。

2. 简述商法的适用对象。

第二章 商事主体

【导语】商事主体和商事行为是商法的两大基本理论，而又因为先有商事主体，后有商事行为，商事行为依附于商事主体，所以商事主体的内容更为重要，商事主体是整个商事法律制度的基石。正确理解商事主体这个概念，对于把握商法整个体系和认识商法诸问题十分必要。

【重点】商事主体的概念和特征、商事主体的类型划分及各主体之间的区别与联系

第一节 商事主体的概念和特征

一、商事主体的概念

商事主体，是指通过法律的拟制而享有商事法律上的人格，并且为了自己的利益，以自己的名义持续地从事特定的经营行为，拥有商事法律规定的权利，同时也必须承担商事法律规定的责任的个人或组织。

在传统商法上，商事主体也称为商人。在近代的商人习惯法中，商人是一个单独的社会阶层，他们拥有特殊的身份和利益，在商事交易中拥有特权。19 世纪后，随着商品经济的发展和社会的普遍商化以及对旧法制的改革，商人的特殊特权消失，法国率先在1808 年的《法国商法典》中确定了新的商法原则，取消了商人的商业特权，并从此将商人作为一个法律概念固定下来。我国商业发展缓慢，没有经历过自由资本主义阶段，封建社会时期重农抑商，仅在清末的《商律》中承认商和商人，民国时期的商人通则沿用商人的概念，中华人民共和国成立后，商人改称企业。

二、商事主体的特征

(一) 商事主体是法律拟制的主体

商事主体之所以能成为商事主体，完全依赖于商法直接的权利赋予，商法是商事主体

资格的直接法律依据。商法直接决定了谁能成为商事主体,并在其中享有何种权利和承担何种义务。商事主体资格的取得源自商法中的商事主体登记制度,任何个人和组织要成为商事主体从事营利性经营活动,都必须经登记取得营业资格,否则为无照经营或非法经营。

(二)商事主体人格具有独立性

商事主体人格的独立性,是指商事主体拥有自己独立的财产,能以自己的名义从事营业活动,作为商事法律关系的当事人,享受权利、承担义务,可以作为对外起诉和应诉的主体。

(三)商事主体必须是"以商为业者"

商事主体必须是以营利为目的的主体,而且必须连续地、持续地从事经营范围内的商事活动。从事营业活动是构成商事主体的实质性法律特征,与商事登记制度相结合,构成了商事主体的完整内涵;而持续性是为了将商事主体区别于偶尔从事商行为但并非以商为职业者。换言之,有的人虽从事商行为,但仅是偶尔为之,他们虽参加商事法律关系,也是权利义务的归属者,但不是商事主体。

第二节　商事主体的分类

商个人无疑是商事主体最初的形态,后来出于分担风险的目的,自然人开始与自然人合作,建立了合伙。但合伙具有人身信任和连带责任的特点,因而难以吸纳更多投资人。为了融资之便,以成员有限责任为内容的商法人开始产生。商法人由于其成员责任有限的特征,参与人数逐渐增加,以至于形成社会化融资、规模化经营,促进了社会整体财富的流通。

商事主体根据不同的标准被划分为不同的类型,因此商事主体的分类多种多样。我国依据商事主体的组织机构和特征,将商事主体分为商个人、商合伙和商法人。

一、我国商事主体的分类

(一)商个人

商个人,又称商个体、商自然人,是指根据法律规定取得商事主体资格,具有商事法律中的权利能力和商事法律中的责任能力的个人。

商个人具有以下特点:

第一,具有相对独立的商事人格。虽然商个人的规模较小,但也有独立的商业名称、财产和经营场所,自核准登记之日起就取得独立人格。

第二,设立要求相对简单。商个人的规模一般较小,并且主要是以投资人个人资产为其债务提供担保,因此,其设立的条件相对简单。例如,出资人是一个人或者家庭,所以无须像合伙企业和公司那样订立合伙协议和公司章程。

第三，需要登记并领取营业执照。虽然商个人的设立相对较为简单，但不管是个体工商户、农村承包经营户还是个人独资企业，都必须履行登记程序，领取营业执照后才能开展经营活动，未履行登记手续不得从事营利活动。

第四，商个人突出的法律特征是投资人的对外责任承担形式，按照法律的规定，商个人必须对其债务承担无限责任。因商个人的营业财产与其个人财产并无严格界限，因此，在经营中所欠的债务，是以其个人全部财产对债务承担无限清偿责任，即"商号财产不足以清偿债务时，应由号东以其家产担清偿之责，不得借口倒号，以商号财产为偿还责任之范围"。

我国商个人主要分为个体工商户、农村承包经营户和个人独资企业。

（1）个体工商户。个体工商户是经依法登记，从事经营活动的自然人或者家庭，以个人或家庭为单位，都被称为"一户"。不以自然人或者家庭成员为主体从事工商业经营活动的，不能被认定为个体工商户。我国《民法通则》和《个体工商户条例》对此作了专门规定。

（2）个人独资企业。我国《个人独资企业法》第2条规定，"本法所称个人独资企业，是指依照本法在中国境内设立，由一个自然人投资，财产为投资人个人所有，投资人以其个人财产对企业债务承担无限责任的经营实体。"

（3）农村承包经营户。农村承包经营户，是指在法律允许的范围内，按照承包合同规定从事商品经营的农村集体经济组织的成员，在商事能力、登记程序、商事权利与义务、商事责任等方面与个体工商户类似。农村承包经营户是我国具有历史特征的概念，是我国独有的经济发展阶段性产物。

（二）商合伙

商合伙，是指以共同营利为目的，由两个或两个以上的出资人基于共同投资设立、共同经营、对外由合伙人承担无限连带责任的商事主体。设立合伙企业必须签订书面的合伙协议，且合伙协议必须经每个合伙人同意才有效。合伙人的权利与义务如表2-1所示。

表2-1　合伙人的权利与义务

权利	义务
参与合伙企业的经营管理	
共享利润	共担风险
检查账目	
异议权	
要求其他合伙人诚实守信	对其他合伙人诚实守信
否决新合伙人加入	
	补偿其他合伙人承担的多于其份额的损失、费用

在我国，商合伙主要包括普通合伙、特殊的普通合伙以及有限合伙。

1. 普通合伙

两个或两个以上普通合伙人共同设立，合伙人与合伙组织对经营产生的债务共同承担对外清偿责任的商事主体。普通合伙是以共同出资为前提，以共同营利为目的，以共担风险为保证的集合体，因此，普通合伙是利益共同体与责任共同体的统一。

普通合伙具有以下特征：

第一，依照协议自愿成立。合伙具有很强的人合性，是基于合伙协议而成立的，因此协议在合伙中具有重要的地位，在某种程度上比《合伙企业法》更能保护合伙人的利益。由于合伙协议的重要性，只有合伙协议的所有内容得到合伙人毫无保留地接受后，该协议才有效，合伙关系才会形成。

第二，共同经营。因为普通合伙企业的所有合伙人都要对企业债务承担连带责任，所以相应地，依照权利与义务对等的原则，每个合伙人都有权参与合伙企业的经营管理，因为企业的经营直接关系到每个合伙人的经济利益。除非合伙协议另有约定，否则每个普通合伙人均有权参加经营活动。但是，如果合伙企业通过合伙协议限制了某个合伙人的经营权，而该合伙人在实际经营中的行为超越了权限，合伙企业也不得以合伙协议约定的限制来对抗善意第三人。

第三，共担债务。出于对债权人利益的保护，普通合伙企业的每个合伙人都必须对合伙企业的债务承担无限连带责任。如果合伙协议中对各合伙人的债务承担比例作了约定，某一合伙人对外承担了超出其应承担的债务时，有权向其他合伙人追偿。

2. 特殊的普通合伙

特殊的普通合伙企业多为以专业知识和技能为客户提供有偿服务的专业服务机构。

《合伙企业法》第55条规定，"以专业知识和专门技能为客户提供有偿服务的专业服务机构，可以设立为特殊的普通合伙企业。特殊的普通合伙企业是指合伙人依照本法第五十七条的规定承担责任的普通合伙企业"；第57条规定，"一个合伙人或者数个合伙人在执业活动中因故意或者重大过失造成合伙企业债务的，应当承担无限责任或者无限连带责任，其他合伙人以其在合伙企业中的财产份额为限承担责任。合伙人在执业活动中非因故意或者重大过失造成的合伙企业债务以及合伙企业的其他债务，由全体合伙人承担无限连带责任"，第58条规定，"合伙人执业活动中因故意或者重大过失造成的合伙企业债务，以合伙企业财产对外承担责任后，该合伙人应当按照合伙协议的约定对给合伙企业造成的损失承担赔偿责任"。由此可以界定特殊普通合伙的概念。特殊的普通合伙企业在本质上仍然属于普通合伙，但其具有自身的特点。

特殊的普通合伙具有以下特征：

第一，必须及时申报更新事项。合伙人名称（特殊普通合伙企业的名称必须能表明其责任特征）；合伙期限；业务范围及性质等重要信息。经主管机关登记，特殊普通合伙企业即告成立，成立后还必须及时申报更新的内容。特殊的普通合伙企业与普通合伙显著的区别之一就是其申报制度，这也是合伙人获得有限责任保护的条件之一。

第二，合伙人的有限责任。根据《合伙企业法》的规定，特殊的普通合伙人的有限责任不是绝对的，因为其并不完全排除合伙人的个人责任。当合伙人因自身的故意或重大过失行为给合伙企业造成损失时，该合伙人需承担无限责任，且其他合伙人则以其在合伙企业的财产份额为限承担责任。与普通合伙类似，特殊普通合伙企业内部也具有责任追偿机制，即因某合伙人在执业活动中的故意或者重大过失造成的合伙企业债务，在以合伙企业财产对外承担责任后，该合伙人应当按照合伙协议的约定对给合伙企业造成的损失承担赔偿责任。

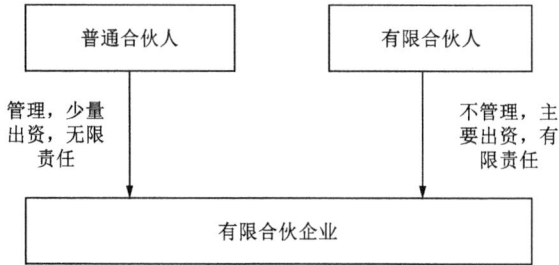

图 2-1　普通合伙人与有限合伙人

3. 有限合伙

在合伙企业内，存在两种性质的合伙人，普通合伙人和有限合伙人，前者对合伙债务承担无限连带清偿责任，而后者则仅以其出资为限对合伙债务承担有限责任。要注意的是，有限合伙企业中，至少应当有一个普通合伙人。

有限合伙具有以下特征：

第一，兼具人合性与资合性。有限合伙企业是一种特殊的合伙形式，是人合性和资合性相结合的体现，因为它既具有普通合伙的人合性特点，又具有有限责任公司的资合性。资合性体现在有限合伙人的出资上，人合性则表现在普通合伙人的个人信用上。这使得有限合伙既具有普通合伙的灵活性，又具有有限责任公司便于融资的优点。

第二，组织成员具有二元性。有限合伙至少应由一个普通合伙人与一个有限合伙人组成。普通合伙人属于积极合伙人，掌管合伙的经营事务，有限合伙人属于消极合伙人，对合伙的事务没有经营管理权。如果有限合伙人未经授权，以合伙企业的名义与他人进行交易并给合伙企业带来损失的，该有限合伙人必须承担全部赔偿责任。如果这两类合伙人想进行身份转换，经全体合伙人一致同意，有限合伙人与普通合伙人可以互相转变，除非合伙协议作出了相反的规定。但这种转换是有条件的：当有限合伙人转变为普通合伙人时，必须对其作为有限合伙人期间合伙企业发生的债务承担无限连带责任；普通合伙人转变为有限合伙人时，必须对其作为普通合伙人期间合伙企业发生的债务承担无限连带责任。

第三，资金募集的有效性。有限合伙与普通合伙的主要区别在于，有限合伙人仅以其认缴的出资额为限对合伙企业债务承担责任。相较于普通合伙企业的无限责任，有限合伙人的投资风险较小，这使得资金募集相对容易。有限合伙人除不可用劳务出资外，可以用货币、实物、知识产权、土地使用权或其他财产权利作价出资，这有助于丰富合伙企业的资产构成。

表 2-2　普通合伙企业与有限合伙企业

	普通合伙企业	有限合伙企业
合伙人的规定	合伙人可以是自然人，也可以是法人或者其他组织	
合伙人的规定	1.有 2 个以上合伙人。合伙人为自然人的，应当具有完全民事行为能力； 2.国有独资公司、国有企业、上市公司以及公益性的事业单位、社会团体不得成为普通合伙人	1.2 个以上 50 个以下的合伙人； 2.由普通合伙人和有限合伙人组成； 3.至少有 1 个普通合伙人
出资方式的规定	货币、实物、土地使用权、知识产权、劳务或者其他财产权利	
出资方式的规定	可以"劳务"方式出资	有限合伙人不得以"劳务"出资
事务执行规定	共同执行和委托执行	1.由普通合伙人执行合伙事务； 2.有限合伙人不执行合伙事务，不得对外代表有限合伙企业
竞业禁止的规定	合伙人不得自营或者同他人合作经营与本合伙企业相竞争的业务	有限合伙人可以同本有限合伙企业进行交易

第四，责任形态的二元性。有限合伙与普通合伙最大的区别在于责任形态的不同，普通合伙人必须对合伙企业债务承担无限连带责任，而有限合伙人仅以其认缴的出资额为限对合伙企业债务承担责任。如果第三人有理由相信，某有限合伙人为普通合伙人并与其交易，则该有限合伙人对该笔交易承担与普通合伙人相同的责任。

(三) 商法人

1. 商法人的概念

商法人是指按照法定构成要件和程序设立，具有法人资格，能够独立参与商事法律关系，享有商事权利和承担商事义务的商事组织。商法人是现代商事活动中最重要的主体，在社会经济生活中发挥着其他商事主体难以替代的作用。商法人在我国通常称为"企业法人"，主要包括有限责任公司和股份有限公司。

2. 有限责任公司

有限责任公司是指依照商事登记原则在我国境内登记注册，由五十个以下股东出资设立，每个股东仅以其认缴的出资额为限对公司承担责任，公司以其全部资产对公司的债务承担责任的组织。

3. 股份有限公司

股份有限公司是指依照商事登记原则在我国登记注册，由两个以上两百个以下股东作为发起人，采用发起设立或募集设立的方式设立，股东以其认购的股份为限对公司承担责任，公司以其全部资产对公司的债务承担责任的组织。

4. 公司与其他两种企业形式的比较

虽然公司与个人独资企业、合伙企业都属于商事主体，但它们之间的区别非常明显。

具体来说，可以从法律地位、设立标准、资本要求、组织机构、责任形式及财产结构等方面进行区分。

二、其他商主体分类

按照不同的分类标准，并基于对不同类型商事主体的需求，大陆法系国家对商事主体有多种分类方法。

概括起来，主要有以下几种：

（一）大商人和小商人

依据商事主体的营业规模和营业内容，德国、日本和意大利根据商法实践将商主体分为大商人和小商人。

大商人，又称"完全商人"，指其营业活动属于典型的商行为，且符合法律规定的商业登记条件而设立的商事主体。大商人通常为规模较大的企业或社团组织，是商事活动的核心主体。

小商人，又称"不完全商人"，指其从事的是商法规定的某些边缘商行为，其条件低于商业登记中关于企业注册资金或营业条件的标准，是依照商事登记法的特别规定而申请设立的商人。小商人通常从事农牧业、服务业、手工业等营业规模较小的行业，因而适用较为灵活的管理规定。

（二）固有商人和拟制商人

依据构成商主体的要件及方式，日本商法将商主体划分为固有商人和拟制商人。

固有商人，是指以自己的名义实施商行为的商事主体。主要特点为：其一，以从事法律所列举的绝对商行为及营业商行为为业，不得超出这些商行为的范围，否则不能被认定为固有商人；其二，必须持续、反复地从事商行为，从而显示自己的商人身份，为了生计需要偶尔从事一次或数次商行为者，不得被认定为固有商人；其三，该商人有义务进行登记。

拟制商人，是指不从事商行为的营利性社团。该种商人不是日本商法本来意义上的商人，而是商事领域扩张的结果。该种商人的立法依据是《日本商法典》的相关规定。

（三）法定商人、注册商人和任意商人

这是依据商事主体是否需要商事登记以及是否需要履行强制登记的义务来进行的划分。

法定商人，这个概念主要存在于德国、日本和韩国等国家，指不论是否进行登记，只要从事了商法规定的典型商事行为，如不动产交易、保险业务、银行金融等，即被法律当然视为商主体。法定商人因其实施的特定商行为性质，无须登记即可自动取得商主体资格，但这并不排除其有进行非商事登记意义上的注册登记义务。

注册商人，是指不因从事了实质上的绝对商行为而当然成为商主体，而是必须经过法定的商业登记程序登记注册，并且只能在经登记机关核准的营业范围内活动的商主体。这种商人必须履行法定的注册登记义务，否则不能成为商主体。从各国商法实践来看，注册商人是商事领域中最普遍的商主体类型。

任意商人，是某些大陆法系国家特有的概念，指依法不需要进行商业登记而存在的商主体。任意商人的主要特点在于：任意商人所从事的活动多属于辅助商行为，多不具有明确稳定的营业行为性质，不具有持续性，一般不具有营业的组织特征，在实践中多为商个人的临时组合。鉴于以上特征，任意商人通常不需要履行商事登记程序，而在许多国家也不被视为严格意义上的商主体。

第三节 商事能力

一、商事能力的概念

商事能力，是指商事主体经商事登记以后，以自己的名义在登记的营业范围内从事营业活动，所应具备的权利能力、行为能力和责任能力。

因商事主体登记的范围不同，取得的商事能力也不同。

(一)商事权利能力

商事权利能力，是指个人或组织经登记后，取得成为商主体的资格。取得商事权利能力的自然人或组织就成为商事法律关系的主体，可以从事经营活动。反之，没有取得商事权利能力将不能成为商主体，不得进入商事领域，参与商事交易。

(二)商事营业能力

商事营业能力，也称商事行为能力，是指商主体具备自己独立的营业财产和名称，以营利为目的，能用其财产进行连续的、有计划的营业活动的能力。营业财产和企业名称是商事主体具备行为能力的基础。

(三)商事责任能力

商事责任能力体现了商法的技术性，以是否具有独立的财产作为商事责任能力的判断标准。商主体得以作为市场主体而被法律认可并赋予独立的法律人格，主要原因在于其具有独立承担法律后果的责任能力，而这种责任能力又源于其拥有的独立财产。财产多寡和优劣反映了一个商主体能承担法律责任的整体能力，也是判断商主体信用能力的重要指标或依据，它对商主体已有或潜在的债权起着一般担保或总担保的作用。

因此，为了保护商主体债权人的利益，商事法律法规建立了有效的机制，确保商主体的债权人能够获取商主体责任财产的信息。于是，商主体负有将其拥有的责任财产的信息进行披露和公开的义务，从而实现债权人对商主体责任财产的动态监控。基于商事经营活动的特殊性，商事责任不同于民事责任那样仅仅是私法上以补偿为主要目的，而是兼具私法上的补偿目的和公法上的惩罚目的，是一种包括民事责任、行政责任及刑事责任在内的综合性法律责任，具有补偿和惩罚的双重目的。多层次的责任形式，可以有效保护商人的商事权利和市场交易秩序。

二、商事能力与民事能力的区别

根据我国法律的规定，任何主体未经登记都不能成为商主体，不能从事经营活动。要准确理解商事能力，必须将商事能力与民事能力的关系进行区分。

(一) 两者的载体不同

商事能力为商事主体所特有，这里的商事主体包括商个人、商法人和商合伙，而民事能力为民事主体所享有，包括自然人和法人。民事主体和商事主体的范围不一致，因此民事能力并不能当然成为商事能力的基础。如果一般认为民事能力是商事能力的基础，就会人为地缩小商事主体的范围，否认已经由立法所承认的合伙企业的商事主体法律地位。

(二) 两者存在的目的不同

商事能力存在的目的是营利，因此其主要在商事领域内发挥作用，离开商事行为谈商事能力无意义，而民事能力的存在目的并非营利。

(三) 两者产生的方式不同

商事能力来自法律或者事实的创制或拟制，而民事能力尤其是自然人的民事能力是自然而生的。

(四) 两者发生及终止的时间点不同

根据我国法律的规定，任何主体，无论是自然人还是组织，要成为商事主体，要实施商事行为，都必须依法履行登记程序。因此，商事主体的商事能力的起止时间取决于商事登记这一行为，从完成设立登记之日起开始，到完成注销登记之日结束。而民事能力的发生和终止，法人和自然人不同。自然人的民事能力一出生就具备，死亡后即自然消失；法人的民事权利能力始于成立，终于终止。

三、商事能力的特别规定

(一) 未成年人的商事能力限制

关于未成年人是否具有商事能力，各国法律并没有统一的立法标准。部分国家直接承认未成年人的商事行为能力，有些国家则直接否认未成年人具有商事行为能力，还有一些国家则对未成年人的商事行为能力作出了限制性的规定。我国目前对未成年人的商事行为能力未进行明确说明，但有关企业立法都否认未成年人具有商事行为能力。例如，《个人独资企业法》规定，未成年人原则上不得设立独资企业从事营业活动；《合伙企业法》也有规定，未成年人不得成为合伙人。

(二) 国家公务人员商事能力的限制

由于国家公务人员具有特殊的权力和地位，为防止其在商事领域滥用权力、以权谋私，出于对市场秩序保护的考虑，为维持公平竞争的商业环境，各国的法律都对国家公务人员这类主体的商事能力予以限制。我国法律对检察机关、法院等国家机关及其工作人员从事商事经营活动作了严格的限制。

(三)外国人商事能力限制

各国基本都对外国人、无国籍人以及外国法人在本国的商事能力作了相应限制。根据我国法律的规定，外国的自然人、法人以及其他组织在我国从事商事活动，须经过我国有关部门的批准并办理登记手续。

✦ 小　结

商事法律关系的主体能够以自己的名义从事商行为并享受权利和承担义务，通过法律拟制而享有商事法律上的独立人格。我国依据商主体的组织机构和特征，将商主体分为商个人、商合伙和商法人。

✦ 知识点

我国商事主体的分类：

商事主体	存在形式	特征
商个人	个体工商户 个人独资企业 农村承包经营户	1. 商事主体人格相对独立(规模小、有独立财产和经营场所) 2. 设立简便快捷，必须经登记并领取营业执照 3. 投资人承担无限连带责任
商合伙	普通合伙企业	1. 依《合伙协议》自愿成立 2. 共同经营，共负盈亏；合伙人均承担无限连带责任
	特殊普通合伙企业	1. 仅限于以专业知识和专门技术提供有偿服务的行业。(如律师事务所) 2. 须及时更新登记信息 3. 法律规定的特殊情况下，部分合伙人仅承担有限责任
	有限合伙企业	1. 兼具人合性与资合性；组成人员二元性 2. 出资有效性；责任形态二元性
商法人	有限责任公司 股份有限公司	1. 商事主体人格独立 2. 投资人以其出资为限承担有限责任 3. 设立程序更复杂，要求更多

公司与其他两种企业形式的比较：

企业类型	法律依据	法律地位	设立标准	投资人	资本要求
个人独资企业	个人独资企业法	不具有法人资格	个人独资法第8条	出资人：一个自然人	无最低注册资本要求
合伙企业	合伙企业法	不具有法人资格	合伙企业法第14条	合伙人：自然人、法人和其他组织	无最低注册资本要求，出资方式较多
公司	公司法	典型的企业法人	公司法第46、第95条	股东：自然人、法人	符合法定最低出资限额，出资方式相对较少

企业类型	财产结构	组织机构	业务执行	表决办法	责任形式
个人独资企业	企业财产与出资人财产的界限非常模糊	个人经营，无须组织机构	出资者或个人	企业管理由投资人自主决定	出资人承担无限责任
合伙企业	合伙企业财产归合伙人共有，与普通合伙人个人财产混同	合伙人	合伙人	一人一票	普通合伙人承担无限连带责任；有限合伙人承担有限责任
公司	公司财产归公司所有，与股东财产严格区分	股东(大)会、监事会、董事会、经理	董事会	一般情况下按资本多数决	股东承担有限责任

复习思考

一、简答

1. 简述商事主体和民事主体的区别。
2. 简述商事能力的含义与特点。

二、案例分析

1. 下面有10个主体，请用你所学的商法知识，回答后面提出的问题。①从事房地产经营的某有限公司；②股票在上海证券交易所上市交易的某股份有限公司；③从事服装经营的个体户张某；④甲、乙、丙合伙创办的"同心"商社；⑤某城市商业银行；⑥林某创办的个人独资企业；⑦中国公民王某；⑧某省财政厅；⑨某财经学院；⑩中国红十字会。

问：(1)上述主体哪些属于商主体？

(2)上述主体哪些属于商法人？

(3)构成商人的条件有哪些？

(4)商人的分类方法有哪些？

2. 某企业是由甲、乙、丙三人共同出资组建的，甲以劳务出资，乙以80万元人民币出资，丙以房屋使用权作为出资。其中，甲是未满16周岁的未成年人，乙是国家机关工作人员，丙是美国人。在经营过程中，该企业的产品注册了商标，取得了商标专用权，购置了两辆东风牌汽车及若干办公用品，获得了另一企业赠与的10间房屋，因他人侵犯企业名称权及商标权，获得赔偿金100万元。另外，该企业欠银行贷款180万元。

问：(1)上述出资人能否组成公司？

(2)合伙企业和公司是否具有相同的法律地位？

(3)法律对上述人员的商事能力是否有限制性规定？

3.张某、王某和李某三人共同设立一家合伙企业，并订立了书面合伙协议，张某、王某均在该合伙协议上签字盖章，李某因有事在外地，未在协议上签字、盖章。张某、王某积极筹备前期事宜，寻找场地、购买设备，并将该企业命名为"龙翔食品有限公司"。

问：(1)该合伙企业的名称是否合法？

(2)该合伙协议是否生效？

(3)该合伙企业是否已经成立？存在什么问题？

三、课后作业

简述特殊普通合伙的特征。

第三章　商事行为

【导语】商事行为与商事主体共同构成商法的两大基本内容。商事行为是商事主体从事的，以营利为目的所实施的法律行为及其他具有商事性质的法律行为。各国对商事行为的规定有所区别，但也有许多共性，如买卖、期货、保险、行纪等行为被各国法律认定为绝对商行为。依据不同的标准，可以将商行为分为单方商行为和双方商行为、绝对商行为和相对商行为、基本商行为和附属商行为、纯然商行为和推定商行为。商行为体现了一系列典型特征，需要适用特别的商事规则予以调整。对商行为还存在反不正当竞争法、反垄断法的法律调控。

【重点】熟练掌握商事行为的概念、性质、特征、分类和内容；了解对商事行为的法律调控

第一节　商事行为的概念和特征

一、商事行为的概念

在商法理论体系中，商事行为与商事主体共同构成商法的基本内容，然而商法理论上如何界定商事行为这一重要概念并没有一致的定论。英美法系国家对此没有统一的看法，而大陆法系国家则一般认为，商事行为是指商事主体以营利为目的而从事的行为，又称商业行为或商行为。

(一)主观主义原则

以德国、意大利和瑞士等国为代表的主观主义原则主张，只有商人双方或一方参加的法律行为才属于商事行为，强调将商人作为商事法律行为的核心。

(二)客观主义原则

客观主义原则以法国为代表，《法国商法典》基于商行为法的立场，认为"商事法律行

为是任何主体以营利为目的的行为"。这一原则的着眼点在于依行为的客观性质确定商事法律行为，按照法律行为的客观内容来认定其行为是否属于商业性质。

(三) 折中主义原则

折中主义原则以日本为代表，认为商事法律行为是一系列交易活动的总称，既包括任何主体基于任何目的而从事的绝对商行为，也包括商人为其营利而进行的附属性商行为。由此可见，折中主义原则是以主观和客观相结合来认定商事行为，是主观主义原则和客观主义原则的并用。多数大陆法系国家倾向于这一原则。

二、商事行为的特征

(一) 商事行为是商事主体从事的行为

商事行为的类型很丰富，包括商事买卖、商事行纪、商事货物运输、商事仓储、银行、保险等，这些商事行为的特殊规则构成了目前商法的主要内容。

自然人、法人等从事商行为的主体，必须具备一定的商事权利能力和行为能力。这种权利能力和行为能力主要来源于商事登记和对其从事行为性质的客观认定。

(二) 商事行为是以营利为目的的行为

营利是商事主体从事商事行为的主要动机和直接目的，有关商行为法律制度的设计都旨在为商事主体创造一个良好的交易秩序，以便商事主体取得利润。所谓营利，即追求经济收益的最大化和资本的不断增值。

营利性是指商事主体从事经营活动以营利为最终目的。以营利为目的是行为主体的内在意思的体现，这也是正确判断商行为的重要依据。只要商主体的行为主观上是为了营利，并确实从事了营业行为，这一行为是否实际营利都不影响该行为构成商行为。

(三) 商事行为是经营性行为

商行为是商主体以营利为目的，从事的具有连续性的经营活动，在行为方式上具有营业属性。

商法中的营业分为主观意义上的营业和客观意义上的营业，客观上的营业就是指营业财产；主观上的营业是指商事主体所实施的连续性的经营活动。这里所指的营业行为是指主观意义上的营业，即商事主体以营利为目的而从事的、具有连续性和经常性的经营活动。

综上所述，我国的商业行为是指商事主体所从事的、以营利为目的的连续性的营业行为。

第二节　商事行为的分类

依据不同的标准，商事行为主要有以下几种分类：

一、双方商行为和单方商行为

为解决单方商事法律行为的法律性质和法律适用问题，各国的法律普遍将商行为划分为双方商行为和单方商行为，划分依据是商事行为的双方当事人是否都是商主体。

双方商事行为是指当事人双方都是商主体实施的商行为。这种情况下的法律性质清楚明了，法律适用易于确定，即双方商行为中的各个主体平等地适用相同的法律。

单方商行为是指行为人一方为商事主体而另一方为非商事主体的交易行为，又称"混合交易行为"。例如，商业银行与普通市民之间的存、贷款行为，消费者与经营者之间订立的消费者合同等。对于如何确定这一行为的法律性质和如何进行法律适用，各国之间存在一定差异。

德国、日本等国家认为当一方的行为为商事法律行为时，交易双方都应适用商法；而法国、英美法系国家制定的规则是，商法中针对商事法律行为的有关规定仅能适用于商事主体一方，对相对方只能适用民法的相关规定。

我国与此有关的规定体现在《消费者权益保护法》中对消费者赋予的一些特别权利的规定上，表明我国在单方商事法律行为中对非商事主体一方进行保护。

二、绝对商行为和相对商行为

按照是否需要以商主体的身份及以营业方式作为必要构成要件，可以将商行为分为绝对商行为和相对商行为。这种分类的意义在于通过列举的方式清晰确定商行为的法律适用，对绝对商行为直接适用商法，对相对商行为则区分不同情形决定适用商法还是民法。

绝对商行为是指无论行为的主体和目的是什么，依照法律的规定，当然地属于商事法律行为的行为，又称为客观商事法律行为。要成立一个绝对商行为，并不需要将商主体的身份以及营业方式作为该行为的构成要件，一般直接由立法确定具体类型，不允许作类推式的扩大解释。绝对商行为基本属于传统商事经营的范围，由于具有商行为的客观性和确定性，因此在实践中适用商事法律非常直接和便利。

相对商事法律行为是指在法律列举的范围内，需要由商主体以营业方式作为构成要件的商行为，也被称为营业商行为或主观商行为。这些行为只有在商事主体实施并且采用营业方式时，才能被认定为商行为并适用商法；如果非由商事主体实施或者不通过营业方式实施，则不能被认定为商行为，而仅适用民法。相对商事行为通过对行为主体和行为方式的判断解决了这类行为的法律适用问题。

三、基本商行为和附属商行为

在现代商法理论中，基本商行为和附属商行为是按照商行为在同一营业中所处的地位进行的划分。这种分类方式的意义在于表明商事主体的营利目的可以通过直接或者间接的方式来实现，也反映出当代商事行为的广泛性和开放性。

基本商行为是指可以直接构成营业、具有直接营利性的商行为，也即商事主体从事的行为。附属商行为则是指虽不具有直接营利性的内容，但能起到协助基本商行为实现的辅助行为，因此又称为辅助商事法律行为。

四、纯然商行为和推定商行为

根据商法规范对商事行为的不同确认方式对商事行为进行分类，可以将商事行为分为纯然商行为和推定商行为。这种分类的意义在于通过确认"推定行为"属于商行为，能够扩大商法的适用范围，有助于在司法实践中对行为的性质进行认定，也显示了当代商行为的广泛性和复杂性。

纯然商行为是指根据商事法律的规定就能直接确认为商行为的行为，因此，不需要进行司法推定或事实推定。推定商行为则是指，不能根据商事法律进行直接确认，而必须进行法律推定或事实推定才能明确为商行为的行为。

第三节　商事行为的内容

商事行为的内容是一个十分繁杂而丰富的体系，随着经济社会的不断发展，商事行为的内容还在不断推陈出新。商事行为涉及社会经济生活的方方面面，包括但不限于货物贸易、服务行业、技术开发、保险理财等，其内容无法通过罗列被穷尽或完全涵盖。但商事行为有其自身特征，即便目前新出现的商事行为内容甚至将来会出现的某种商事行为，均能依据其显著的商行为特征被商事法律制度所吸纳。商事行为的主要内容有包括期货在内的买卖、居间、信托、保险、担保、融资租赁、票据、证券等。以上每一项内容均可以单独以专著的篇幅加以论述和研究。此处作为商法总论的一部分，仅为方便读者对商事行为形成清晰的概念，作简要介绍，不展开阐述。

(一)商事买卖

商事买卖是商法中最常见的具体商行为之一，是一种特殊而专门的商事交易形式。民法和商法中关于买卖的概念、性质、对象以及原则不尽相同。尤其在欧洲大陆法系国家，在民法典之外所制定的商法典中，都有对商事买卖行为的特别规定。我国至今没有制定专门的买卖法，《民法典》第三编合同第九章"买卖合同"可以视为我国现行法律中关于买卖的专门规定。就商事买卖而言，在立法上仍然是不完整的。

(二)商事期货交易

商事期货交易是商事买卖的一种特殊形态，它是按照期货交易所的规定，由期货买卖双方商主体在交易所内预先签订产品买卖合同，约定在未来特定时间进行货款支付和货物交割的一种买卖商行为。由于期货买卖具有一定的投机性，它常常从物的交易变成了期货合约的交易。因此，期货商行为与一般买卖商行为相比，其最大的差异在于，后者交易的标的是货物，而前者交易的标的更多的是合约本身；前者比后者具有更大的投机性和风险性。在我国，伴随着市场经济的繁荣，期货交易已经在现实经济生活中较为广泛地出现，这方面的立法也在不断完善。

（三）居间

居间是指居间人向委托人提供报告订立合同的机会或提供订立合同的媒介服务，委托人为此支付酬金的行为。居间这一商业现象具有很漫长的历史，早在古希腊、古罗马时代就开始存在居间的初始状态，当时无论何人，都可从事居间业务。中世纪时期，许多国家开始对居间活动进行限制，使之成为一种官方许可的职业。我国早在西汉时期，就已经存在从事中介绍服务的"牙行"。时至现代，各国对居间基本采取营业自由主义原则。根据居间人所受委托内容的不同，可分为指示居间和媒介居间。指示居间又称报告居间，是指居间人仅为委托人报告订约机会的居间；媒介居间是指居间人为委托人提供媒介服务的居间。无论何种形式，居间人都只是在交易双方当事人之间起介绍、协助作用的中间人。

（四）商事货物运输

商事货物运输是为商品买卖提供货物运输服务的一般商行为，是指承运人从运输起点将货物运输到约定的地点，由托运人或者收货人支付报酬的行为。这种货物运输行为一般会涉及三方当事人：承运人、托运人及收货人。收货人既可以是托运人，也可以是第三人。非托运人的收货人虽然不是货物运输合同的当事人，但也受承运人和托运人所订立合同的约束。

（五）融资租赁

融资租赁是指出租人和承租人双方约定，出租人根据承租人对租赁物的特定要求和选择，出资向供货方购买租赁物，然后将其租给承租人长期使用，以承租人支付租金的方式来收回投资的一种商行为。实质上是将传统民商法中的买卖行为、租赁行为、金融信贷行为三者结合而创造的一种新的商行为。

作为一种新型的交易方式，融资租赁通过融物达到了融资的目的，凭借自身独有的优势，融资租赁在各国尤其是在经济发达国家得到了迅速发展，现代西方经济发达国家都对融资租赁有专门的立法。融资租赁方式的筹资速度较快，租金可以在整个租期内分摊，因此，对承租人而言，既可以减轻到期还本负担，又可以避免资金周转的困难。对出租人来说，既可以获取丰厚的利润，又不至于承担过大的风险。对出卖人来说，通过出租人进行融资租赁交易是一种营销方式，促进了产品的流通和货币的回笼，比自己开展分期付款要有利得多。

（六）保险

保险分为社会保险和商业保险。社会保险是指从社会政策角度规定的保险制度，商业保险则是保险商的营业和营利行为。商法中的保险仅指商业保险。商业保险是指投保人根据合同约定，向保险人支付保险费，保险人对于因发生合同约定的可能事故而造成的财产损失承担赔偿保险金责任，或者当被保险人死亡、伤残、疾病或者达到保险合同约定的年龄、期限等条件时承担给付保险金责任的商业保险行为。保险在当今社会的经济生活中发挥着重要的作用。

（七）信托

信托本质上是一种财产管理制度，涉及委托人、受托人和受益人三方主体。总体来看，信托是指委托人基于对受托人的信任，将其财产权委托给受托人，由受托人按照委托人的意愿以自己的名义，为受益人的利益或特定目的，进行管理或者处分的行为。如果受益人与委托人不同，则称为他益信托；如果受益人与委托人相同，则称为自益信托。

信托制度起源于英国，其类型丰富，并在英美法系中有着相当广泛的应用。由于其具有特殊的制度功能，后来也被大陆法系的日本、德国、韩国等国家引入。根据我国《信托法》第 3 条的规定，我国的信托法将信托分为民事信托、营业信托和公益信托。民事信托是指以个人财产为抚养、赡养、处理遗产等目的而设立的信托；公益信托是指以公共利益为目的而设立的信托，包括救济贫困、扶助残疾人、发展科教文卫体事业、维护生态平衡等；营业信托也称商业信托，是指以信托方式从事商事经营，即委托人（出资人）以信托的方式将出资集中于受托人，由受托人负责统筹管理运用，以经营特定的事业。实践中，商业信托非常活跃，包括受托经营各种资金、动产、不动产，受托经营企业资产重组、并购、项目融资等。商业信托需要接受国家的监管。

（八）仓储

仓储营业是一种专门为他人储藏、保管货物的营业活动，是指当事人双方约定由保管人为存货人保管货物，存货人为此支付报酬的营业行为。保管人必须是拥有仓储设备并专事仓储保管业务的主体，且保管对象为动产。仓储营业发端于中世纪的沿海城市，随着国际和地区贸易的不断发展，仓储营业的作用日渐重要，已经成为社会化大生产和国际、国内商品流转的一个不可或缺的环节。

（九）票据

票据，是指汇票、支票和本票。票据行为有广义和狭义两种：广义的票据行为是指能够变动票据关系的法律行为，即凡是能够使票据关系产生、变更、消灭的法律行为皆属于广义的票据行为；狭义的票据行为是指能够发生票据上债务的要式法律行为。狭义的票据行为以当事人的意思表示为要素，能够达到当事人所追求的负担票据债务的目的。一般所称的票据行为皆指狭义的票据行为。

根据我国《票据法》的规定，汇票包括银行汇票和商业汇票，其中商业汇票又包括银行承兑汇票和商业承兑汇票。银行承兑汇票中的票据行为最为齐全，其他票据中的票据行为只是其中的几种，相对来说更为简要。以银行承兑汇票为例，对票据行为进行说明。银行承兑汇票是指由出票人签发的，由银行承兑的，委托付款人在指定的日期无条件支付确定的金额给收款人或者持票人的票据。银行承兑汇票的票据行为包括出票、提示承兑、承兑、背书、提示付款、付款、追索、保证。

✦ 小　结

　　商行为是指商事主体所从事的，以营利为目的的连续性的营业行为。商事行为的主要内容有包括期货在内的买卖、居间、信托、保险、担保、融资租赁、票据、证券等。

✦ 知识点

商行为的分类：

分类标准	商行为分类	分类意义
商行为的当事人是否均为商主体	双方商行为	解决单方商行为的法律适用问题
	单方商行为	
是否需要以商主体身份及以营业方式作为必要构成要件	绝对商行为	适用商事法律的便利性不同——绝对商行为直接适用商法；相对商行为通过对行为主体和行为方式的判断决定是否适用商法。
	相对商行为	
商行为在同一营业中所处地位	基本商行为	商事主体的营利目的可以通过直接或者间接的方式来实现，也反映出当代商事行为的广泛性和开放性
	附属商行为	
商法规范对商事行为不同确认方式	纯然商行为	扩大商法的适用范围
	推定商行为	

商事行为的内容：

名称	定义
商事买卖	民法和商法中关于买卖的概念、性质、对象以及原则不尽相同。我国至今没有制定专门的买卖法，《民法典》合同编"买卖合同"可以视为我国现行法律中关于买卖的专门规定
商事期货交易	商事期货交易是商事买卖的一种特殊形态，它是由期货买卖双方在交易所内预先签订产品买卖合同，约定在未来特定时间进行货款支付和货物交割的一种买卖商行为
居间	居间是指居间人向委托人提供报告订立合同的机会或提供订立合同的媒介服务，委托人为此支付酬金的行为
商事货物运输	商事货物运输是为商品买卖提供货物运输服务的一般商行为，是指承运人从运输起点将货物运输到约定的地点，由托运人或者收货人支付报酬的行为
融资租赁	融资租赁是指出租人和承租人双方商主体约定，出租人根据承租人对租赁物的特定要求和选择，出资向供货方购买租赁物，然后将其租给承租人长期使用，以承租人支付租金的方式来收回投资的一种商行为

续上表

名称	定义
保险	商法中的保险仅指商业保险。商业保险是指投保人根据合同约定，向保险人支付保险费，保险人对于因发生合同约定的可能事故而造成的财产损失承担赔偿保险金责任，或者当被保险人死亡、伤残、疾病或者达到保险合同约定的年龄、期限等条件时承担给付保险金责任的商业保险行为
信托	信托本质上是一种财产管理制度，涉及委托人、受托人和受益人三方主体。总体来看，信托是指委托人基于对受托人的信任，将其财产权委托给受托人，由受托人按照委托人的意愿以自己的名义，为受益人的利益或特定目的，进行管理或者处分的行为
仓储	仓储营业是一种专门为他人储藏、保管货物的营业活动，是指当事人双方约定由保管人为存货人保管货物，存货人为此支付报酬的营业行为
票据	票据是指汇票、支票和本票。广义的票据行为是指能够变动票据关系的法律行为；狭义的票据行为是指能够发生票据上债务的要式法律行为

复习思考

一、简答

简述商行为的特征。

二、案例分析

2016年8月14日，定居成都的市民范俊刚、史瑞莲收到了国家工商总局的回函。回函中，国家工商总局表示，范俊刚、史瑞莲二人对《消费者权益保护法实施条例(征求意见稿)》提出的建议，国家工商总局将在代国务院起草《消费者权益保护法实施条例》过程中认真研究。范俊刚、史瑞莲二人为何要向国家工商总局提建议？他们为何如此关注《消费者权益保护法实施条例》的起草呢？目前定居成都的范俊刚、史瑞莲二人，他们有一个特殊的身份，即职业打假人。日前，国家工商总局发布《消费者权益保护法实施条例(征求意见稿)》，其中第二条提到："金融消费者以外的自然人、法人和其他组织以营利为目的而购买、使用商品或者接受服务的行为不适用本条例。"换句话说，这项有关适用范围的界定，被认为是职业打假人将不再受《消费者权益保护法》保护的信号。而多年来围绕职业打假人合法性的持续争议，由此再起波澜。素有"中国职业打假第一人"之称的王海在对话成都商报记者时明确表示，不能把敲诈等违法行为与职业打假混为一谈！

问：(1)知假买假的行为在几年前十分盛行，王海等人通过《合同法》《消费者权益保护法》《产品质量责任法》等民法、经济法制度获得了多次赔偿，那么王海式的知假买假行为是否属于民事行为呢？

(2)有人认为，王海式的知假买假行为其动机在于获取高额赔偿，并非普通的生活消费，这种经常性、反复性的知假买假行为已经违背了传统民法、经济法所确定的立法精神和宗旨，显露出一定的营利性特征，应当被认定为商事行为，不再受《消费者权益保护法》

的保护。同样是买卖，那么商事行为相较于民事行为具有怎样的特征呢？

三、课后作业

简述商事行为的分类和意义。

第四章　商事登记

【导语】商事登记法律制度是规范和调整商事登记行为，确定商事登记机关、登记内容、登记程序等一系列关于商事登记关系的法律制度。在现代各国的商事法律体系中，商事登记制度都是一项基本制度，我国也制定了商事登记法律法规，对商事登记的基本内容作了规范。

【重点】熟练掌握商事登记的概念、特征、种类和原则；了解商事登记的程序和效力

第一节　商事登记概述

一、商事登记的概念

商事登记，又称商业登记，其目的是使商事主体的产生、变更和消灭等相关法律关系的变化发生法律效力，依照商法或有关商事登记的法律法规的规定，由商事主体向登记主管机关提出申请，由登记主管机关进行审核并通过注册，进而使上述效力得以实现的一种行政行为。

商事登记有两个行为要件，其一是申请人必须向主管机关提出申请；其二是主管机关必须审核登记注册。这是国家以法律手段调整商事活动，从而对商事行为和市场经济进行宏观调控的必要手段和必要环节。

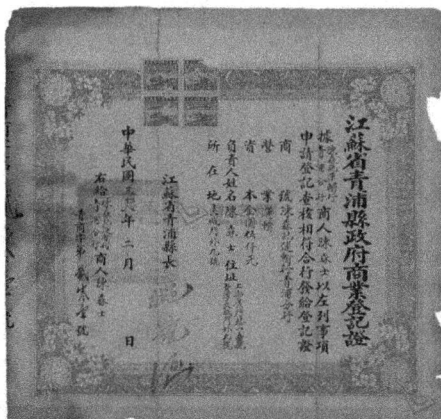

图4-1　民国时期的商事登记证书

二、商事登记的范围

商事登记的范围，在实践中就是指哪些商事主体需要登记。商事主体区别于其他主体最显著的特征就是其具备营利性，但值得注意的是，并非所有从事营利性商事活动的商事主体都必须进行登记。

各国的商事法律体系对此有不同的规定。我国实行的是强制登记制度，根据《无照经营查处取缔办法》的相关规定，除了农民在集市贸易市场或者政府所指定的区域内销售自己所生产的农副产品以外，其他任何商事主体从事商事活动都必须事先向登记主管机关取得登记和营业执照，禁止除上述情况外的任何无照经营活动。

我国对商事登记进行规范的法律法规，按照商事主体的类别，主要有以下文件对此作出规定：对于具备法人条件的企业，包括全民所有制企业、集体所有制企业、联营企业、在我国境内设立的三类外商投资企业、私营企业都必须依照国家法律、法规及其他相关规定向登记主管机关申请商事登记。这些类型的企业主要受《企业法人登记管理条例》与《公司登记管理条例》调整。对于不具备法人条件的企业与经营单位，主要包括个人独资企业、合伙企业、企业法人的非法人分支机构、中外合作经营企业中的非法人企业，也应按照国家法律、法规及其他相关规定申请商事登记，以从事经营活动。这些类型企业的商事登记主要受《合伙企业登记管理办法》调整。

根据《企业法人登记管理条例》及其实施细则、《公司登记管理条例》第9条规定，可以确定商事主体应登记注册的事项有：商业名称、住所、经营场所、法定代表人、经济性质、经营范围、经营方式、注册资金、从业人员、经营期限、有限责任公司股东、股份有限公司发起人姓名或名称等。

(一) 商业名称

商业名称是商事主体在从事商事经营活动时用以彰显自己的特定名称，以此特定名称使自己与其他商主体相区分。商业名称是表明商事主体拥有商事人格的一项重要依据和外观性标志。个体工商户可以起字号，企业必须有名称。商业名称还是承载商誉、商业知名度等价值的企业无形资产，它具有体现商主体特定商业信誉的法律作用。

(二) 企业章程或协议

企业章程是指确定企业的组织和行为，规定企业与出资人之间、出资人和出资人之间权利义务关系的法律文件。协议是指合伙企业的合伙协议、中外合资经营企业合同以及中外合作经营企业合同。设立包括有限责任公司和股份有限公司在内的法人企业必须有章程。个人独资企业、合伙企业设立不需要章程，但合伙企业必须有书面合伙协议。外商投资企业除必须制定企业章程外，中外合资经营企业和中外合作经营企业还需依法订立合资经营合同及合作经营合同。个体工商户既不需要章程，也不需要协议。

(三) 注册资金

资本是所有商事主体从事营业活动的基础，所以法律对各类商事主体均有资本要求。根据我国法律的规定，个人独资企业的注册资金只要有出资人申报的资本，而合伙企业的注册资金为合伙人实际缴付的出资。由于企业法人的出资人对企业的债务承担有限责任，出于维护交易安全的考虑，各国尤其是大陆法系国家对企业法人的注册资本要求较高，我国也不例外。根据我国《公司法》和《企业法人登记管理条例实施细则》的规定，不同类型的企业适用的法律不同，对注册资本的要求也不一样。

(四) 经营范围

任何商事主体都必须确定其经营范围，企业的经营范围必须记载于企业章程，并依法登记。生产经营特殊商品或服务的商事主体，还应在登记之前取得有关主管部门的行政许可，并向登记机关提交有关批准文件。值得注意的是，不是任何超越法人或非法人组织经营范围的行为都归于无效。根据《民法典》第五百零四条的规定，法人的法定代表人或者非法人组织的负责人超越权限订立的合同，除相对人知道或者应当知道其超越权限外，该代表行为有效，订立的合同对法人或者非法人组织发生效力。

(五) 组织机构

组织机构是商事主体的内部治理结构或权力结构。个体工商户、农村承包经营户、独资企业以及合伙企业对组织机构没有要求，企业法人则必须有符合法定条件的组织机构。《公司法》和《全民所有制工业企业法》以及有关外商投资的法律对各类企业法人的组织机构都有明确要求。所以，凡是设立企业法人，都必须建立相应的组织机构。

三、商事登记的特征

商事登记是对商事经营中的重要事项或与之有直接关系的事项的记载。商事登记的内容和范围在法律上受到一些必要的限制。依据我国现行的法律规定，商事登记的必要事项包括商号、商事主体的住所、经营场所、法定代表人、经济性质、经营范围、经营方式、注册资金、从业人数、经营期限等。商事登记就其法律性质而言，具有以下三个特征：

第一，商事登记是一种创设、变更或者终止商事主体资格的法律行为，即创设性。商事登记的基本目的在于创设、变更或终止商事主体的资格和能力。按照多数国家的规定，商事主体的资格及商事能力的起始取决于商事登记行为生效的时间。

第二，商事登记是要式法律行为，即要式性。商事登记必须依法定程序向法定的登记机关申请，登记注册的内容和事项由法律以强制性条款予以规定，登记必须采取法定的格式。

第三，商事登记本质上是公法行为，即公法性。虽然商事登记本质上属于商法所规范的私法行为，但它更多体现了国家的意志，是国家公权力介入商事活动的体现。

第二节　商事登记的目的

商事登记，在于公示商事主体的营业状态，就其目的而言，可以体现在以下三个方面：

第一，确认商事主体的商事活动资格，保护商事活动主体的合法营业活动。凡是已登记事项，除虚假陈述外，均属确定事项，商事主体可以依据这些确定事项，对抗善意第三人，保护自己的合法权益。

第二，公示交易信息，保障交易安全和迅捷。通过商事登记，可以将商事主体的营业状况公告于公众，使公众得以知悉商事主体的营业情况，从而实现保护交易安全的目的。

第三，便于国家主管机关统计核算资料，加强对商事活动的监管。法律规定商事主体必须通过登记才能取得主体资格，凡是没有经过主管部门核准登记的，均不得从事营业活动。主管部门了解商事主体的基本情况，便于政府进行宏观调控，实质就是国家通过商事登记对营利性主体的营业进行宏观调控，以维护良好的社会经济秩序。

第三节　商事登记的原则和效力

一、商事登记的原则

(一) 强制登记原则

(1) 商事主体的设立、变更和终止都必须进行登记。

(2) 商事登记应就法律规定的商事主体的全部必要事项进行登记，未经登记不发生效力，不得从事商事活动。

(二) 全面审查原则

商事登记主管机关对于必须登记的事项依法采取形式审查和注册备案制度，不符合法律规定的一律不予登记。

(三) 登记公开原则

登记公开原则是指应向社会公众公开商事登记的内容。登记公开包括四个方面的要求：第一，登记申请公开、真实。第二，登记的程序必须公开。第三，进行公告。第四，登记事项查阅公开。

二、商事登记的效力

商事主体登记注册后，会产生什么法律效力，已登记的事项与未登记的事项对第三人的效力如何，各国的商事立法不一致。

(一) 创设效力

商事登记是商事主体取得经营资格的前提条件，未经登记不得以商事主体的身份从事商事活动。

各国大多规定商事登记是商事主体取得经营资格的前提，如《瑞士债法典》规定，登记注册是公司取得法人资格的必经手续，而且通过登记注册，商事主体取得对某一特定商号的独一无二的使用权。法国法律规定，登记注册构成一种推断，表明某个主体成为商事主体(除非有相反证据可以推翻)，未经登记注册而从事商事活动，不享有商事主体的权利，但仍须履行商事主体应尽的义务。在我国，严禁商事主体无照经营，因此商事登记注册也是商事主体取得经营资格的前提条件。

(二)公示效力

商事登记是为了使政府便于实施监督管理，保护商业发展，也是为了使社会公众得以明了商事主体的具体内容。因此，商事登记的重要作用之一就是其公示效力。所谓公示效力，是指所有经过登记的内容，都应当推定其具有相应的法律效力，善意第三人根据登记事项所为的行为有效。商事登记的公示效力，表现为凡是登记在主管机关簿册上的有关商事主体的事项，除非有虚假表示者，可以与第三人对抗。

我国法律采取的是强制登记主义以及实质审查主义，所以登记注册事项当然具有对抗第三人的法律效力。对于应登记而未登记的事项，注册人不得用以援引对抗善意第三人；但如果有充分证据可以证明第三人明知未登记事项，则第三人具有恶意，应允许注册人援引此未登记事项对抗第三人。

各国均将公示作为商事主体的一个重要义务，即交易当事人对于涉及利害关系人利益的营业事实，负有公示告知的义务。这一规定的目的在于保护对方交易人或不特定第三人的利益。

(三)免责效力

创设法律关系的效力基于商事主体的设立登记。免责效力则主要基于商事主体的变更登记和注销登记时的记载，即根据商事主体变更、注销登记的记载，商事主体将部分或全部免除责任。另外，以登记的时间为准的禁止一旦结束，也能产生免除责任的效果。

第四节　商事登记管理机关

商事登记的管理机关是指按照商事登记法的规定，接受商业主体的申请，并具体办理商事登记的机构。

一、其他国家商事登记管理机关

各个国家对于商业登记管理机构的规定不一致，从实践情况看，主要有四种模式。

第一，德国、韩国等国家的商法规定，法院为商事登记的管理机关，商事登记由地方法院办理。

第二，法国商法规定，法院和专门设立的附属行政机构为商事登记机关，法院办理一般商事登记，行政机关办理公司登记。

第三，英国、美国、日本等国的法律规定由行政机关或专门设立的附属行政机关作为商事登记机关。

第四，荷兰设有专门注册中心和商会作为商人登记机关，地方商会负责注册并保管当地商事登记文件，这是一种具有很强的民间性的模式。

二、我国商事登记管理机关

我国采取行政登记主义，进行商事登记的管理机关是国家工商行政管理机关。国家工商行政管理机关独立行使登记管理权，并实行分级登记管理原则，即国家市场监督管理总局与省、自治区、直辖市市场监督管理局，及市、县、区市场监督管理局实行分级管理。

全国性的公司、企业集团、经营进出口业务的公司、外商投资设立的公司在国家市场监督管理总局办理登记；全国性公司的子（分）公司，经省、自治区、直辖市人民政府或其授权部门批准设立的企业、企业集团、经营进出口业务的公司，由省、自治区、直辖市市场监督管理局核准登记注册；其他企业一般都在所在市、县（区）市场监督管理局办理登记。公民个人，即私人企业一般在户籍所在地的市、县、区的市场监督管理局办理登记。

表4-1　我国商事登记管理制度

项目	现行登记制度	商事登记制度	备注
外照时间	5个工作日	1~3个工作日	变更（备案）地址、名称等简单业务当场办理
提交材料	验资报告、许可经营项目批准文件及其他登记材料	无须提供验资报告、许可批准文件（除保留的19项外）	此次改革，共保留了19项前置审批许可，其余均为后置
审查方式	形式审查与实质审查相结合	形式审查	
经营资格与主体资格	两者合一，核定经营范围	两者分离，不核定经营范围，只显示主营项目类别	

第五节　商事登记的种类

根据《企业法人登记管理条例》及其实施细则和《公司登记管理条例》的规定，我国企业法人的商事登记可分为设立登记、变更登记和注销登记三类。

一、设立登记

设立登记是指为设立商事主体而向登记机关提出申请，并由登记机关予以登记的法律行为。商事主体设立登记的主要事项包括商业名称、住所、法定代表人、组织形式、经营范围、经营方式、资金总额及其他有关事项。

登记管理机关受理登记申请之后，对申请人提交的文件、证件、登记申请书及其他有关文件进行严格审查，对于不符合法律规定的，作出不予核准登记的决定；对于符合法律规定的，作出核准登记的决定，并核发相应的营业执照。营业执照一经颁发，商事主体即告成立，进行营业活动。

二、变更登记

变更登记是指对于那些已经在登记机关中登记的事项，如商业名称、住所、经营范围、法定代表人等发生变更后，依照法律规定对变更后的状态予以再登记的法律行为。

三、注销登记

注销登记是指商事主体为消灭其主体资格而进行的登记。商事主体如发生歇业、被依法撤销、宣告破产以及其他原因终止营业，应当向登记管理机关办理注销登记。

商事主体办理注销登记时，必须提交申请报告及清理债务完结的证明，经核准后，收缴企业营业执照及公章，并将注销登记情况告知开户银行，经营资格从此消灭。

第六节　商事登记的程序

商事登记一般分为申请、审查、登记和公告四项主要程序。

一、申请

申请是指商事主体的创办人或商事主体提出的创设、变更、消灭商事法律关系等有关事项的行为。

申请必须采取书面形式，且必须按照法定的形式提交相关文件、证件以及填报登记注册书。如果经营活动依法须经行业主管机关许可，还须提交相应的许可证明书，只有符合法定要求的申请，登记管理机关才予以受理。

二、审查

登记管理机关受理申请后，依法进行审查。目前各国对于商事登记的审查，主要存在三种立法例。

（一）形式审查

所谓形式审查，是指登记机关对于申请人提交的有关文件、证件等，仅审查其形式上是否合法，而对其所记载事项的真实性，则在所不问，不负审查的责任。因此，即使商事主体已经登记注册，也很难证明其真实性。英、美国家多采用形式审查。

（二）实质审查

所谓实质审查，是指登记机关不但要审查有关申请文件是否符合法律要求，而且还要审查登记事项是否真实。实质审查能使商事登记在商事交易中发挥最大作用，从而保护交易安全，但这无疑加重了登记机关的责任，因为实质审查主义要求登记机关对登记结果的真实性负责。法国采取此种立法主义。

我国采取的是实质审查主义。依照我国的法律规定，登记机关必须审查商事登记申请人提交的文件、证件及填报登记注册信息的真实性、合法性、有效性，并核实有关登记事项和设立条件。但在实践中，登记机关仅采取书面审查方式，缺少必要的调查，使实质审查流于形式。

（三）折中审查

所谓折中审查，即主张登记机关有实质审查的职权，但没有必须进行实质审查的义务，登记不能作为推定已登记事项为完全真实的依据。其登记事项的真实与否，最终仍由法院的裁决来决定。德国对一般商事主体采取形式审查，对股份公司采取实质审查。

三、核准发照

在商事登记程序过程中，关于应登记的事项，应当由当事人提交商事登记书，经登记机关审查核准后，按照规定格式将应登记的事项在所备置的商事登记簿上进行登记即可。

依照我国法律的规定，商事主体取得企业法人营业执照或营业执照是其取得商事主体资格的凭证，执照签发日期为商事主体成立的日期。只有经过登记管理机关依法核准登记并发给营业执照或企业法人营业执照，商事主体的设立才算得到法律的确认，商事主体正式拥有民事权利能力和民事行为能力，依法享受权利和承担义务，其设立程序正式完成。

四、公告

商事登记除了方便相对人查阅之外，还有让一般公众知道登记事项的目的，因此，登记之后一般要进行公告。所谓公告，是指将登记的有关事项，通过报道或其他途径让公众周知。应当登记的事项未经公告不能对抗善意第三人。

依照我国法律，商事登记公告只能由登记管理机关公布，其他任何单位未经管理机关批准无权公告。在具体方式上，实践中多通过登记管理机关指定的报纸、期刊进行公告。公告的内容因为登记类型的不同而不一样，注销登记相较设立登记特别的地方是，它必须有关于债务处理的内容。如果公告的事项和登记的事项不一致，则法律推定为没有进行公告。商事公告制度的价值，主要体现在安全、秩序和效益三个方面。

第七节　商事登记的效力

商业登记的效力，是指登记事项经过登记后所产生的法律上的约束力，包括创设效力和公示效力。

一、商事登记的创设效力

商业登记的创设效力，是指登记行为能够产生创设新的法律关系的效果。商事主体要成立，必须经过工商登记，登记对于商事主体的成立就属于创设效力。虽然商事登记是否为商事主体成立的必要条件各国立法不尽相同，但在绝大多数国家的法律中，对有限责任公司和股份有限公司和其他商法人，都以商事登记为其资格取得的必要条件。

在我国，商事主体的成立必须经过商事登记，即商事登记具有创设商事主体的效力。《个人独资企业法》第9条规定，申请设立个人独资企业，应当由投资人或其委托的代理人向个人独资企业所在地的登记机关提交设立申请书、投资人身份证明、生产经营场所使用证明等文件。《合伙企业法》第 9 条规定，申请设立合伙企业，应当向企业登记机关提交登记申请书、合伙协议书、合伙人身份证明等文件。《公司法》第 31 条规定，申请设立公司，符合本法规定的设立条件的，由公司登记机关分别登记为有限责任公司或者股份有限公司；不符合本法规定的设立条件的，不得登记为有限责任公司或者股份有限公司。

二、商事登记的宣示效力

商事登记的核心功能在于信息公开，其核心目的是将商事主体及其法律状况公开，以保障受法律保护的交易安全。

我国现行商事登记具有推定真实及能够对抗善意第三人的效力。合法有效的商事登记，必然产生对第三人的效力。

从实践来看，商事登记的宣示效力有以下三种情形：

第一，应登记的事项，未经登记或公告，不得对抗善意第三人。为了确保交易安全以及促使当事人切实履行法定的登记义务，即使法定登记事项在登记之前已实际存在，也不得对抗善意第三人，即理论上所称"消极公示主义"。

第二，应登记的事项已经登记与公告，皆可对抗第三人。凡应登记的事项经登记或公告后，第三人除基于不可抗力的正当理由而对此确不知悉外，无论其是出于善意还是恶意，均能对其产生对抗效力，也即理论上称的"积极公示主义"。

第三，情况不实的登记效力。商事登记只是对客观存在的事实和法律关系进行公示，事实和法律关系在实体法上根本不存在，即使作了登记，原则上也不应产生任何效力。但这往往会给信赖登记的人造成利益损失，也会因此削弱商事登记制度的信用和功能。法律为协调和平衡两者，规定对故意或过失进行的不实登记，不能对抗善意第三人。这一原则是基于英美法中的禁止反言原则，目的是保护商事登记的公信力和信赖商事登记的善意第三人。

小　结

商事登记是为了使商事主体的产生、变更和消灭等相关法律关系的变化发生法律效力，依照商法或有关商事登记的法律法规的规定，由商事主体向登记管理机关提出申请，由登记管理机关进行审核并通过注册，进而使上述效力得以实现的一种行政行为。依据我国法律规定，商事登记的必要事项包括商号、商事主体的住所、经营场所、法定代表人、经济性质、经营范围、经营方式、注册资金、从业人数、经营期限等。

知识点

一、商事登记原则	强制登记原则
	全面审查原则
	登记公开原则

续上表

二、登记机关	法院		德国、韩国
	法院及专门设立的附属行政机构		法国
	行政机关或专门设立的附属行政机关		英国、美国、日本
	专门注册中心或商会		荷兰
	工商行政机关		中国
三、登记种类	设立登记	为商事主体的设立而进行的登记	
	变更登记	已经登记的事项发生变更，对变更后的信息进行登记	
	注销登记	为消灭商事主体资格而进行的登记	
四、登记程序	登记申请	必须由申请人以书面形式提出申请	
	登记审查	形式审查	
	核准发照	实质审查	
		折中审查	
		取得商事主体资格	
	公告	只能由登记管理机关公告，其他任何单位未经管理机关批准，均无权公告	
五、登记效力	创设效力	登记行为能产生创设新的法律关系的效力	
	公示效力	保护交易安全	

✦ 复习思考

一、简答

1.简述商事登记的程序。

2.简述商事登记的特征。

3.简述商事登记的意义。

二、案例分析

2024年7月10日上午，彭水舞之韵文化传播有限公司法人代表在彭水县行政服务中心"三证合一"窗口领取了新版的"三证合一"营业执照，这是彭水开出的首张"三证合一"新照。"昨日，我来到工商窗口咨询办理营业执照的事项，窗口人员热情地介绍了办证情况，当听说我县开始办理'三证合一'营业执照时，我立刻递交了材料。"梁西月高兴地说，没想到这么幸运，她获得了首张新照。据悉，"三证合一"登记指的是，将现行的营业执照、组织机构代码证和税务登记证分别受理、分别审批、分别发证照的登记制度，改革为统一受理、并联审批、统一发放记载有工商注册号、组织机构代码、税务登记证号的营业执照的登记制度。据了解，为最大程度实现便利化，营造宽松平等的准入环境，从7月10日起，彭水推行"三证合一"登记机制，进一步简化市场主体准入程序，加快商事登记制度改革。通过简化准入手续、缩短办理时限，不仅能降低创业门槛，促进市场主体快速发展，同时也能进一步优化投资软环境。据彭水县工商局注册登记科科长陈继成介绍，按照旧有模式，业主需分别递交材料后，才能取得营业执照、组织机构代码证和税务登记证。实行"三证合一"后，业主只需按要求向"三证合一"一个窗口递交一份材料，业主在三个工作日内即可领到加载了组织机构代码、税务登记号这两个信息的营业执照，免收工本费。

问：（1）商事登记对于商事主体从事商事行为有何意义？

（2）商事登记有哪些类型？

（3）商事登记的条件是什么？

（4）商事登记具有何种效力？

三、辨识判断

甲上市公司在成立6个月后召开股东大会，该次股东大会通过的下列决议中哪项符合法律规定？

A.公司董事、监事、高级管理人员持有的本公司股份可以随时转让

B.公司发起人持有的本公司股份自即日起可以对外转让

C.公司收回本公司已发行股份的4%用于未来1年内奖励本公司职工

D.决定与乙公司联合开发房地产，并要求乙公司以其持有的甲公司股份作为履行合同的质押担保

四、课后作业

简述商事登记的效力。

第五章　商业账簿

【导语】商业账簿是指商主体为了表明其财产状况和经营状况而根据会计规则依法制作的书面账簿。商业账簿是商法规范的一项重要内容，其所记载的信息对于促进商业活动及保障商事活动的安全具有重大意义，因此各国的商法典或单行商事法中都对其作了专门的规定。

【重点】熟练掌握商业账簿的概念、意义、种类；了解商业账簿的制作、披露和保存

第一节　商业账簿概述

一、商业账簿的概念

商业账簿是指商主体为了表明其财产状况和经营状况而根据会计规则依法制作的书面账簿，是商法规范的一项重要内容。商法理论上将商业账簿分为形式意义上的商业账簿和实质意义上的商业账簿。

实质意义上的商业账簿，是指包括法律硬性要求的账簿内容在内的，商事主体在营业过程中所形成文字记载的账簿。形式意义上的商业账簿，是指严格按照相关法律的要求和会计规则制作的账簿。

因商业账簿在整个商法体系中的重要性，各国都对此作出了专门规定，但英美法系国家和大陆法系国家关于商业账簿的立法不同。以法国、德国和日本为例，大陆法系国家关于商业账簿的内容主要规定在商法典中，而以英国、美国为例的英美法系国家则将商业账簿的内容规定在判例和单行法中。

我国没有商法典，也没有专门的商事账簿法，因此商业账簿相关的法律规定，主要规定在《公司法》《会计法》《审计法》以及《企业会计准则》等法律法规中。值得注意的是，虽然出于政府征税及保障交易安全等因素的考虑，我国的相关法律法规强制要求商主体制作商业账簿，但同时也不强制要求规模较小的个体工商户制作商业账簿。因此，不是所有商主体都需要制作商业账簿。

二、商业账簿的意义

(一)对于商事主体本身的意义

制作商业账簿对于商事主体内部管理而言，能起到准确并及时了解自身财务情况和经营情况的作用，并能以此为依据，有效作出经营决策或者调整不当的决策。

(二)对商事主体投资人及交易相对人的意义

商业账簿能够让交易相对人准确及时地了解商主体的经营状况、资信状况，进而借此对该商事主体的发展前景和营利能力作出准确的判断，以决定是否与其交易以及在交易以后能否保障自己的权益；对于商事主体的投资人而言，可以及时了解其营业状况、资金情况、信用情况和发展前景；对于股份有限公司的股东而言，更重要的是可以简化信息程序，保障信息披露制度的落实；对商事主体的债权人而言，可以了解商事主体偿债能力及资信情况，以便作出有效的债权管理。

(三)对于国家宏观经济管理的意义

首先，商业账簿是国家税务部门的征税依据；其次，对于社会管理而言，主管部门可以通过商业账簿了解商事主体的营业状况和信用状况，并以此实现对商事主体的财务年检，以保障所有相关人及社会公众的经济利益。

第二节　商业账簿的种类

在我国，商业账簿通常分为会计凭证、会计账簿和会计报表三类。

一、会计凭证

会计凭证是指商事主体记录日常经营业务，以会计事项作为记账依据的书面证明。

要了解会计凭证，首先要了解会计事项。会计事项是指导致商事主体的资产、负债或所有者权益发生增减变化的事项。会计凭证的作用在于证明会计事项的发生、变化。

按照编制程序及性质，会计凭证可以分为原始凭证和记账凭证。

原始凭证是指为了证明会计事项的经过，而造具记账凭证所依据的凭证，也是证明经济业务实际发生、完成的最初书面文件，是进行会计核算的原始资料。原始凭证因事实上的取得不能，或者因意外毁损、灭失时，除依法律规定程序办理外，应根据事实及金额制作凭证，由商事主体负责人或其指定人员签字或盖章，以作记账之用。对于确实无法取得原始凭证的会计事项，商事主体负责人可要求经办及主管该事项的人员分别或连带出具证明。

因原始凭证内容十分繁杂，难以直接反映记账的类别和方向，需要将经过会计核算的原始资料(即原始凭证)进行整理和编制，使之成为直接的记账依据，这样编制而成的凭证就是记账凭证。

二、会计账簿

会计账簿是指按照一定的方法和程序，连续、系统、分门别类地记录和反映商事主体经营业务的簿册。

根据用途，会计账簿可以分为序时账簿和分类账簿。所谓序时账簿，是指按照会计事项发生时间的先后顺序进行记录的账簿。所谓分类账簿，是指主要按照会计科目分类进行记录的账簿。

三、会计报表

（一）会计报表的概念

会计报表是指以货币形式综合反映商事主体在一定时期（会计期间）内生产经营活动和财务状况的书面报告。

会计报表分为动态和静态两种：动态会计报表反映一定时期内的财务变动情况，如损益表等；静态会计报表反映一定时点上的财务状况，如资产负债表等。

（二）会计报表的种类

（1）资产负债。资产负债表是反映商主体在某一段时期的财产构成状况一览表，是基本财务报表之一。其填制原理是会计基本恒等式："资产＝负债+所有者（股东）权益"。资产负债表属于静态报表，因为它反映的是商主体在特定时点（如年末或季末）的财务状况。

（2）损益表。损益表属于动态会计报表，反映商主体在一定会计期间经营业绩的财务会计记录，主要列示收益和支出两个部分，其结果体现了商主体在该期间是实现利润还是发生亏损。

（3）现金流量表。现金流量表是反映商主体在一定会计期间（如月度、季度或年度）现金和现金等价物流入和流出动态状况的财务报表，用以直观分析一个商主体的财务经营状况是否健康。

（4）财务情况说明书。财务情况说明书是以文字形式对商主体在一定会计期间内（通常为一年）的整体经营情况、财务状况及其他重要事项进行说明、分析和总结的书面报告。

第三节　商业账簿的制作、披露和保存

一、商业账簿的制作

（一）商业账簿制作的义务主体

根据我国法律规定，除农村承包经营户以外，其他商事主体都应依法设置商业账簿。一般商事主体商业账簿的制作由其负责人负责；股份有限公司和有限责任公司的商业

账簿,设立董事会的公司由董事会负责,不设董事会的,由执行董事负责制作。

商业账簿编制工作,通常由商事主体内部的会计机构和会计人员具体执行。

(二)商业账簿的制作要求

商业账簿的目的在于为商事主体自身经营管理、投资者、债权人以及政府主管部门等提供真实、有效的会计信息,并为监管提供依据。

因此,商业账簿的制作必须真实、准确、完整、简明,商业账簿应及时报送,且忠实、全面地记录商主体的财务信息和经营信息。

(1)商业账簿的真实性和准确性。商主体制作商业账簿必须使用真实、合法的原始凭证。不完整、不准确的原始凭证,须经出具单位更正或者补充后才能入账。所有会计数据必须按照规定的计算方法进行准确核算,保证相互关联的报表之间的逻辑关系。

(2)商业账簿的可比性和简明性。商业账簿的可比性是指对于不同会计期间商主体的会计信息,或在同一时期进行的具有相同或相似交易内容的会计信息,应采用同样的会计原则,以使其具有逻辑上的可比性;商业账簿的简明性则是指为了方便使用者使用和决策,商业账簿必须清晰明了,以利于理解和使用。

(3)商业账簿制作的周期性。商业账簿的记录和报告应划分会计期间,包括年度、季度和月度。会计期间应以公历日期作为年度、季度和月度的起止日期。根据国际通行的会计原则,会计年度为公历1月1日至12月31日。

(4)商业账簿的货币选择。原则上,我国商主体的记账本位币是人民币,但贸易往来和收支为外币的商主体,在制作商业账簿时,允许选择一种外币作为其记账的本位币,但在制作财务会计报告时,必须折算为人民币。

(5)商业账簿报送的及时性。为了方便投资人及时了解企业的经营状况和财务情况、债权人合理行使自身权利、监管部门(工商部门和税务部门)准确行使监管权力,商主体必须按时报送商业账簿,报送的商业账簿必须由商主体的负责人签名并加盖公章。

二、商业账簿的披露

(一)向相应监管机关提交

为加强对特殊商主体(如国有企业、保险公司、证券公司、银行等)的监管,保证市场经济秩序的稳定,我国相关法律明确要求有关特殊商主体定期向监管或主管部门提交商业账簿。

我国的《商业银行法》《保险法》《证券法》等都对此有具体规定。

(1)商业银行。商业银行必须定期向中国人民银行报送资产负债表、损益表以及其他财务报告和资料。

(2)保险公司。保险公司应于每月月底前将上一月的营业统计报表报送保险监督管理机构,且于每个会计年度终了后3个月内,将上一年度的营业报告、财务会计报告及有关报表报送保险监督管理机构。

(3)上市公司。上市公司应该在每个会计年度上半年结束之日起2个月内,向证监会和证券交易所提交中期报告,在每个会计年度结束之日起4个月内提交年度报告。

（二）向投资人提交并备置于商主体所在地

为充分保障投资人的知情权，并作为投资人行使表决权的基础，商主体应向投资人提交商业账簿，并备置商业账簿于公司住所，以便于投资人查阅。

有限责任公司有义务向所有股东递交财务会计报告，关于递交的期限《公司法》没有作具体的规定，有限责任公司可在公司章程中自主规定；股份有限公司因其股东众多，逐个递交的成本过高，所以只要备置于本公司内，保证股东能够查阅。

虽然《合伙企业法》未规定向合伙人递交财务报告的事宜，但为实现合伙人及时准确了解合伙企业财务状况和经营情况的目的，合伙企业应该备置商业账簿，以便合伙人查阅。

（三）公告

以公告的方式披露信息仅适用于以募集方式设立的股份有限公司，其必须在法律规定的时限内在专门的报刊上公告财务会计报告，包括股份有限公司的中期报告和年度报告。

中期报告披露的时间期限为每个会计年度上半年结束之日起 2 个月内，年度报告的披露期限为每个会计年度结束之日起 4 个月内。

三、商业账簿的保存

考虑到商业账簿对于各方的重要性，各国法律通常都规定商主体必须在一定时限内对商业账簿进行妥善保管，我国也不例外。

（一）部分国家的规定

关于会计资料的保管期限，各国的规定不一，可以分为两类：一是采取确定期限制，如德国、意大利、比利时、日本等国家均规定商业账簿的保存期限为 10 年，西班牙为 5 年，荷兰为 30 年，保存期限从账簿封存之日起算；另一种是采取不定期限制，如智利以营业期限为准，巴西以债券权利失效为准。

（二）我国的规定

关于账簿的保管期限，我国没有作出明确统一的规定，只在各类具体实施细则，如《税收征收管理法实施细则》从保护税收角度对涉税商业账簿的保存期限作了规定；《会计档案管理办法》则从档案管理的角度对会计档案的保管期限作了规定。现实中，考虑到商业账簿对于商事主体及交易相对人的重要性和独特性，其保管期限应立法统一规定。会计资料不得擅自销毁，如果确有必要销毁的，必须经单位负责人审查，财政部门和主管部门批准后，方可销毁。

✦ 小 结

商业账簿是国家税务部门的征税依据，主管部门可以通过商业账簿了解商主体的营业状况和信用状况，并以此实现对商主体的财务年检，以达到保障相关人员及社会公众的经济利益的目的。商业账簿分为会计凭证、会计账簿、会计报表三类。实质意义上的商业账簿是指包括法律硬性要求的账簿内容在内的，商事主体在营业过程中所形成文字记载的账簿。形式意义上的商业账簿是指严格按照相关法律规定和会计规则制作的账簿。

✦ 知识点

商业账簿、会计凭证、会计账簿、会计报表

✦ 复习思考

一、简答

简述商业账簿的意义。

二、案例分析

1. 慧球科技"1001 项议案"事件引发市场和社会舆论广泛关注后，证监会于 2017 年 2 月 24 日发布公告，拟对慧球科技信息披露违法等 8 宗案件一并作出行政处罚。其中慧球科技原证券事务代表鲜言因涉嫌信息披露违法违规及操纵股价案被处以约 347058 万元的罚没款。证监会调查认为，慧球科技董事会抛出并审议"1001 项"议案的行为违反了公司守法义务及董事会职权的相关法律规定，慧球科技的披露渠道违反法律规定，所披露信息的内容违反法律规定，存在虚假记载、误导性陈述及重大遗漏。

问：(1) 案例中所指的虚假记载、误导性陈述及重大遗漏为什么属于违法行为？

(2) 商业账簿对商主体和国家监管机关各具有什么重要意义？

(3) 商业账簿的种类有哪些？

2. 原告诉称，其因借款纠纷与被告股东李默生发生诉讼，后经法院裁判并执行，李默生在被告公司 10% 的股份于 2023 年 12 月 8 日过户到原告名下。原告行使股东权利，多次要求查阅被告公司的会计账簿和会计凭证，都遭到拒绝。2024 年 3 月 23 日向被告邮寄了股东知情权申请书，要求查阅相关凭证，并要求被告于收到申请书后十五个工作日内予以回复，被告收到申请后，至今未予答复。原告认为被告侵犯了其股东知情权，遂诉至法院要求判令被告允许原告依法查阅被告自成立起至 2024 年 4 月 16 日的所有会计账簿，包括总账、明细账、日记账和其他辅助性账簿；所有会计凭证，包括记账凭证、相关原始凭证及应作为原始凭证附件入账备查的相关资料，诉讼费由被告承担。

问：本案的主要争议焦点是什么，你认为法院是否应该支持原告的请求？

三、课后作业

简述会计凭证、会计账簿和会计报表各自的意义和关系。

第六章　营业

【导语】营业是商法中的重要概念，在商法中具有支柱作用，是内容十分丰富、实践意义十分突出的商法制度。虽然在我国还没有很明确的营业概念，也还未建立起完整的营业体系，但在商事活动实践中，运用的各种营业规则却非常丰富。

【重点】营业的概念界定、营业自由的内容以及法律对营业活动的限制

第一节　营业的概念

营业与商主体和商行为的关系密不可分，是商法领域中非常重要的概念，但各国都未对营业作出明确的定义。我国商法学界普遍认为，营业包含主观意义和客观意义两种含义。

主观上的营业是指商事主体所实施的连续性的同种营利行为，因此又被称为活动的营业。营业活动具有目的上的营利性、时间上的连续性以及空间上的一致性。

客观意义上的营业是指营业财产，是指为了商主体进行营业活动所必需的财产和在其后的营业活动中所形成的一切有价值的财产关系的总和。所以，也被称为组织的营业。营业财产由积极资产和消极资产构成，积极财产主要为物和权利，其中物分为动产和不动产，权利则包括专利权、商标权、著作权、债权等，除此之外，商业秘密、商誉、地理条件及其他无形资产也属于积极财产；消极财产主要是营业活动中形成的债务，即负债。

第二节　营业自由与限制

一、营业自由

营业自由，是指除法律法规另有规定外，商事主体的营利性经营活动不受其他约束。随着经济的发展，现代各国大多奉行营业自由原则，多数国家都在其宪法或法律中确立了

营业自由原则。

营业自由分为三种，包括开业的自由、交易的自由和停业的自由。

开业的自由，又称营业进入的自由，是指商主体根据法律法规制定的统一标准，获得公平进入营业领域、获得营业资格的机会。据此，每个商主体只需要满足法律明确规定的硬性条件即可。

交易的自由，又称为营业选择的自由，是指商事主体进入营业领域之后，可以自主决定经营的领域、事项、形式和经营策略等，不必受其他任何主体，特别是行政权的干预或限制。我国《宪法》中有明确规定，"国有企业在法律规定的范围内有自主经营权"，"集体经济组织在遵守有关法律的前提下，有独立进行经济活动的自主权"。

停业的自由，又称营业退出的自由，是指已经开始营业的商事主体出于各种原因，如经营不善、经营财产情况恶化及营业目标已实现等，自愿终结营业活动，退出营业领域的行为。营业活动的开始和终结都是商主体的自由选择。

二、营业限制

营业自由并非绝对，它也需要接受法律的限制。各国的商法都对营业自由进行了限制，正如美国学者路易斯·亨金所言："在美国关于'自由国家'的法学理论中就有一种宪法上的假设，它既考虑到经济活动的自由，又允许对这种自由进行正当的限制。"这个概念同样适用于营业自由。

对营业自由的限制主要是公法上的，对其进行必要限制的正当性在于维护社会公共利益。

（一）对营业活动本身的限制

（1）保护公共利益。为了维护公共利益、保护公众利益，法律法规对一些行为进行了禁止，如《治安管理处罚法》《音像制品管理条例》中规定，禁止以营利为目的为赌博提供条件，禁止经营"宣扬淫秽、赌博、暴力或教唆犯罪等的音像制品、印刷品"。

（2）行业限制。出于财政收入及特殊行业规制的需要，部分特殊行业不许私人进行经营，而由国家进行独占经营。例如，我国《烟草专卖法》第3条规定，国家对烟草专卖品的生产、销售、进出口依法实行专卖管理。

（3）营业许可限制。特殊行业如银行业和保险业等，根据《银行业监督管理法》《保险法》的要求，都必须进行事先的登记和申请，获得营业资格并取得许可才能进行营业。

（4）商事主体身份限制。为了维护国家机关的公信力、保证执法的严肃性，并确保国家工作人员的廉洁，我国《公务员法》《法官法》《检察官法》等法律禁止国家工作人员，包括法官、检察官等从事任何营业。

（5）为保护特定主体利益而设置的限制。基于保护商事主体的目的，我国《公司法》第149条、《合伙企业法》第32条中均有关于合伙人、董事、高级管理人员等负有竞业禁止义务的规定，该义务人在法律规定的期限内，在其涉及的领域内，不得从事同类营业。

（二）营业方式的限制

为了保障商事主体的营业自由，必须建立和维护自由、公平的市场秩序，法律必须对妨碍营业自由的营业方式进行限制。这种限制与前述对经营活动本身的限制的区别在于，其目的在于防止已开展经营活动的市场主体采用破坏市场秩序的方式进行营业。这种限制主要表现为反不正当竞争和反垄断。具体如表6-1所示。

表6-1　营业方式的限制

限制方式	限制缘由	事例
对营业活动本身的限制	保护公共利益	禁止以营利为目的为赌博提供条件
	行业限制	烟草专卖
	营业许可限制	银行业、保险业管制
	商事主体身份限制	国家公务员不得从事营业
对营业方式的限制	防止不正当竞争	《反不正当竞争法》《反垄断法》
	防止市场垄断	

根据我国《反不正当竞争法》的规定，不正当竞争行为主要包括：采用欺骗性标志从事交易；虚假宣传；侵犯商业秘密；以排挤竞争对手为目的，以低于成本的价格销售商品；违背购买者的意愿搭售商品或者附加其他不合理条件；不正当有奖销售；损害竞争对手的商业信誉、商品声誉；串通投标。

根据《反垄断法》第3条的规定，垄断行为指的是具有竞争关系的经营者、经营者与交易相对人达成垄断协议；经营者滥用市场支配地位；具有或者可能具有排除、限制竞争效果的经营者集中。

◆ 小　结

营业是指商事主体所实施的连续性的同种营利行为，营业活动具有目的上的营利性、时间上的连续性以及空间上的一致性。营业财产是指商主体为了进行营业活动所必需的财产和在其后的营业活动中所形成的一切有价值的财产关系的总和。

◆ 知识点

营业、营业自由、营业限制

复习思考

一、简答

1. 简述对营业活动本身限制的内容。
2. 简述对营业方式限制的主要内容。

二、案例分析

龙岗一儿童乐园因未取得消防行政许可擅自营业被责令"三停"。据悉，龙岗分局南岭派出所消防民警对位于南湾街道汇佳购物广场 3 楼覃某投资的儿童乐园进行消防监督检查时，发现该场所存在未经消防安全检查擅自营业的消防违法行为，南岭派出所责令该场所停产停业，并处 3 万元罚款。然而，该场所却在一直未取得消防行政许可的情况下营业。南岭所消防民警协助龙岗消防监督管理大队执法民警，依法对覃某投资的儿童乐园实行"三停"，并告知其需依法办理有关消防手续，待手续齐全后才能继续营业。

问：(1)商主体是否可以自由营业或停业？

(2)法律对商事主体的营业行为有何限制性规定？

三、辨识判断

法国人丹尼与美国人泰尔按我国法律规定，各出资 50 万美元(其中丹尼的出资包括专利技术出资)在上海成立一公司，公司章程规定各方以出资数额为限对公司债务负责。该公司已设定注册资本为 100 万美元，而丹尼以其专利技术出资，则其至少要补出价值多少的现金或实物？

A. 30 万美元或等值的实物

B. 25 万美元或等值的实物

C. 无须补出任何现金或实物

D. 80 万美元或等值的实物

四、课后作业

简述营业自由与营业限制的关系。

第二编

公司法

第七章 公司与公司法概述

【导语】公司是现代企业制度的核心组织形式，它广泛地参与各种社会关系，是社会经济活动最主要的主体。在不同的国家，由于立法习惯及法律体系的差异，公司的概念不尽相同。即使在同一国家，随着社会经济和公司法的发展，公司的概念也在发生某些变化。

【重点】公司的概念、公司的法律特征、公司的分类、公司法的概念和性质

第一节 公司的概念

在大陆法系国家和地区，公司通常被定义为"依法设立的以营利为目的的社团法人"。这一定义的内涵有以下四个方面：（1）公司必须依法设立，即依据各国的民法典、商法典或者单行公司立法规定的条件和程序设立；（2）公司是法人，即公司是具有权利能力和行为能力的民、商事组织；（3）公司是社团法人，即公司是由两个以上股东共同投资组成的法人组织（所谓社团，是指以成员结合为基础成立的组织；与之相对的是财团，即以财产捐助为基础成立的组织）；（4）公司是营利社团法人，即股东投资办公司和公司存续的目的在于获取经济利益。

以日本为例，《日本商法典》规定："本法所谓公司，指以经营商行为为目的而设立的社团"，"依本法规定设立的以营利为目的的社团，虽不以经营商行为为业者，亦视为公司，公司为法人"。

在英美法系国家，公司（Corporation 或者 Company）这一概念不仅具有多种含义，而且英、美两国有关公司的用语、种类和具体制度都有较大的差异。英国法中的"Company"一词，一般是指一些人为共同目的而组成的社团，不限于以营利为目的。英国的公司中，以营利为目的并按照公司法设立的公司与大陆法系中的公司在概念上大体相当。在美国，与"公司"一词相对应的是"Corporation"。根据美国法及其理论，"Corporation"的语义首先是"法人"，并有"public corporation"（公法人）和"private corporation"（私法人）之分。公法人是执行公务或具有执行公务性质的法人，私法人是为私人利益目的而设立的法人。私法人又区分为以营利为目的和不以营利为目的两种。以营利为目的的法人（corporation for profit）与我们所称的"公司"相当。

英美法系国家和地区不甚注重对法律概念的严格界定，因而缺少明确的公司定义。

在我国，"公司"作为普通语词，在古代汉语中是指"合并而为公之道"，但"公司"作为一个法律概念，用来表示一种企业形态和企业制度，则是从西方移植来的，我国近代公司立法和公司理论深受大陆法系的影响。

我国现行《公司法》对"公司"这一概念并未作完整、统一的定义，只是对有限责任公司和股份有限公司的概念作了规定，如我国《公司法》第 2 条规定："本法所称公司，是指依照本法在中华人民共和国境内设立的有限责任公司和股份有限公司。"第 3 条第 1 款与第 4 款进一步解释，公司是企业法人，有独立的法人财产，享有法人财产权。公司以其全部财产对公司的债务承担责任。有限责任公司的股东以其认缴的出资额为限对公司承担责任；股份有限公司的股东以其认购的股份为限对公司承担责任。

根据前述对各国关于公司概念的介绍及我国《公司法》第 2 条至第 4 条的规定，公司的概念可以表述如下：公司是指股东依照公司法的规定，以出资方式设立，股东以其认缴的出资额或认购的股份为限对公司承担责任，公司以其全部财产对公司债务承担责任的企业法人。

第二节　公司的法律特征

公司的特征是公司的内在属性，是公司与其他组织相互区别的标志。从法律上看，公司有如下基本特征。

一、法人性

公司具有法人资格，是公司与其他经济组织如独资企业、合伙企业的主要区别。公司的法人特征具体表现在：

（一）公司拥有独立的财产

独立财产既是公司赖以进行业务经营的物质基础和经营条件，也是其承担财产义务和责任的物质保证。我国公司法对公司财产有法定的要求，尤其是规定了公司的最低注册资本额制度。公司的财产主要由股东出资构成，公司盈利积累或其他途径也是公司财产的来源。

在传统公司法理论上，一般认为，公司是其财产的所有人，对其财产享有法律上的所有权。虽然这些财产是由股东出资构成，但一经出资给公司，所有权即归公司享有，而股东只享有股权，亦即股东权或股份权。我国《公司法》第 3 条也明确规定，公司"有独立的法人财产，享有法人财产权"。

（二）公司设有独立的组织机构

完善、健全的组织机构既是公司进行正常经营活动的组织条件，也是公司法对每个公司提出的法定要求。

与民法对一般企业法人要求的组织条件不同，公司法对公司的组织机构规定有更严格、更健全、更规范的模式。这种组织机构包括公司管理机构和业务执行机构。公司管理机构是对内形成公司决策、管理公司事务，对外代表公司进行业务活动的机构，如股东会、董事会、监事会、经理等。公司执行机构包括公司的职能部门，如财务、审计、供应、销售等。

(三) 公司独立承担法律责任

公司作为经营性组织，以营利为目的参与经济活动，在享有广泛权利的同时，也应承担行使权利过程中产生的义务和风险。这是权利与义务相一致、利益与风险相一致的法律原则的要求与体现。

公司不同于合伙企业等其他企业组织形式之处便在于，除非适用法人人格否定制度，否则公司能够完全独立地承担法律责任，从而使其能够与股东个人责任完全分离。这种法律责任上的独立性，确实构成了公司作为独立法人的集中体现。

二、社团性

在传统民商法上，一般把法人分为社团法人与财团法人两大类。根据传统公司法，公司是社团法人的一种，它是由两人以上的股东组成的，单独一人一般不能组成公司，而只能是独资企业。公司由多数人组成的法律性质又称为公司的社团性或联合性。

不过需要指出的是，我国现行《公司法》引入了一人公司制度。如《公司法》第 60 条规定："只有一个股东的有限责任公司不设股东会。股东作出前条第一款所列事项的决定时，应当采用书面形式，并由股东签名或者盖章后置备于公司。"

此外，在我国《公司法》中，还有一种特殊的国有出资公司。如现行《公司法》第 169 条规定："国家出资公司，由国务院或者地方人民政府分别代表国家依法履行出资人职责，享有出资人权益。国务院或者地方人民政府可以授权国有资产监督管理机构或者其他部门、机构代表本级人民政府对国家出资公司履行出资人职责。"第 171 条规定："国有独资公司章程由履行出资人职责的机构制定。"第 172 条规定："国有独资公司不设股东会，由履行出资人职责的机构行使股东会职权。履行出资人职责的机构可以授权公司董事会行使股东会的部分职权，但公司章程的制定和修改，公司的合并、分立、解散、申请破产，增加或者减少注册资本，分配利润，应当由履行出资人职责的机构决定。"

三、营利性

公司的营利性特征已为世界上许多国家和地区的公司立法所确认，从而成为公司的基本属性。

以营利为目的，不局限于生产经营领域，更主要地表现在利润分配领域，企业的营利活动仅具有手段意义，将企业活动所得利润分配给企业投资者才是最终目的。如果经营所得不分配给投资者，即使其生产经营活动能创造一定的盈利，甚至直接从事了商行为，也不能界定为营利性企业。这正是营利性企业与非营利性组织的区别所在。

我国《公司法》虽未就公司的营利性作出明确的规定，但该法第 3 条规定，公司是企业法人，实际上间接地规定了公司的营利性。公司在追求营利性的同时，必须兼顾社会责任。《公司法》第 19 条规定："公司从事经营活动，应当遵守法律法规，遵守社会公德、商业道德，诚实守信，接受政府和社会公众的监督。"第 20 条规定："公司从事经营活动，应当充分考虑公司职工、消费者等利益相关者的利益以及生态环境保护等社会公共利益，承担社会责任。"

第三节　公司的分类

公司的分类因标准不同以及不同国家的立法差异而有区别，以下介绍主要的几种分类。

一、根据股东承担责任的形式

大陆法系国家一般根据股东承担责任的形式将公司分为无限责任公司、有限责任公司、股份有限公司、两合公司。我国《公司法》仅承认有限责任公司和股份有限公司两类。

（1）无限责任公司。无限责任公司是指股东对公司债务负无限责任的公司。这类公司由两个或两个以上的股东组成，无限责任公司的债权人可以要求任何一个股东清偿公司所欠的全部剩余债务，该股东不以其在公司的出资为限清偿债务，如果该股东的个人财产不足以清偿债务，债权人可以要求其他股东清偿剩余债务。我国公司法没有规定这类公司。

（2）有限责任公司。有限责任公司是指符合法律规定的股东出资组建，股东以其出资额为限对公司承担责任，公司以其全部资产对公司的债务承担责任的企业法人。在我国，有限责任公司包括国有独资公司以及其他有限责任公司。

（3）股份有限公司。股份有限公司简称股份公司，是指由一定人数以上的股东组成，公司全部资本划分成均等份额，股东以其认购的股份为限对公司承担责任的公司。

（4）两合公司。两合公司是由承担无限责任的股东和承担有限责任的股东共同组成的公司。在这类公司中，负无限责任的大股东对公司业务有决定权。我国公司法没有规定两合公司。

二、根据公司之间的控制关系

根据公司之间的控制关系可以将公司划分为母公司与子公司，母公司和子公司是按从属关系划分的。母公司是指一公司持有另一公司半数以上资本或股份，并直接控制其经营管理活动的公司。母公司有时也被称为控股公司。子公司是指其资本或股份的大部分为另一公司控制，且其经营管理活动要受其制约的公司。

母公司和子公司在法律上互相独立，各为独立法人。我国《公司法》第 13 条第 1 款规定："公司可以设立子公司。子公司具有法人资格，依法独立承担民事责任。"

三、根据公司内部的管辖系统

根据公司内部的管辖系统可以将公司分为本公司与分公司。本公司又称总公司，是指从组织上、业务上管辖其他公司的公司，受管辖公司的业务执行及资金调度均由本公司发号施令。分公司是指受本公司业务和组织管辖的公司。

我国《公司法》第 13 条第 2 款规定："公司可以设立分公司。分公司不具有法人资格，其民事责任由公司承担。"因此，分公司不具有法人资格，当其财产不足以清偿债务时，由本公司负连带责任。

四、根据公司的信用基础

根据公司的信用基础，可以将公司划分为人合公司与资合公司。人合公司是指以股东个人信用为基础的公司，其特征是公司注重股东个人的信用、名望和地位，不注重公司资本的多少。无限责任公司是最典型的人合公司。资合公司是以资本的结合作为信用基础而成立的公司，其特征是注重公司资产数额。股份有限公司属于资合公司。

五、根据股东的人数

根据股东的人数可以将公司分为一人公司与多人公司。一人公司是由一个股东出资设立或仅剩一个股东的公司，多人公司是由两个以上股东出资设立或存在两个以上股东的公司。

六、根据公司的国籍

根据公司的国籍可以将公司分为本国公司与外国公司。如何认定公司的国籍，主要有三种标准：一是依公司设立的准据法，即设立时依据哪一个国家的法律来决定国籍；二是依控制公司的股东所在地决定公司的国籍；三是依公司的住所地决定公司的国籍。

按照我国《公司法》第 2 条，我国的本国公司是指依照我国《公司法》"在中国境内设立的有限责任公司和股份有限公司"。而按照《公司法》第 243 条，"本法所称外国公司，是指依照外国法律在中华人民共和国境外设立的公司"。外国公司可以在我国境内设立分支机构，从事生产经营活动，但是，根据《公司法》第 247 条的规定，"外国公司在中华人民共和国境内设立的分支机构不具有中国法人资格。外国公司对其分支机构在中华人民共和国境内进行经营活动承担民事责任"。

第四节 公司法的概念和性质

一、公司法的概念

公司法是指调整公司的设立、组织、活动、清算及其他对内对外法律关系的法律规范的总称。公司法的概念有狭义和广义之分。

狭义的公司法即形式意义上的公司法，在我国就是指《中华人民共和国公司法》。

广义上的公司法是规定各种公司的设立、活动、解散以及其他对内对外关系的法律规范的总称，其不仅包括法典性质的统一的《公司法》，也包括涉及公司法律关系的所有法律、法规、法令、规章、司法解释等，它们都是公司法的存在形式，属于公司法的法律渊源。

二、公司法的性质

公司法具有综合性的调整手段，是一种以私法为主体、兼容多种法律规范的综合性法律部门。

1. 公司法是兼具公法属性的私法

传统上，商法作为商人自治法，属于典型的私法。近现代商法作为调整商事交易主体关系的法律，一般被视为民法的特别法，从根本上说属于私法范畴。公司法作为典型的商法，当然应属于私法。随着现代经济的发展，社会整体观念的加强，对于私法关系，逐渐改变以往放任主义的态度，而采取积极干预主义的方式，从而形成所谓"私法公法化"。在"公法化"之私法中，公司法表现得尤其明显。也就是说，公司法在仍以私法规范为其中心的同时，为保障其私法规范之实现，设置了大量属于公法性质的条款，从而形成"公司法之公法化"倾向。例如关于公司登记、公司财务会计、公司名称、法定事项的公示主义等规定都具有明显的公法色彩。当然，这些公法性条款始终处于为私法交易服务的地位，由此，它还不能从根本上改变公司法的私法属性。

2. 公司法是自由规范与强制规范的统一体

公司法中的行为多是特定当事人之间的行为，其利害关系仅及于特定的当事人，应由当事人自治自决，故多作任意性规定，但对于涉及公共利益的，不排除作出强制性规定。在公司法上，自由主义和强制主义相互协调而存在，前者出于简便、敏捷、弹性的要求；后者出于安全、确实、固定的要求。

3. 公司法是实体法与程序法的统一体

公司法既有公司组织和行为中的实体权利、义务的规定，如股东、董事会（董事）、监事会（监事）、清算组等的权利、职权和义务，公司设立的条件等；又有大量的程序性规定，如设立、变更、终止的程序，发行股份的程序等。这种程序与实体合一的规定无非是使公司法在适用上具有极大的便利性。

4. 公司法是具有浓厚国际性的国内法

随着国际经济交往的日益频繁，各国公司法的规定越来越趋于统一和融合，而公司法浓厚的技术色彩又使各国公司法相互借鉴具有极大的便利。因此，公司法成为一种具有鲜明国际性的国内法。诸如，大陆法系和英美法系国家的公司法相互影响和吸收，欧盟成员国正在积极推进公司法的统一化，我国《公司法》显然也吸收了大量国际上公司立法的通行做法。

第五节 公司法的渊源

法的渊源，一般有实质意义上的渊源和形式意义上的渊源。在实质意义上，法的渊源指法的内容来源，例如法渊源于经济或经济关系。形式意义上的渊源，也就是法的效力渊源，指一定的国家机关依照法定职权和程序制定或认可的、具有不同法律效力和地位的法的表现形式，如制定法、判例法、习惯法、法理等。

我国公司法的渊源主要有：

一、公司法

这是指狭义上的公司法，即以"公司法"命名的法典。我国现行《公司法》是 1993 年颁布并于 1994 年 7 月 1 日起实施的，于 2013 年 12 月 28 日第十二届全国人民代表大会常务委员会第六次会议《关于修改〈中华人民共和国海洋环境保护法〉等七部法律的决定》第三次修正。《公司法》共经历了六次修改，其中包括四次修正和两次修订。最新一次修订于 2023 年 12 月 29 日完成，自 2024 年 7 月 1 日起施行。

二、公司的行政法规和部门规章

国务院制定了一系列有关公司的行政法规。例如，《公司登记管理条例》《中外合资经营企业法实施条例》《外资企业法实施细则》等。同时，国务院有关主管部门也制定了一些部门规章，内容涉及公司的登记、注册资本、国有股权管理等方面。这些行政法规和规章也是我国公司法的渊源。

三、地方性法规和规章

地方性法规和规章是由省级立法机关、省级地方政府以及享有省级立法权的经济特区立法机构和政府制定的有关公司的规范性文件。它们在各自辖区内具有法律效力。

四、司法解释

最高人民法院发布的司法解释，如《最高人民法院关于适用〈中华人民共和国公司法〉若干问题的规定(一)》(法释〔2006〕3 号)、《最高人民法院关于适用〈中华人民共和国公司法〉若干问题的规定(二)》(法释〔2008〕6 号)、《最高人民法院关于适用〈中华人民共和国公司法〉若干问题的规定(三)》(法释〔2011〕3 号)。此外，有关企业法人的其他司法解释在符合条件时也适用于公司。

小 结

公司是指股东依照公司法的规定，以出资方式设立，股东以其认缴的出资额或认购的股份为限对公司承担责任，公司以其全部财产对公司债务承担责任的企业法人。公司从事经营活动，必须遵守法律、行政法规，遵守社会公德、商业道德，诚实守信，接受政府和社会公众的监督，承担社会责任。公司法是指调整公司设立、组织、活动、清算及其他对内对外法律关系的法律规范的总称。形式意义上的公司法，在我国就是指《中华人民共和国公司法》。公司法具有综合性的调整手段，是一种以私法规范为主体、兼容多种法律规范的综合性法律部门。

知识点

公司、有限责任公司、股份有限公司

✦ 复习思考

一、简答

1. 简述公司的法律特征。
2. 简述公司法的性质。
3. 简述公司法的渊源。

二、案例分析

张某与吴某在婚姻关系存续期间创办了耀瑞德星公司，公司的财务与家庭收支不分。原始注册资本为 10 万元，股份各占 50%，双方后因感情破裂向法院起诉离婚，要求将公司财产按照夫妻共同财产予以分割。此间，耀瑞德星公司未作出过利润分配的股东会决议。法院审理后认为：家庭财产与"夫妻公司"财产混同的行为，并不构成公司法人人格否认的主体要件和结果要件。根据《公司法》的相关规定，有限责任公司利润分配方案应由公司董事会制定，并由公司股东会审议批准或公司股东书面一致同意。在公司董事会、股东会未就公司利润分配方案进行决议之前，公司股东直接起诉请求判令分配利润缺乏法律依据。公司利润属于公司法人财产范畴，非夫妻共同财产，不能在离婚纠纷中直接予以分割。

问：（1）结合张某与吴某设立的公司不能作为夫妻共同财产在离婚案件中予以直接分割，谈谈公司的法律特征。

（2）一个自然人可不可以设立公司？设立何种类型的公司？

（3）我国公司法规定了哪些种类的公司？各具有什么样的特点？

三、课后作业

有限责任公司与股份有限公司有何不同？

第八章　公司的设立

> **【导语】** 公司的设立是指发起人为组建公司，使其取得法人资格，必须采取和完成的一系列准备行为。我国《公司法》分别对有限责任公司和股份有限公司的设立条件予以了规定。公司设立的方式主要有发起设立和募集设立。公司章程是以书面形式固定下来的反映全体股东共同意思表示的基本法律文件。
> **【重点】** 公司设立的概念、公司设立的条件和程序、公司的章程

第一节　公司设立的概念

公司设立是指发起人为组建公司，使其取得法人资格，必须采取和完成的一系列准备行为。

公司设立行为具有如下内涵：行为的范畴是法律行为，会产生一定的法律后果；行为的主体是发起人，是对公司设立行为承担法律责任的人；行为的目的是成立公司；行为的内容丰富多样，包括签订发起人协议、制定公司章程、筹集公司资本、确定公司名称、申请设立登记，等等；行为的性质是民商事行为，属私法行为。

第二节　公司设立的条件

我国《公司法》对有限责任公司和股份有限公司的设立条件分别作了规定。

有限责任公司的设立条件体现在《公司法》第46条："有限责任公司章程应当载明下列事项：(一)公司名称和住所；(二)公司经营范围；(三)公司注册资本；(四)股东的姓名或者名称；(五)股东的出资额、出资方式和出资日期；(六)公司的机构及其产生办法、职权、议事规则；(七)公司法定代表人的产生、变更办法；(八)股东会认为需要规定的其他事项。"

股份有限公司的设立条件体现在《公司法》第95条："股份有限公司章程应当载明下

列事项：（一）公司名称和住所；（二）公司经营范围；（三）公司设立方式；（四）公司注册资本、已发行的股份数和设立时发行的股份数，面额股的每股金额；（五）发行类别股的，每一类别股的股份数及其权利和义务；（六）发起人的姓名或者名称、认购的股份数、出资方式；（七）董事会的组成、职权和议事规则；（八）公司法定代表人的产生、变更办法；（九）监事会的组成、职权和议事规则；（十）公司利润分配办法；（十一）公司的解散事由与清算办法；（十二）公司的通知和公告办法；（十三）股东会认为需要规定的其他事项。"

一般认为，公司设立应具备以下几个方面的条件。

一、人的条件

设立公司时，对公司股东与发起人人数以及发起人资格等方面都有相应的要求。

1. 关于股东与发起人人数的要求

发起人也就是公司的创办人，是指筹划、实施公司设立，在公司章程上签名并对公司设立承担责任的人。发起人负有出资或认购公司股份的义务，在公司成立后即成为公司的首批股东。对于发起人与股东的人数，我国《公司法》第42条规定："有限责任公司由一个以上五十个以下股东出资设立。"第92条规定："设立股份有限公司，应当有一人以上二百人以下为发起人，其中应当有半数以上的发起人在中华人民共和国境内有住所。"

2. 发起人的资格要求

这主要表现为一些限制性的立法规定，根据我国现行相关法律、法规的规定，主要包括：（1）自然人作为发起人应具有完全民事行为能力，法人作为发起人则应为法律上未受到特别限制的法人。（2）不得为法律、行政法规禁止从事投资行为的党政机关及其公职人员。（3）对公司发起人的国籍和居住地的限制，如我国《公司法》第92条规定，"应当有半数以上的发起人在中华人民共和国境内有住所"。

二、物的条件

设立公司所必须具备的物质条件，其中最主要的是资本条件或资本制度。

我国《公司法》第47条规定："有限责任公司的注册资本为在公司登记机关登记的全体股东认缴的出资额。全体股东认缴的出资额由股东按照公司章程的规定自公司成立之日起五年内缴足。法律、行政法规以及国务院决定对有限责任公司注册资本实缴、注册资本最低限额、股东出资期限另有规定的，从其规定。"《公司法》第96条规定："股份有限公司的注册资本为在公司登记机关登记的已发行股份的股本总额。在发起人认购的股份缴足前，不得向他人募集股份。法律、行政法规以及国务院决定对股份有限公司注册资本最低限额另有规定的，从其规定。"《公司法》第97条规定："以发起设立方式设立股份有限公司的，发起人应当认足公司章程规定的公司设立时应发行的股份。以募集设立方式设立股份有限公司的，发起人认购的股份不得少于公司章程规定的公司设立时应发行股份总数的百分之三十五；但是，法律、行政法规另有规定的，从其规定。"

此外，我国《公司法》第53条规定："公司成立后，股东不得抽逃出资。违反前款规定的，股东应当返还抽逃的出资；给公司造成损失的，负有责任的董事、监事、高级管理人员应当与该股东承担连带赔偿责任。"第54条规定："公司不能清偿到期债务的，公司或者已到期债权的债权人有权要求已认缴出资但未届出资期限的股东提前缴纳出资。"第105条规定："公司设立时应发行的股份未募足，或者发行股份的股款缴足后，发起人在三十日内未召开成立大会的，认股人可以按照所缴股款并加算银行同期存款利息，要求发起人返还。发起人、认股人缴纳股款或者交付非货币财产出资后，除未按期募足股份、发起人未按期召开成立大会或者成立大会决议不设立公司的情形外，不得抽回其股本。"这些规定保障了公司设立的物质基础。

三、章程条件

公司章程是规范公司组织和行为的基本准则，公司的设立和成立必须有章程。公司章程必须以书面形式依法订立，载明法定记载事项，内容不得违反法律规定。我国《公司法》第46条和第95条分别对有限责任公司和股份有限公司的公司章程内容作了规定。

四、其他组织条件

(1)公司名称。《公司法》第7条规定："依照本法设立的有限责任公司，应当在公司名称中标明有限责任公司或者有限公司字样。依照本法设立的股份有限公司，应当在公司名称中标明股份有限公司或者股份公司字样。"

(2)公司住所。《公司法》第8条规定："公司以其主要办事机构所在地为住所。"

(3)公司的经营范围。《公司法》第9条规定："公司的经营范围由公司章程规定。公司可以修改公司章程，变更经营范围。公司的经营范围中属于法律、行政法规规定须经批准的项目，应当依法经过批准。"

(4)公司的组织机构。主要包括股东(大)会、董事会、监事会、经理。

第三节　公司设立的方式和程序

一、公司设立的方式

公司设立的方式主要有两种：

(1)发起设立。发起设立是指由创办人发起设立。发起设立的特点是：①发起人以自己的名义筹备组建公司；②发起人必须认购其应认购的股份；③发起人是在发起文件上签字的人；④发起人在公司设立过程中对设立行为负责。

(2)募集设立。募集设立是指由发起人认购公司应发行股份的一部分，其余部分向社会公开募集而设立公司。

发起设立和募集设立是我国股份有限公司设立的两种方式。我国《公司法》规定，以募集方式设立股份有限公司的，发起人认购的股份不得少于公司股份总数的百分之三十五；发起人向社会公开募集股份时，必须向国务院证券管理部门递交募股申请，并报送有关主要文件。

二、公司设立的程序

公司设立的程序主要有以下几个环节：

（1）确定发起人。当发起人有两人以上时，必须订立发起人协议。

（2）制定公司章程。发起人通过制定公司章程来明确设立中的公司的组织和行为的基本事项。

（3）认缴出资。即认定和缴纳出资，将公司资本在名义上和实际上确定下来。

（4）确定公司机关。主要是公司的董事机构及其聘请的经理、监事。

（5）申请公司设立登记。向公司登记主管机关申请设立登记。

第四节 公司设立的效力与责任

公司设立的效力，即公司设立行为的法律后果。

设立行为的后果包括四种情形：公司设立完成、公司设立失败、公司设立无效、公司设立瑕疵，不同情形下其设立效力不同。

一、公司设立完成

公司设立完成意味着公司自此取得法律人格，可依注册登记的经营范围和经营方式开展生产经营活动。公司设立是发起人的行为，公司设立完成并不代表发起人没有法律责任。

发起人的法律责任主要表现在：

（一）资本充实责任

资本充实责任又称"差额填补责任"，是指为了确保资本的充足和可靠，保证法律人格健全，由发起人共同承担相互担保履行出资义务，从而确保实收资本与公司章程所规定的资本相一致。

我国《公司法》第49条规定，"股东应当按期足额缴纳公司章程规定的各自所认缴的出资额。股东以货币出资的，应当将货币出资足额存入有限责任公司在银行开设的账户；以非货币财产出资的，应当依法办理其财产权的转移手续。股东未按期足额缴纳出资的，除应当向公司足额缴纳外，还应当对给公司造成的损失承担赔偿责任。"第50条规定，"有限责任公司设立时，股东未按照公司章程规定实际缴纳出资，或者实际出资的非货币财产的实际价额显著低于所认缴的出资额的，设立时的其他股东与该股东在出资不足的范围内承担连带责任。"第98条规定，"发起人应当在公司成立前按照其认购的股份全额缴纳股款。发起人的出资，适用本法第四十八条、第四十九条第二款关于有限责任公司股东出资的规定。"第99条规定，"发起人不按照其认购的股份缴纳股款，或者作为出资的非货币财产的实际价额显著低于所认购的股份的，其他发起人与该发起人在出资不足的范围内承担连带责任。"

（二）损害赔偿责任

为防止发起人借设立公司之名侵害公司及第三人利益，各国或地区的公司立法多要求发起人须就自己的设立行为对公司负责。

我国《公司法》规定，"在公司设立过程中，由于发起人的过失致使公司利益受到损害的，应当对公司承担赔偿责任。"

二、公司设立失败

公司设立失败是指公司未能完成设立行为的情形。导致公司未完成设立行为的原因很多，最为普遍的原因是公司设立在条件上不符合法律规定或在程序上有瑕疵，公司登记机关以合法理由不予登记，拒绝核发营业执照。

我国《公司法》规定，股份有限公司的发起人应当承担下列责任：(1)公司不能成立时，对设立行为所产生的债务和费用负连带责任；(2)公司不能成立时，对认股人已缴纳的股款，负返还股款并加算银行同期存款利息的连带责任。

三、公司设立无效

公司设立无效是指公司设立虽然在形式上已经完成，甚至公司已经获得营业执照，但实质上却存在条件或程序方面的缺陷，或者说设立有瑕疵，故法律认为该公司应当被撤销，该公司的设立应当被认定为无效。

例如，我国《公司法》第 39 条规定，"虚报注册资本、提交虚假材料或者采取其他欺诈手段隐瞒重要事实取得公司设立登记的，公司登记机关应当依照法律、行政法规的规定予以撤销。"这里规定的"虚报注册资本、提交虚假材料或者采取其他欺诈手段隐瞒重要事实取得公司登记"和"撤销公司登记或者吊销营业执照"可以认为属于我国《公司法》关于公司设立无效的情形。

公司设立无效的法律后果因设立无效的原因不同而有差别：(1)如果公司设立无效是因设立程序违反强制性规定等客观瑕疵导致的，则公司进入清算程序，清算完结，公司即告消灭；(2)如果设立无效是因设立人的主观瑕疵造成的，且该无效原因只存在于某股东，则经其他股东协议一致，可以保留该公司，对于存在无效原因的股东视为其退出公司；(3)对于公司设立无效的诉讼，如果经法院判决原告败诉，在原告有恶意或重大过失的情形时，应对公司负连带的损害赔偿责任。

四、公司设立瑕疵

公司设立瑕疵是指已被公司登记机关核准登记为公司并获得营业执照后，存在在设立过程中并未完全按《公司法》规定的条件和程序而设立公司的情形。公司设立瑕疵的法律后果表现在两个方面：瑕疵补救与公司人格的承认，或者设立瑕疵公司的无效与撤销。

第五节　公司章程概述

一、公司章程的概念和特征

公司章程，是指公司必备的、由公司股东或发起人共同制定并对公司、股东、公司经营管理人员具有约束力的，调整公司内部关系和经营行为的自治规则，它是以书面形式固定下来的反映全体股东共同意思表示的基本法律文件。

从形式上看，公司章程是一种特定的公司文件。大陆法系国家的公司章程是单一式的，是一个统一的文件；英美法系国家的公司章程是二元制的，分对内和对外两个不同的文件。处理公司对外事务的，英国叫组织大纲或组织简章（Memorandum of Association），美国叫公司章程（Articles of Incorporation）；处理公司对内事务的，英国叫组织章程（Articles of Association），美国叫章程细则（Bylaws）。我国的公司章程是单一式的。

公司章程具有以下特征：

1. 公司章程的法定性

法定性是指公司章程的法律地位、主要内容以及修改程序和效力均由法律强制规定，具有鲜明的法律规定性特征。主要表现在以下三个方面：其一，地位法定。公司章程是法律强制要求的公司设立不可或缺的文件，一旦获得批准或获准登记，章程就会发生法律效力，因而在公司法律关系中，其地位和效力是法定的，其本质是投资者之间以及投资者和经营者之间在法律约束下的"契约"，既是确定投资者权利义务的依据，也是经营者对投资者的一种行为承诺，是投资者对经营者行使监督、进行起诉的法律依据。其二，内容法定。无论是英美法系国家还是大陆法系国家，其公司法一般都对公司章程应当记载的事项加以规定，从而使公司章程的内容具有确定性。其三，公司章程制定和修改程序法定。公司章程制定和修改必须严格按照法律规定的程序进行，否则不会发生法律效力。

2. 公司章程是公司最基本的规范性文件

公司章程作为公司的根本准则，是公司从事经营活动的基本依据。公司的章程一旦制定，公司的行为应当受其约束。简单地说，公司章程就是公司的行为规范。公司的经营范围、注册资本、组织机构、股东的权利义务、利润分配、解散事由及清算办法等必须通过公司章程规定。公司发布的其他文件也不得与公司章程相抵触。公司按公司章程从事的合法经营行为受国家法律保护。公司章程对公司、股东、董事、监事、经理等具有约束力。

3. 公司章程是公开的自治规范

所谓自治规范是指公司在不违背公司法和其他法律法规的情况下，公司自行制定并对公司内部组织和经营活动具有约束力的规范性文件。公司章程的制定是公司的意思表示，公司的章程不同于国家法律，并不具有普遍约束力，其效力仅及于公司及股东和高级管理人员。公司章程也只由公司自己执行，无须国家强制力保证实施。公司章程与一般非公司企业和事业单位的章程不同，公司的章程是向社会公众公开的，以便公众知晓公司的宗旨与基本概况，便于公司开展业务。

4. 公司章程具有要式性

公司章程依法应当采用书面形式，由发起人或股东签名盖章，并载明法定事项。同时，章程生效后，不能任意变更。

5. 公司章程具有契约性

公司章程不是契约，但其内容包含契约的因素，表现为公司章程明确了公司与股东、股东与股东之间的权利、义务。

二、公司章程的内容

依据法律对公司章程记载事项有无明确规定，以及所记载内容对公司章程效力有无影

响,公司章程的记载事项通常在理论界被分为绝对必要记载事项、相对必要记载事项和任意记载事项三类:

(1)绝对必要记载事项。是指章程中必须记载的、不可或缺的事项,公司章程缺少其中一项或任何一项记载不合法,就会导致整个章程无效。

(2)相对必要记载事项。是指法律列举规定的一些事项,允许章程制定人自主决定是否载入章程。一旦章程予以记载,便发生效力。如果不予以记载或某项记载不合法,则仅该项事项无效,章程的其他事项仍然有效,不影响整个章程的效力。

(3)任意记载事项。是指法律并不列举,只要不违背法律的强制性规定、公共秩序和善良风俗,章程制定人便可根据实际需要载入章程的事项。

我国《公司法》第46条和第95条规定,对有限责任公司章程和股份有限公司章程应当载明的事项作了明确规定。

三、公司章程的修改

公司章程一经生效,不得随意修改,应保持其稳定性。如因情况变化,确需修改,必须遵守法定程序。除个别国家外,大多数国家的公司法都将变更公司章程的职权赋予公司的权力机构(股东会或股东大会),且修改或变更公司章程的决议为特别决议。

公司章程的修改程序一般包括三个方面:其一,修改公司章程提案;其二,修改公司章程决议;其三,公司章程变更登记。

1.修改公司章程提案

这是指由有提案权的组织机构或人员提出关于修改公司章程的事项。在我国,根据《公司法》的规定,股东会会议分为定期会议和临时会议。由于股东(大)会定期会议与临时会议均可依法修改公司章程,因此召集与提议召开股东(大)会的组织机构或人员即为修改公司章程的提案权人。根据我国《公司法》的规定,修改公司章程的提案权人具体为:①有限责任公司的董事会、代表十分之一以上表决权的股东、三分之一以上董事或者监事;②股份有限公司的董事会、单独或者合计持有公司股份百分之十以上的股东、监事会。

2.修改公司章程的决议

依据我国《公司法》的规定,有限责任公司股东会和股份有限公司股东大会拥有修改公司章程的专属职权。我国《公司法》规定,有限责任公司股东会会议作出修改公司章程的决议必须经代表三分之二以上表决权的股东通过,股份有限公司股东大会作出修改公司章程的决议必须经出席会议的股东所持表决权的三分之二以上通过。这就是对股东会和股东大会修改公司章程的议事方式的限制。

3.公司章程的变更登记

公司章程修改方案经股东会或股东大会通过后,由公司向公司登记机关申请进行章程变更登记。申请时,必须提交关于修改章程的股东会或股东大会会议记录、修改后的章程及修改条文对照表等文件。经公司登记机关核准登记后,修改后的章程才正式生效。在实行公司登记非成立要件主义的国家和地区,虽然修改章程一经股东会或股东大会表决通过即生效,但其不具有对抗善意第三人的效力。

小　结

　　公司设立是指发起人为组建公司，使其取得法人资格，必须采取和完成的一系列准备行为。设立公司时，对公司股东与发起人人数以及发起人资格等方面都有相应的要求。设立公司必须具备资本条件。公司章程是规范公司组织和行为的基本准则，公司的设立必须有章程。发起设立和募集设立是我国股份有限公司设立的两种方式。公司设立行为的法律后果包括四种情形：公司设立完成、公司设立失败、公司设立无效、公司设立瑕疵。

知识点

　　发起设立、募集设立、公司章程

复习思考

一、简答

　　1. 简述公司设立的含义。
　　2. 简述公司设立的方式与程序。

二、案例分析

　　1. 2018 年 2 月，某电梯厂与某投资发展有限公司、某经济技术开发公司和自然人黄某共同出资 500 万元，设立某电梯有限责任公司。出资额分别为：黄某投资 255 万元，计 51% 股权；投资发展有限公司投资 100 万元，计 20% 股权；经济技术开发公司投资 100 万元，计 20% 股权；电梯厂投资 45 万元，计 9% 股权。电梯有限公司制定了公司章程，设立了董事会和监事会，并经工商管理机关登记领取了企业法人营业执照，法定代表人为黄某。该公司章程规定，对股东间互相转让出资或向股东以外的人转让出资作出决议，有代表二分之一以上表决权的股东同意即可生效，不要求全体股东同意。2021 年 4 月 28 日，电梯有限公司向工商管理机关递交了"公司变更登记申请书"，申请变更公司住所，变更公司股东黄某为武某，同时变更法定代表人为武某。电梯厂负责人在该变更申请书上签名并加盖了公章，此后未提出异议。2021 年 6 月 21 日，在电梯厂未出席的情况下，前述三位股东召开股东会形成决议并写入股东会议纪要，内容为黄某将其拥有的电梯有限公司的 255 万元计 51% 的股权转让给案外人武某。2021 年 8 月 27 日，经工商管理机关批准，公司办理了股东变更手续，领取了新的企业法人营业执照，法定代表人由武某担任。后电梯厂诉至法院，要求确认公司于 2021 年 6 月 21 日形成的股东会决议无效，黄某向案外人武某转让股权的行为无效。

　　问：(1) 结合案例思考，公司设立的条件有哪些？
　　(2) 案例中，2021 年 6 月 21 日的股东会决议是否有效？
　　(3) 公司章程的内容有哪些？公司法规定有哪些内容可以由公司章程自由约定？

2. 2017年11月21日，谭川、王晖、徐君与马建虎、马建琦、王小芬六人在成都签订合作经营合同，约定六人共同投资设立雅安深雅石材有限公司。合同签订之后，由当事人起草公司章程和管理草案、管理制度。自然人马建虎以位于芦山县的两座矿山开采权及矿山道路作价40万元出资，占总资产20%。自然人马建琦以位于芦山县的矿石加工厂及加工设备等作价40万元出资，占总资产20%。自然人王小芬以成都市兴华旺石材经营部的经营权作价20万元出资，占总资产10%。自然人王晖投入现金80万元，占总资产40%。自然人谭川投入现金11万元，占总资产5.5%。自然人徐君投入现金9万元，占总资产4.5%。为方便注册公司，投资人约定，公司注册资本为50万元。公司成立后，谭川、王晖、徐君代马建虎、马建琦偿还的债务视为公司债务。2017年，雅安市工商局对企业名称进行了核准，并在该核准书上确认了投资人的投资额和投资比例。合同签订后，谭川、王晖、徐君缴纳10万元现金作为验资资金，存入银行账户，缴纳30万元安全保证金。在办理公司设立其他事项中，所需资金中马建虎花费的部分，均由谭川、王晖、徐君予以报销，共花费253652.89元。2018年3月4日，芦山县国土局向芦山县双石镇砂岩矿和雅安深雅石材有限公司出具采矿权转让通知书，同意将采矿权转让。2018年4月1日，马建虎以芦山县双石镇马家山砂岩矿的名义，向芦山县国土局提出采矿权变更登记申请。请求将该矿转让给雅安深雅石材有限公司。2018年7月1日，由雅安市工商局核准了该公司的预先登记名称。2018年7月3日，芦山县双石镇马家山砂岩矿、围塔砂岩矿采矿权经芦山县国土局批准，采矿权人变更为雅安深雅石材有限公司。此后双方发生纠纷，公司未能成立，马建虎取走了谭川、王晖、徐君向安监局缴纳的安全保证金30万元。谭川、王晖、徐君遂诉至法院。

问：公司设立失败后，发起人应对公司设立失败如何承担责任？

三、课后作业

公司设立失败后的责任有哪些？

第九章 股份发行与股权转让

> 【导语】股份发行是指股份有限公司为募集资金或调整股权结构，依法向投资者以同一条件招募和出售股份的一系列行为。股权转让是指有限责任公司或股份有限公司股东依照一定的程序把自己的股权让与受让人，由受让人取得股权而成为公司的股东。
>
> 【重点】股份发行的概念和种类、股权转让的条件和限制

第一节 股份发行

股份有限公司的资本需要划分为若干金额相等的股份，股东就其所认购的股份对公司负责。而有限责任公司的资本除采取"出资平等制"和"复数股份制"的国家外，一般不分为股份，每个股东只有一份出资，其出资额可以不同，股东仅以出资额为限对公司负责。因此，这里所指的股份发行是股份有限公司的行为，指股份有限公司为募集资金或调整股权结构，依法向投资者以同一条件招募和出售股份的一系列行为。

股份发行，包括股份募集、股份分派、缴纳资金及交付股票等一系列相互关联的完整过程。根据我国《公司法》第143条的规定，股份发行"实行公平、公正的原则"，以及"同种类的每一股份应当具有同等权利""同次发行的同类别股份，每股的发行条件和价格应当相同；认购人所认购的股份，每股应当支付相同价额"。

股份发行的种类主要有两类：

1. 设立发行

尚未成立的公司，为筹集成立公司所需资本而对外发行股份的行为，称为设立发行。由于股份有限公司的发起方式有发起设立和募集设立两种，因此设立发行也有两种方式：

（1）发起发行。发起发行即由发起人认购公司应发行的全部股份。根据我国《公司法》的规定，股份有限公司采取发起设立方式设立的，注册资本为在公司登记机关登记的全体发起人认购的股本总额。公司全体发起人的首次出资额不得低于注册资本的百分之二十，其余部分由发起人自公司成立之日起两年内缴足；其中，投资公司可以在五年内缴足。在缴足前，不得向他人募集股份。

（2）募集发行。募集发行即由发起人认购公司应发行股份的一部分，其余的股份则向社会募集或者向特定的对象募集。根据我国《公司法》的规定，以募集设立方式设立股份有限公司的，发起人认购的股份不得少于公司股份总数的百分之三十五；但是，法律、行政法规另有规定的，从其规定。

2. 新股发行

新股发行是指股份有限公司成立之后再次发行股份，根据发行的目的和方式，新股发行又分为以下几种：

（1）公开发行和不公开发行。前者是指向社会公众公开发行股份；后者指仅向特定对象进行的发行。

（2）增资发行和非增资发行。前者是指公司基于增加公司资本、扩大经营规模而进行的股份发行，其基本特点是要使公司资本超过原来的注册资本；反之，则属于非增资发行。

（3）通常发行和特别发行。前者是指以增资为目的进行的新股发行；后者是指不以增资为目的，而是为了分配盈余、将公积金转为资本或将可转换公司债券转换为公司资本所进行的新股发行。特别发行的结果也是公司资本的增加。

第二节 股权转让

理论界一般认为，股权就是股东权利的简称，是指公司股东或者出资人对公司资本所作的直接投资及所形成的相应资本份额和权利。

股权转让是指有限责任公司或股份有限公司股东依照一定的程序把自己的股权让与受让人，由受让人取得股权而成为公司的股东。

一、股权转让的方式

公司股权转让方式有两种：一是公司内部的股权转让，即股东将股权转让给现有股东；二是公司外部的股权转让，即股东将股权转让给现有股东以外的其他投资者。

二、股权转让的限制

1. 有限责任公司股权对外转让限制

《公司法》第 84 条规定："有限责任公司的股东之间可以相互转让其全部或者部分股权。股东向股东以外的人转让股权的，应当将股权转让的数量、价格、支付方式和期限等事项书面通知其他股东，其他股东在同等条件下有优先购买权。股东自接到书面通知之日起三十日内未答复的，视为放弃优先购买权。两个以上股东行使优先购买权的，协商确定各自的购买比例；协商不成的，按照转让时各自的出资比例行使优先购买权。"

2. 对股份转让场所的限制

《公司法》第 158 条规定："股东转让其股份，应当在依法设立的证券交易场所进行或者按照国务院规定的其他方式进行。"证券交易场所包括全国性证券集中交易系统、地方性证券交易中心和从事证券柜台交易的机构等，我国的上海证券交易所和深圳证券交易所是最具有代表性的证券交易场所。

3. 对发起人持有本公司股份转让的限制

《公司法》第 160 条第 1 款规定，公司公开发行股份前已发行的股份，自公司股票在证券交易所上市交易之日起一年内不得转让。法律、行政法规或者国务院证券监督管理机构对上市公司的股东、实际控制人转让其所持有的本公司股份另有规定的，从其规定。

4. 对董事、监事、高级管理人员持有本公司股份转让的限制

《公司法》第 160 条第 2 款规定，公司董事、监事、高级管理人员应当向公司申报所持有的本公司的股份及其变动情况，在就任时确定的任职期间每年转让的股份不得超过其所持有本公司股份总数的百分之二十五；所持本公司股份自公司股票上市交易之日起一年内不得转让。

5. 对公司收购自身股份的限制

《公司法》第 162 条规定，公司不得收购本公司股份。但是，有下列情形之一的除外：（1）减少公司注册资本；（2）与持有本公司股份的其他公司合并；（3）将股份用于员工持股计划或者股权激励；（4）股东因对股东会作出的公司合并、分立决议持异议，要求公司收购其股份；（5）将股份用于转换公司发行的可转换为股票的公司债券；（6）上市公司为维护公司价值及股东权益所必需。公司因前款第一项、第二项规定的情形收购本公司股份的，应当经股东会决议；公司因前款第三项、第五项、第六项规定的情形收购本公司股份的，可以按照公司章程或者股东会的授权，经三分之二以上董事出席的董事会会议决议。公司依照本条第一款规定收购本公司股份后，属于第一项情形的，应当自收购之日起十日内注销；属于第二项、第四项情形的，应当在六个月内转让或者注销；属于第三项、第五项、第六项情形的，公司合计持有的本公司股份数不得超过本公司已发行股份总数的百分之十，并应当在三年内转让或者注销。

6. 对股票质押的限制

《公司法》第 162 条第 5 款规定，公司不得接受本公司的股份作为质权的标的。如果公司接受本公司的股票作为质押权的标的，无异于用自己的财产担保自己债权。同时，当公司债务人无力清偿到期债务而公司拍卖质押股票所代表的股份又无人应买时，公司自然就成为质押股票的所有人，这违背了公司不得拥有自身股份的一般原则。

三、股权转让的特殊方式

我国《公司法》还规定了几种特殊的股权转让方式：

第一，因强制执行程序而发生的股权转让。

依据《公司法》的规定，人民法院依照法律规定的强制执行程序转让股东的股权时，应当通知公司及全体股东，其他股东在同等条件下有优先购买权。其他股东自人民法院通知之日起满二十日不行使优先购买权的，视为放弃优先购买权。

第二，因继承而发生的股权转让。

依据《公司法》的规定，自然人股东死亡后，其合法继承人可以继承股东资格；但是，公司章程另有规定的除外。

第三，股东退股。

有限责任公司股东要求公司购买其所持有股权从而完全退出公司投资人行列的股权转让方式。《公司法》第 161 条规定，有下列情形之一的，对股东会该项决议投反对票的股

东可以请求公司按照合理的价格收购其股份，公开发行股份的公司除外：（1）公司连续五年不向股东分配利润，而公司该五年连续盈利，并且符合本法规定的分配利润条件；（2）公司转让主要财产；（3）公司章程规定的营业期限届满或者章程规定的其他解散事由出现，股东会通过决议修改章程使公司存续。自股东会决议作出之日起六十日内，股东与公司不能达成股份收购协议的，股东可以自股东会决议作出之日起九十日内向人民法院提起诉讼。公司因本条第一款规定的情形收购的本公司股份，应当在六个月内依法转让或者注销。

✦ 小　结

　　股份发行包括股份募集、股份分派、缴纳资金及交付股票等一系列相互关联的完整过程。股权转让是指有限责任公司或股份有限公司股东依照一定的程序把自己的股权让与受让人，由受让人取得股权而成为公司的股东。尚未成立的公司，为筹集成立公司所需资本而对外发行股份的行为，称为设立发行。新股发行是指股份有限公司成立之后再次发行股份。公司内部的股权转让即股东将股权转让给现有股东；公司外部的股权转让即股东将股权转让给现有股东以外的其他投资者。

✦ 知识点

　　设立发行、新股发行、股权转让、股票质押

✦ 复习思考

一、简答

1. 简述股份转让的含义。
2. 简述股份转让的方式与程序。

二、案例分析

　　1. 原告汤长龙与被告周士海于 2022 年 4 月 3 日签订《股权转让协议》及《股权转让资金分期付款协议》。双方约定：周士海将其持有的青岛变压器集团成都双星电器有限公司 6.35% 股权转让给汤长龙。股权合计 710 万元，分四期付清，即 2022 年 4 月 3 日付 150 万元；2022 年 8 月 2 日付 150 万元；2022 年 12 月 2 日付 200 万元；2023 年 4 月 2 日付 210 万元。此协议经双方签字后生效，永不反悔。协议签订后，汤长龙于 2022 年 4 月 3 日依约向周士海支付第一期股权转让款 150 万元。因汤长龙逾期未支付约定的第二期股权转让款，周士海于同年 10 月 11 日以公证方式向汤长龙送达了《关于解除协议的通知》，以汤长龙根本违约为由，提出解除双方签订的《股权转让资金分期付款协议》。次日，汤长龙即向周士海转账支付了第二期 150 万元股权转让款，并按照约定的时间和数额履行了后续第三、四期股权转让款的支付义务。周士海以其已经发出解除合同通知为由，将汤长龙支付的 4 笔股权转让款如数退回。汤长龙遂向人民法院提起诉讼，要求确认周士海发出的解除协议通知无效，并责令其继续履行合同。另查明，2022年11月7日，青岛变压器集团成都双星电器有限公司的变更（备案）登记中，周士海所持有的6.35%股权已经变更登记至汤长龙名下。争议焦点：本案的争议焦点是周士海是否享有《民法典》规定的合同解除权。判决结果：四川省高级人民法院于2023年12月19日作出（2014）川民终字第432号民事判决：一、撤销原审判决；二、确认周士海要求解除双方签订的《股权转让资金分期付款协议》行为无效；三、汤长龙于本判决生效后十日内向周士海支付股权转让款710万元。周士海不服四川省高级人民法院的判决，以二审法院适用法律错误为由，向最高人民法院申请再审。最高人民法院于2024年10月26日作出民事裁定，驳回周士海的再审申请。

问：（1）结合案例思考，股权转让的条件有哪些？

（2）以股权为标的物的"买卖"与以消费为目的的一般买卖有什么不同？

（3）从尽可能多的角度谈谈该案判决的合理性。

2.邵某某诉刘某某等船舶股份转让合同纠纷案。2017年11月1日，原告邵某某作为转让方与作为受让方的被告刘某某签订船舶股份转让协议一份，协议载明：邵某某将其在"鑫通宇108"轮上所占的50%股份以900万元的价格转让给被告刘某某，转让款分三期支付，第一期200万元作为定金于协议签订之日起15日内支付，第二期250万元于2018年5月31日前支付，第三期450万元于2021年7月31日前支付；在刘某某付清船舶转让全部款项之前，"鑫通宇108"轮上的50%股份仍归邵某某所有；双方同意在船舶转让过程中，按照刘某某实际支付船舶转让款占总转让款的比例承担风险损失。童根亚、黄锡军、邬兰萍三人作为船舶共有人，张某某作为担保人，通宇公司作为船舶登记所有人，吉瑞祥公司作为船舶光租人均在该合同上签章确认。邵某某确认收到刘某某支付的第一、二期转让款合计450万元，刘某某也确认第三期转让款450万元没有支付。"鑫通宇108"轮登记所有人为通宇公司，于2015年8月2日在浙江乐清建成，于2016年7月20日由通宇公司光租给吉瑞祥公司，于同年7月21日在舟山海事局注销登记后，注册于伯利兹，2018年更名为"新星（NEWSTAR）"轮，悬挂塞拉利昂旗，由通宇公司投保于中国人民财产保险股份有限公司舟山市分公司（以下简称人保公司）。2019年2月15日，"新星"轮在俄罗斯纳霍德卡附近海域沉没，8名船员失踪。通宇公司于2019年5月25日书面向人保公司索赔，人保公司于2019年12月30日出具拒赔/拒付通知书。

问：涉案船舶股份转让协议是否合法有效？

三、课后作业

股份转让有哪些限制条件？

第十章 公司治理

【导语】公司治理与公司组织机构密不可分。公司治理以分权为前提，以公司组织机构为物质基础。公司治理的核心在于公司各组织机构在贯彻公司经营目标过程中的有效运行，以及这些组织机构在行使各自职权时的相互制衡。公司的组织机构在公司治理中处于核心位置。

【重点】公司治理结构和组织机构的概念、国外公司治理模式、股东（大）会及股东权利、董事会及董事职权、监事会及监事职权、公司董事监事及高级管理人员对公司的资格和义务

第一节 公司的治理结构与组织机构概述

一、公司的治理与组织机构的关系

公司治理结构英文表述为"corporate governance"，也译作"公司治理"，是指公司内部机关设置及权力制衡的各项机制，涉及公司机关权力来源、运作和权限，公司机关及其成员的权利、义务与责任。

广义的公司治理，除包括狭义上的公司治理的基本内容外，还涵盖了公司的人力资源管理、收益分配激励制度、财务制度、企业战略发展决策管理系统、企业文化及一切与企业管理控制有关的其他制度。

公司治理以分权为前提，并以组织机构为物质基础。公司治理的核心在于各组织机构在贯彻公司经营目标过程中的有效运行，以及这些组织机构在行使各自职权时的相互制衡。公司的组织机构在公司治理中一直处于核心位置。

第一，公司组织机构的设置及其基本权限和职责的分配由公司法加以规定，这种规定带有明确的强制性，是公司得以存在和运行的普遍性标准。

第二，公司具有法人资格，组织机构的存在是法人成立的必要条件，法人内部事务的处理需要不同的组织机构间的协调运作，外部事务的处理需要明确代表机关。

第三，公司治理可能贯彻不同的企业管理理论，彰显单个公司的个性，但它无论如何

不可能恢复到没有不同组织机构分权制衡的个体企业经营状态；公司治理从某种角度讲，是对公司权力资源在决策机构和监督机构间分配的安排与调试；

第四，从实践层面看，公司治理直接表现为在法律许可的框架内对公司组织机构的改革创新，英美法系国家在董事会中设立独立董事并不断加大其职权和人数比例，大陆法系国家在赋予监事会更多监督职权的同时，借鉴英美法系国家的做法设立独立董事和独立监事。

二、国外公司治理结构的模式

由于政治、经济、文化的差异，不同国家或地区公司组织机构的设置及职责划分不尽相同，由此形成了不同的公司治理模式。

总的来看，公司治理模式主要分为以下三种：

1.美国模式

该模式下，股东会之下只设立董事会，不设监事会。由董事会兼具监督职能，业务经营由董事会聘任经理并授权其负责。这种治理模式也称为"单层委员会制"，其突出特点是董事会兼有经营及监管双重职能，其具体方式是在董事会内设有若干专门委员会，如执行委员会、任免委员会、审计委员会等，这些委员会的成员半数以上都是不执行公司业务的外部董事或独立董事。这种模式主要由英美国家采用，但法国等一些欧洲大陆国家也有采用。

2.德国模式

其结构是股东会行使决策权，董事会行使执行权，监事会行使监督权，三权分立。这种治理模式也称为"双层委员会制"，其突出特点是监事会不仅负有监督职权，也具有某些实质性的管理权，最重要的是董事会是由监事会而不是由股东会选任或罢免，也就是股东会选任监事会，再由监事会选任董事会。以德国为代表的多数欧洲大陆国家都采用此种模式。

3.日本模式

该模式是在借鉴美国模式和德国模式的基础上改造而成，其结构是设董事会和监事会（或监察人），监事会或监察人是公司的监督机关；大公司设监事会，负责对公司的全面监督；小公司设监察人，主要负责财务监督。公司业务由董事会中的代表执行，董事会和监事会都负有监督职能。日本模式的突出特点是董事会和监事会均由股东大会产生，地位平行，且董事会和监事会都负有监督职责，形成所谓对代表董事和经理人的双重监督。

三、公司组织机构的基本构成

虽然公司治理模式的差异决定了各国公司组织机构的类型和具体权力职责不尽相同，但是，各国公司的组织机构还是存在基本共性。根据公司治理所需的职能，公司组织机构一般设立以下四类机关：

1.权力机关

一般为股东（大）会。股东作为公司的出资者理应对公司享有最高权力，而股东行使权力的机关即为全体股东组成的股东会、股东大会。除特殊情形外，各国均将股东会、股东大会作为公司的必设机构，并注重保障其权力的有效行使。

2.决策机关

一般为董事会。董事会是由股东会、股东大会选举产生的，由董事组成的行使经营决策权和管理权的公司机构。

3.监督机关

一般为监事会。主要职责是监督董事、董事会和经理的经营行为，对其违法和不当的经营行为以及其他可能侵犯公司利益、股东利益的行为进行约束。

4.执行机关

执行机关即经理，是实际上对公司日常经营进行管理的公司机关。

我国公司的组织机构设置采取了股东大会、董事会、监事会构成的三权分立结构，这种结构表面上看似乎采取了二元制，然而实质上与以德国为代表的二元制有本质的不同，因为德国的董事会被置于监事会之下，而我国的董事会与监事会是平行的两个机构，因此，我国的模式更接近日本的模式。但日本的董事会又负有监督职能，而我国的董事会通常只是单纯的执行机构，不具有监督职能。由此可见，我国公司组织机构设置与上述任何一种模式都不完全相同。具体如图10-1所示。

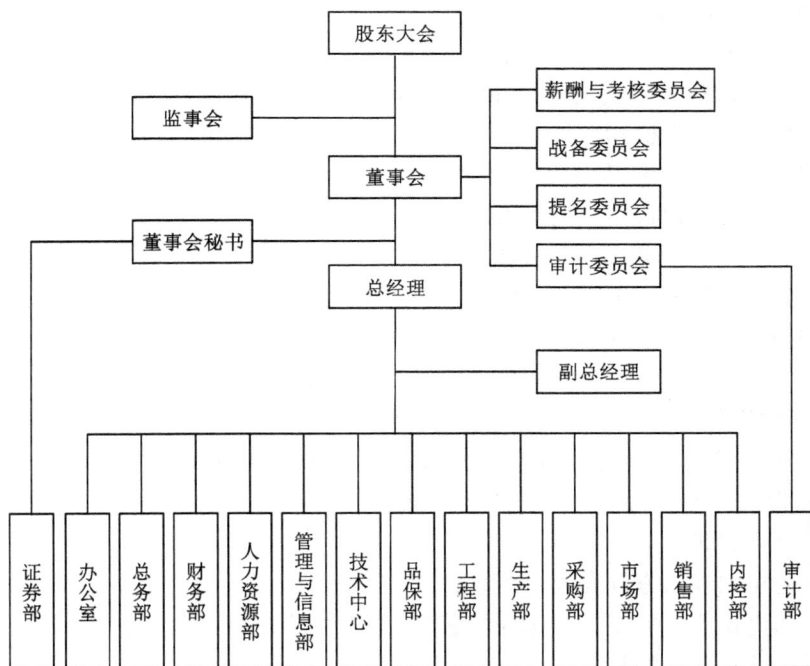

图10-1 某上市公司组织机构图

第二节　公司股东会（大会）和股东权利

一、股东会（大会）概念

公司股东即公司的出资人，是向公司出资，并作为出资者对公司享有权利和承担义务的人。公司的股东可以由下列几种人组成：（1）公司设立时，在公司章程上签章且实际履行出资义务的发起人股东，即原始股东；（2）在公司存续期间，依法继受取得股权的人，此为继受股东；（3）公司增资时吸纳的新股东，此为加入股东。

公司的股东会是由全体股东组成的、形成公司意志的必要机关，是公司的权力机构和最高决策机构。公司的股东会在公司的机关中居于中心地位。股东会是一般公司都必须设立的形成股东集体意志的议事机构，其他机关一般都是由股东会产生并对股东会负责。根据我国《公司法》第60条的规定，一人有限责任公司和国有独资公司不设股东会。

二、股东会的性质和特点

股东会是由公司全体股东组成的公司权力机构。其特点是：

（1）股东会是公司的必设机构。根据我国《公司法》，除了国有独资公司和一人公司以外，由多个股东组成的有限责任公司和股份有限公司都须设立股东会。

（2）股东会不设常设机构，而是公司股东的议事机构。即股东会通过会议的形式行使职权，在会议闭会期间没有常设机构。

（3）股东会作为公司权力机构，在公司组织机构体系中处于最高地位，董事会和监事会从股东会中产生，向股东会负责并报告工作。

（4）股东会由全体股东组成，凡是公司股东当然是股东会的成员，依法在股东会上行使表决权，通过行使表决权参与公司重大事项的决策。

三、股东会的职权

为了界定股东会和董事会之间的关系，各国公司立法大都对股东会的职权作了明确列举，除必须由股东会决定的事项外，其他事项均可由董事会决定。根据我国《公司法》规定，股东会行使下列职权：

（1）决定公司的经营方针和投资计划；

（2）选举和更换非由职工代表担任的董事、监事，决定有关董事、监事的报酬事项；

（3）审议批准董事会的报告；

（4）审议批准监事会或者监事的报告；

（5）审议批准公司的年度财务预算方案、决算方案；

（6）审议批准公司的利润分配方案和弥补亏损方案；

（7）对公司增加或者减少注册资本作出决议；

（8）对发行公司债券作出决议；

（9）对公司合并、分立、解散、清算或者变更公司形式作出决议；

（10）修改公司章程；

（11）公司章程规定的其他职权。

《公司法》同时规定，对前款所列事项股东以书面形式一致表示同意的，可以不召开股东会会议，直接作出决定，并由全体股东在决定文件上签名、盖章。

四、股东会会议的召集、主持

根据《公司法》第 61 条和第 62 条的规定，股东会会议分为首次会议、定期会议和临时会议三种。不同种类的股东会会议的召集和主持情况不一样。

1. 首次会议

首次会议是在公司成立前第一次召集的股东会会议，它实质上是公司的创立会，决定设立中的公司的重大事项，如选举董事、监事等。《公司法》第 61 条规定，"首次股东会会议由出资最多的股东召集和主持，依照本法规定行使职权。"

2. 定期会议

定期会议是按照公司章程规定的时间召开的股东会。《公司法》第 62 条和第 113 条规定了股东会的定期会议。

3. 临时会议

临时会议是在定期会议之外根据需要临时召开的股东会会议。临时会议的召开时间是不固定的，根据《公司法》第 63 条和第 114 条的规定，临时会议的召集人和主持人与定期会议相同。

此外，《公司法》第 64 条和第 115 条规定，召开股东会会议，应当于会议召开十五日前通知全体股东；但是，公司章程另有规定或者全体股东另有约定的除外。

五、股东会决议表决方式和决议类型

股东会通过股东行使表决权的方式形成股东会决议。我国《公司法》第 65 条规定，有限责任公司股东会会议由股东按照出资比例行使表决权；但是，公司章程另有规定的除外。

股份有限公司股东出席股东大会会议，所持每一股份有一表决权。但下列情形除外：

（1）根据《公司法》的规定，公司持有的本公司股份没有表决权；

（2）根据《公司法》的规定，股东大会作出为公司股东或者实际控制人提供担保的决议时，该股东和由实际控制人支配的股东不参加该事项的表决。

依据决议事项重要程度以及所需表决权的多少，公司股东会决议可以分为普通决议和特别决议。

普通决议是指适用于公司一般事项，只需要经过代表二分之一以上表决权的股东通过，即经过简单多数通过的决议。特别决议是指股东会就公司重要事项所作出的，必须经过代表三分之二表决权的股东通过的决议。根据我国《公司法》第 66 条和第 116 条的规定，股东会会议作出修改公司章程、增加或者减少注册资本的决议，以及公司合并、分立、解散或者变更公司形式的决议，必须经代表三分之二以上表决权的股东通过。

六、股东权利

根据我国《公司法》的规定，股东权利主要包括以下内容：

1. 财产权

股东的出资份额是股东重要的财产权利。根据公司法的规定，股东无论是通过直接投资设立公司而原始取得股权，还是通过受让其他股东股权而继受取得股权，都体现为拥有公司一定的财产份额，这既是股东财产权利最直接的体现，也是股东包括资产收益、参与公司决策、选择公司管理者等权利产生的基础。资产收益、参与公司决策、选择公司管理者在内的其他权利是股东财产权利的重要体现，是股东投资所得到的回报，也是股东投资的目的所在。

2. 股权转让权

《公司法》第四章对股权转让作了专门规定，股东行使股权转让权实际上是兑现股东财产权。公司法虽然对股东股权转让在实体上有一定的限制，但法律在程序上保障了股东股权转让权的实现。

3. 知情权

股东有权了解与掌握公司经营的实际状况。《公司法》规定了有限责任公司的股东有权查阅、复制公司章程、股东会会议记录、董事会会议决议、监事会会议决议和财务会计报告，并有权按规定程序查阅公司会计账簿，公司拒绝提供查阅的，股东可以请求人民法院要求公司提供查阅。

4. 表决权

参与重大决策是股东的重要权利，也是股东实现财产利益的重要手段。谁掌握公司的决策权谁就掌握公司未来的发展方向，关系到公司整体利益和股东最终利益的实现。从股东权行使的基本规则角度看，《公司法》明确规定了股东的表决权。

5. 临时股东会召开提议权、股东会自行召集和主持权

根据《公司法》的规定，经有限责任公司和股份有限公司代表十分之一以上表决权的股东提议，应当召开临时会议。有限责任公司的监事会或者监事不召集和主持股东会会议的，代表十分之一以上表决权的股东可以自行召集和主持。从而保障了股东大会会议的召开，进而保障了股东权利的行使。

6. 公司解散申请权

根据《公司法》第 231 条，公司经营管理发生严重困难，继续存续会使股东利益受到重大损失，通过其他途径不能解决的，持有公司百分之十以上表决权的股东，可以请求人民法院解散公司。

7. 退出权

根据《公司法》第 89 条，有下列情形之一的，对股东会该项决议投反对票的股东可以请求公司按照合理的价格收购其股权：(1)公司连续五年不向股东分配利润，而公司该五年连续盈利，并且符合本法规定的分配利润条件；(2)公司合并、分立、转让主要财产；(3)公司章程规定的营业期限届满或者章程规定的其他解散事由出现，股东会通过决议修改章程使公司存续。自股东会决议作出之日起六十日内，股东与公司不能达成股权收购协议的，股东可以自股东会决议作出之日起九十日内向人民法院提起诉讼。公司的控股股东滥用股东权利，严重损害公司或者其他股东利益的，其他股东有权请求公司按照合理的价格收购其股权。

第三节 公司的执行机构——董事会或执行董事

一、董事会的概念与性质

董事会是依照法定程序产生的，由全体董事组成的行使经营决策和管理权必设的公司业务执行机关。各公司董事会的设置情况不一样。股份有限公司设董事会；公司规模较小和股东人数较少的有限责任公司，即使是由多股组成也可以不设董事会，而只设一名执行董事。此外，根据我国《公司法》的规定，国有独资公司必须设立董事会。

董事会是公司的业务执行机构和日常经营决策机构。所谓公司业务执行，是相对于股东会的权力机构地位而言的，股东会作出决议后，董事会应执行其决议并对股东会负责。所谓日常经营决策，是指股东会仅对公司重大和长远事项作出决议，公司日常经营中的重要事务不能等一年一度的股东会，而由董事会决定。

二、董事会的组成和任期

1. 董事会的组成

根据我国《公司法》的规定，一般由多股组成的有限责任公司董事会，其成员为三人至十三人。股份有限公司中的董事会成员为五人至十九人。董事会成员中可以有公司职工代表。两个以上的国有企业或者两个以上的其他国有投资主体投资设立的有限责任公司，其董事会成员中应当有公司职工代表；董事会中的职工代表由公司职工通过职工代表大会、职工大会或者其他形式民主选举产生。董事会设董事长一人，可以设副董事长。董事长、副董事长的产生办法由公司章程规定。

我国《公司法》第75条规定，"规模较小或者股东人数较少的有限责任公司，可以不设董事会，设一名董事，行使本法规定的董事会的职权。该董事可以兼任公司经理。"国有独资公司的董事会组成具有特殊性，根据我国《公司法》第173条，国有独资公司的董事会依照本法规定行使职权。国有独资公司的董事会成员中，应当过半数为外部董事，并应当有公司职工代表。董事会成员由履行出资人职责的机构委派；但是，董事会成员中的职工代表由公司职工代表大会选举产生。董事会设董事长一人，可以设副董事长。董事长、副董事长由履行出资人职责的机构从董事会成员中指定。

2. 董事的任期

对于一般的有限责任公司，根据我国《公司法》的规定，董事任期由公司章程规定，但每届任期不得超过三年。董事任期届满，连选可以连任。董事任期届满未及时改选，或者董事在任期内辞职导致董事会成员低于法定人数的，在改选出的董事就任前，原董事仍应当依照法律、行政法规和公司章程的规定，履行董事职务。

对于国有独资公司，董事每届任期也不得超过三年，但是否可以连任《公司法》则没有规定。

三、董事会的职权

根据我国《公司法》的规定，董事会对股东会负责，行使下列职权：

（1）召集股东会会议，并向股东会报告工作；

（2）执行股东会的决议；

（3）决定公司的经营计划和投资方案；

（4）制订公司的年度财务预算方案、决算方案；

（5）制订公司的利润分配方案和弥补亏损方案；

（6）制订公司增加或者减少注册资本以及发行公司债券的方案；

（7）制订公司合并、分立、解散或者变更公司形式的方案；

（8）决定公司内部管理机构的设置；

（9）决定聘任或者解聘公司经理及其报酬事项，并根据经理的提名决定聘任或者解聘公司副经理、财务负责人及其报酬事项；

（10）制定公司的基本管理制度；

（11）公司章程规定的其他职权。

四、董事会会议

董事会会议可分为普通会议和特别会议。

普通会议是公司章程规定的定期召开的董事会，可分为每年一次或每季一次。

特别会议，即临时会议，是不定期的，于必要时召开。

根据我国《公司法》的规定，董事会会议由董事长召集和主持；董事长不能履行职务或者不履行职务的，由副董事长召集和主持；副董事长不能履行职务或者不履行职务的，由半数以上董事共同推举一名董事召集和主持。

一般说来，董事会的决议也可分为普通决议和特别决议两种。无论是普通决议还是特别决议，要取得法律效力，首先内容要合法，即符合法律和公司章程的规定；此外，形式上也要合法。

根据我国《公司法》的规定，董事会的议事方式和表决程序，除本法有规定的外，由公司章程规定。董事会应当对所议事项的决定作成会议记录，出席会议的董事应当在会议记录上签名。董事会决议的表决，实行一人一票。

五、经理

经理是负责公司日常经营管理工作的高级管理人员。

根据我国《公司法》的规定，有限责任公司可以设经理，股份有限公司应当设经理，由董事会决定聘任或者解聘。股东人数较少或者规模较小的有限责任公司，可以设一名执行董事，不设董事会。执行董事可以兼任公司经理。

根据《公司法》的规定，经理对董事会负责，行使下列职权：（1）主持公司的生产经营管理工作，组织实施董事会决议；（2）组织实施公司年度经营计划和投资方案；（3）拟订公司内部管理机构设置方案；（4）拟定公司的基本管理制度；（5）制定公司的具体规章；（6）提请聘任或者解聘公司副经理、财务负责人；（7）决定聘任或者解聘除应由董事会决定聘任或者解聘以外的高级管理人员；（8）董事会授予的其他职权。公司章程对经理职权另有规定的，从其规定。经理列席董事会会议。

第四节　公司的监督机构——监事会或监事

监事会就是对公司的业务活动进行监督和检查的常设监督机构,如图10-2所示。

根据我国《公司法》第76条和第83条的规定,除股东人数较少或者规模较小的有限责任公司可以设一至二名监事,不设监事会外,其他公司均应设立监事会,其成员不得少于三人。

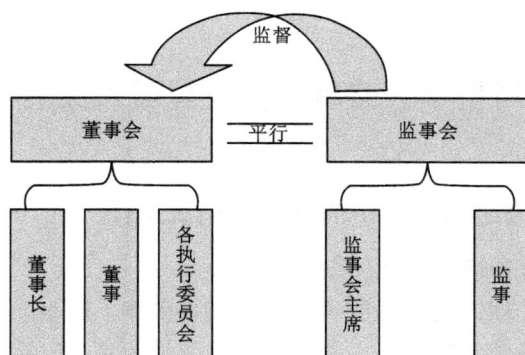

10-2　监事会

一、监事会的组成与任期

对于监事会的组成,依据《公司法》的规定,监事会应当包括股东代表和适当比例的公司职工代表,其中职工代表的比例不得低于三分之一,具体比例由公司章程规定。监事会中的职工代表由公司职工通过职工代表大会、职工大会或者其他形式民主选举产生。

监事会设主席一人,由全体监事过半数选举产生。监事会主席召集和主持监事会会议;监事会主席不能履行职务或者不履行职务的,由半数以上监事共同推举一名监事召集和主持监事会会议。

根据《公司法》的规定,董事、高级管理人员不得兼任监事。监事的任期每届为三年。监事任期届满,连选可以连任。监事任期届满未及时改选,或者监事在任期内辞职导致监事会成员低于法定人数的,在改选出的监事就任前,原监事仍应当依照法律、行政法规和公司章程的规定,履行监事职务。

二、监事(会)的职权及其行使

根据《公司法》的规定,监事会、不设监事会的公司的监事行使下列职权:(1)检查公司财务;(2)对董事、高级管理人员执行公司职务的行为进行监督,对违反法律、行政法规、公司章程或者股东会决议的董事、高级管理人员提出罢免的建议;(3)当董事、高级管理人员的行为损害公司利益时,要求董事、高级管理人员予以纠正;(4)提议召开临时股东会会议,在董事会不履行《公司法》规定的召集和主持股东会会议职责时召集和主持股东会会议；(5)向股东会会议提出提案；(6)依照《公司法》的规定，对董事、高级管理人员提起诉讼；(7)公司章程规定的其他职权。此外，根据《公司法》的规定，监事可以列席董事会会议，并对董事会决议事项提出质询或者建议。监事会、不设监事会的公司的监事发现公司经营情况异常，可以进行调查；必要时，可以聘请会计师事务所等协助其工作，费用由公司承担。

监事会每年度至少召开一次会议，监事可以提议召开临时监事会会议。监事会的议事方式和表决程序，除本法有规定的外，由公司章程规定。监事会决议应当经半数以上监事通过。监事会应当对所议事项的决定作成会议记录，出席会议的监事应当在会议记录上签名。监事会、不设监事会的公司的监事行使职权所必需的费用，由公司承担。

第五节　公司董事、监事、高级管理人员的资格和义务

一、董事、监事、高级管理人员的任职资格及选任方式

1. 董事、监事、高级管理人员的任职资格

董事、监事、高级管理人员的任职资格是指担任董事、监事、高级管理人员所必须具备的条件，包括积极资格和消极资格。各国公司立法规定董事、监事、高级管理人员的任职资格条件各不相同。

我国《公司法》第178条规定，有下列情形之一的，不得担任公司的董事、监事、高级管理人员：(1)无民事行为能力或者限制民事行为能力；(2)因贪污、贿赂、侵占财产、挪用财产或者破坏社会主义市场经济秩序，被判处刑罚，或者因犯罪被剥夺政治权利，执行期满未逾五年，被宣告缓刑的，自缓刑考验期满之日起未逾二年；(3)担任破产清算的公司、企业的董事或者厂长、经理，对该公司、企业的破产负有个人责任的，自该公司、企业破产清算完结之日起未逾三年；(4)担任因违法被吊销营业执照、责令关闭的公司、企业的法定代表人，并负有个人责任的，自该公司、企业被吊销营业执照、责令关闭之日起未逾三年；(5)个人因所负数额较大债务到期未清偿被人民法院列为失信被执行人。

《公司法》该条同时规定，公司违反前款规定选举、委派董事、监事或者聘任高级管理人员的，该选举、委派或者聘任无效。董事、监事、高级管理人员在任职期间出现前款所列情形的，公司应当解除其职务。

2. 董事、监事、高级管理人员的选任方式

我国《公司法》规定了董事、监事由公司股东(大)会选任这种主导形式，并规定公司的董事会成员中应有或可以有公司职工代表。职工代表由公司职工代表大会、职工大会或者其他形式民主选举产生。对于公司高级管理人员的选任，我国《公司法》规定，经理由董事会聘任或者解聘；公司副经理和财务负责人由经理提请董事会聘任或者解聘；经理聘任或者解聘应由董事会聘任或者解聘以外的其他高级管理人员。

二、董事、监事、高级管理人员的义务

我国《公司法》第180条规定，"董事、监事、高级管理人员对公司负有忠实义务，应当

采取措施避免自身利益与公司利益冲突，不得利用职权牟取不正当利益。董事、监事、高级管理人员对公司负有勤勉义务，执行职务应当为公司的最大利益尽到管理者通常应有的合理注意。公司的控股股东、实际控制人不担任公司董事但实际执行公司事务的，适用前两款规定。"

(一)忠实义务

董事、监事、高级管理人员应承担遵守法律、章程及股东大会决议，为了公司的利益忠实地执行职务的义务。在我国，《公司法》对董事、监事、高级管理人员的忠实义务作出了详尽的规定：董事、监事、高级管理人员应当遵守法律、行政法规和公司章程，对公司负有忠实义务和勤勉义务。不得利用职权收受贿赂或者其他非法收入，不得侵占公司的财产。

董事、监事、高级管理人员不得有下列行为：(1)挪用公司资金；(2)将公司资金以其个人名义或者以其他个人名义开立账户存储；(3)违反公司章程的规定，未经股东(大)会或者董事会同意，将公司资金借贷给他人或者以公司财产为他人提供担保；(4)违反公司章程的规定或者未经股东会、股东大会同意，与本公司订立合同或者进行交易；(5)未经股东(大)会同意，利用职务便利为自己或者他人谋取属于公司的商业机会，自营或者为他人经营与所任职公司同类的业务；(6)接受他人与公司交易的佣金归为己有；(7)擅自披露公司秘密；(8)违反对公司忠实义务的其他行为。如果董事、监事、高级管理人员违反上述义务，其所得的收入应当归公司所有。若给公司造成损失的，应当承担赔偿责任。

由此可见，董事、监事、高级管理人员以其个人财产对其公司管理行为承担相关责任。当董事、监事、高级管理人员不正当履行上述义务时，将作为被告被公司提起损害赔偿诉讼。

(二)勤勉义务

这是董事、监事、高级管理人员对公司所负的一项基本义务。它要求董事、监事、高级管理人员像普通谨慎人或善良管理人在相似的情况下给予合理的注意一样，勤勉尽责，即公司的董事、监事、高级管理人员应像其他任何代理人或受托人一样，在管理公司事务时，应承担合理注意义务。董事、监事、高级管理人员如果没有对公司尽到此种合理的注意，并因此而导致公司利益受损的，董事、监事、高级管理人员应对公司的损害承担赔偿责任。

虽然董事、监事、高级管理人员是一种专家义务，但与董事、监事、高级管理人员的忠实义务相比，董事、监事、高级管理人员的注意义务是一种轻度注意义务。因为如果对董事、监事、高级管理人员施加过于严苛的注意义务和法律责任，则可能会使他们因惮于出现失误而畏首畏尾，无法激发董事、监事、高级管理人员的积极性，反而不利于公司的发展。因此，在西方国家司法实践中，通常适用"商业判断规则"，即董事、监事、高级管理人员基于正常的商业判断，即便给公司造成损失，也不能因董事、监事、高级管理人员之行为给公司造成了损害，而要求董事、监事、高级管理人员承担法律责任。

董事、监事、高级管理人员的注意义务分为制定法上的注意义务和非制定法上的注意义务。前者是指公司法或公司法以外的其他法律对董事、监事、高级管理人员的义务所作的规定，后者是指基于公司章程，基于董事、监事、高级管理人员的身份及公司的特殊商业性质所产生的注意义务。具体说来，董事、监事、高级管理人员注意义务的内容主要包括：负有遵守公司法和其他制定法规定的注意义务；负有遵守章程规定的注意义务；负有在自己权限内行为的注意义务；负有勤勉的义务以及谨慎行事的义务。

三、董事、监事、高级管理人员的责任

董事、监事、高级管理人员违反法律、行政法规或公司章程规定的义务，应承担相应的法律责任。

1. 董事、监事、高级管理人员对公司的责任

董事、监事、高级管理人员与公司之间是建立在信赖关系的基础之上的。董事、监事、高级管理人员管理公司事务，应以善良管理人的注意以及对公司的忠诚为其行为的自律要求，同时，应遵守法律、章程以及股东会或董事会、监事会和高级管理人员会决议，并对公司承担相应的法律责任。

我国《公司法》第188条规定，"董事、监事、高级管理人员执行职务违反法律、行政法规或者公司章程的规定，给公司造成损失的，应当承担赔偿责任"。从而确立了董事、监事、高级管理人员对公司承担民事责任的一般原则。

在此后的相关条文中，我国《公司法》又分别规定了董事、监事、高级管理人员对公司所应承担责任的具体情形。董事、监事、高级管理人员对公司承担民事责任的情形主要发生在以下场合：

（1）因参与董事会违法决议而产生的责任。我国《公司法》规定，股份有限公司的"董事应当对董事会的决议承担责任。董事会的决议违反法律、行政法规或者公司章程、股东大会决议，致使公司遭受严重损失的，参与决议的董事对公司负赔偿责任。但经证明在表决时曾表明异议并记载于会议记录的，该董事可以免除责任"。

（2）董事、监事、高级管理人员越权行为而产生的法律责任。董事、监事、高级管理人员的越权行为，是指其所从事的超越职权范围的行为。董事、监事、高级管理人员权限包括法律、行政法规的权限和公司章程所授予的权限范围。公司董事、监事、高级管理人员违反法律、行政法规规定的权限和公司章程所授予的权限范围，给公司造成损失的，应当承担赔偿责任。

（3）董事、监事、高级管理人员违反竞业禁止义务给公司造成损失而产生的民事责任。我国《公司法》规定，在董事、监事、高级管理人员违反竞业禁止义务时，公司可以依法行使归入权。但如果公司无法行使归入权或归入权行使不足以弥补其损失，公司有权追究董事、监事、高级管理人员的赔偿责任。

（4）公司董事、监事、高级管理人员利用关联关系损害公司利益，致使公司利益遭受损失的，应当承担赔偿责任。

2. 董事、监事、高级管理人员对第三人的责任

对于董事、监事、高级管理人员滥用权力致使第三人（包括股东和公司的债权人）遭受损害的行为，董事、监事、高级管理人员应否承担责任，理论界意见尚不统一，各国的立法实践也不一致。但要求董事、监事、高级管理人员与公司对第三人负连带赔偿责任，是现代公司法的发展趋势。

小 结

公司治理除包括狭义上的公司治理的基本内容外，还涵盖了公司的人力资源管理、收益分配激励制度、财务制度、企业战略发展决策管理系统、企业文化和一切与企业管理控制有关的其他制度。公司治理结构是指公司内部机关设置及权力制衡的各项机制，涉及企业机关权力来源、运作和权限，公司机关及其成员的权利、义务与责任。我国公司的组织机构设置采取了股东大会、董事会、监事会构成的三权分立结构。股东会是由公司全体股东组成的公司权力机构，通过股东行使表决权的方式形成股东会决议。董事会是公司的业务执行机构和日常经营决策机构。监事会是对公司的业务活动进行监督和检查的常设监督机构。

知识点

治理模式、权力机关、决策机关、监督机关、执行机关

复习思考

一、简答

1. 简述公司治理的含义。
2. 简述公司董事会、监事会、高级管理人员的职能。

二、案例分析

1. 原告李淑君、吴湘、孙杰、王国兴因与被告江苏佳德置业发展有限公司（以下简称佳德公司）发生股东知情权纠纷，向江苏省宿迁市宿城区人民法院提起诉讼。被告佳德公司是成立于2013年10月15日的从事房地产开发的有限责任公司。截至2014年8月7日，该公司的股东持股情况为：施允生460万元、王国兴250万元、张育林160万元、孙杰65万元、吴湘65万元。2017年9月7日，张育林将其持有的全部股份转让给李淑君。2019年4月8日，四原告向被告佳德公司递交申请书，称："申请人李淑君、吴湘、孙杰、王国兴作为佳德公司股东，对佳德公司经营现状一无所知。佳德公司经营至今没有发过一次红利，并对外拖欠大量债务，使四申请人的股东权益受到了严重侵害。四申请人为了解佳德公司实际情况，维护自己合法权益，现依据《中华人民共和国公司法》，依法行使股东对公司的知情权。"原告李淑君、吴湘、孙杰、王国兴诉称：四人均为被告佳德公司合法股东。因佳德公司在经营形势大好的情况下却拖欠大量债务，四人作为股东对佳德公司情况无法知悉，故依法要求行使股东知情权，了解公司的实际情况，但佳德公司对此非法阻挠，严重侵犯了四人作为股东的合法权益。请求判令四人对佳德公司依法行使知情权，查阅、复制佳德公司的会计账簿、议事录、契约书、通信、纳税申报书等所有公司资料。

问：（1）股东提起知情权之诉的条件是什么？

（2）股东拥有哪些权利？

2.重庆永福实业有限公司等与杨钟文股东会决议效力确认纠纷抗诉案：2018年7月28日和2018年7月29日，永福公司分别由302名职工和126名原股东签名形成股东会决议，同意公司改制时享受离职职工的1100元量化安置款补充分配，公司2004年至2017年的分红款累计为3250元；确认并同意公司在该决议及之前的历年的分红、增资扩股和新增股东的事项。经统计，截至2020年9月，共有335名享有量化安置股的职工办理了领取集体股回购款、量化股补充分配红利及量化股转让款等共计2万元的手续，16名职工领取了集体股回购款、量化股补充分配红利及继续持有量化股的手续。因仍有原永福公司的部分职工不同意上述2万元的解决方案，遂以杨钟文等10人为代表分别以10个案件起诉到重庆市永川区人民法院，要求确认永福公司自2015年7月30日起的10次股东会决议无效。

问：股东会决议的生效条件是什么？

三、课后作业

公司董事、监事、高级管理人员的任职资格分别是什么？

第十一章　公司债券

【导语】公司债券的发行主体为公司。发行债券的公司作为债务人负有按约定期限向公司债权人还本付息的义务。公司债券作为有价证券可以自由流通和转让。

【重点】公司债券的种类、公司债券的发行、公司债券的转让、偿还和转换

第一节　公司债券概述

一、公司债券的概念

我国《公司法》第194条规定："本法所称公司债券，是指公司发行的约定按期还本付息的有价证券。公司债券既可以公开发行，也可以非公开发行。公司债券的发行和交易应当符合《中华人民共和国证券法》等法律、行政法规的规定。"

二、公司债券的法律特征

我国公司债券具有以下特征：

（1）由公司发行。与政府发行的公债券不同，公司债券的发行主体为公司。允许股份有限公司发行公司债券是各国的通例，关于有限责任公司能否发行公司债券，各国的法律规定并不一致，总体上可以把各国的立法体例归结为禁止型和限制型两类。在我国，根据《公司法》，发行公司债券的主体包括有限责任公司和股份有限公司。

（2）是一种有价证券。公司债券是公司债的表现形式，即债券所有人作为公司的债权人享有债权，按照约定期限取得利息、收回本金的权利；发行债券的公司作为债务人负有按约定期限向公司债权人还本付息的义务。公司债券有一定的票面金额，作为有价证券，可以自由流通、转让、质押和继承。

（3）是一种要式证券。公司债券通常采用实物券的方式发行，而实物券方式发行的公司债券是一种要式证券，必须按照法律规定事项记载。《公司法》第196条规定："公司以

纸面形式发行公司债券的，应当在债券上载明公司名称、债券票面金额、利率、偿还期限等事项，并由法定代表人签名，公司盖章。"

（4）公司债券的持有人具有广泛性和不确定性。公司债券是公司向社会公开发行，向不特定的社会公众借贷，任何人都可以购买而成为其债权人。公司债券作为有价证券，可以自由流通和转让。公司债券持有人广泛而不确定。

图 11-1　绍兴市燃料总公司企业债券

第二节　公司债券的种类

公司债券可以依据不同的标准作不同的分类。

一、记名公司债券与无记名公司债券

以是否记载债券持有人的姓名或名称为标准，公司债券可以分为记名公司债券与无记名公司债券。

凡在票面上记载债券持有人姓名或名称的为记名公司债券，反之则为无记名公司债券。这种划分的意义在于两者的转让方式不同。

记名公司债券，由债券持有人以背书方式或者法律、行政法规规定的其他方式转让；转让后由公司将受让人的姓名或者名称及住所记载于公司债券存根簿。否则，该项转让对公司不发生对抗效力。无记名公司债券的转让，由债券持有人将该债券交付给受让人后即发生转让的效力。

二、可转换公司债券和非转换公司债券

以公司债券能否转换成股票为标准，公司债券可以分为可转换公司债券和非转换公司债券。

根据《可转换公司债券管理暂行办法》第3条，可转换公司债券是指发行人依照法定程序发行、在一定期间内依据约定的条件可以转换成股份的公司债券。相反，不能转换为股

票的公司债券称为非转换公司债券。

根据我国《公司法》的规定，只有上市公司才能发行可转换公司债券。发行可转换为股票的公司债券的，公司应当按照其转换办法向债券持有人换发股票，但债券持有人对转换股票或者不转换股票有选择权。

三、担保公司债券与无担保公司债券

这是根据公司债有无担保而作的分类。

担保公司债券是指公司在发行公司债券时以自己或他人的特定财产或第三人的信用对该债券的还本付息作出担保的公司债券，其中以特定财产作担保的为抵押公司债券，由第三人的信用作担保的为保证公司债券；无担保公司债券是指没有担保而仅以公司的信用为基础所发行的公司债券。

担保公司债券和无担保公司债券不能按期受偿时的法律后果不一样。担保公司债券在发行公司不能按期还本付息时，若是抵押担保公司债券，则债权人有权就抵押财产依法处理优先受偿；若是保证公司债券，债权人有权请求第三人即保证人予以偿还。无担保公司债券在发行公司不能按期还本付息时，债权人只能以普通债权人的身份提出清偿请求。

四、可上市公司债券与非上市公司债券

以能否在证券市场公开交易为标准，公司债券可以分为可上市公司债券与非上市公司债券。前者是指发行后可以在依法设立的证券交易所挂牌交易的公司债券；后者是指发行后不在证券交易所挂牌交易的公司债券，持有人虽然也可以转让该债券，但是投资者并不能在证券交易所进行买卖。

五、国内公司债券和境外公司债券

以发行地及定值货币为标准，分为国内公司债券和境外公司债券。前者是指在本国境内发行并以本国法定货币定值的公司债券；后者是指本国发行人在本国境外发行的以某种外国货币标明面值的，或者外国发行人在本国境内以本国货币或某一种外国货币发行的公司债券。这两种公司债券的差异在于所适用的法律不同。

第三节　公司债券的发行

一、发行公司债券的条件

1. 积极条件

我国《公司法》第194条第3款规定，公司债券的发行和交易应当符合《证券法》等法律、行政法规的规定。而根据我国《证券法》第15条的规定，公开发行公司债券，应当符合下列条件：（1）具备健全且运行良好的组织机构；（2）最近三年平均可分配利润足以支付公司债券一年的利息；（3）国务院规定的其他条件。

公开发行公司债券筹集的资金，必须按照公司债券募集办法所列资金用途使用；改变

资金用途，必须经债券持有人会议作出决议。公开发行公司债券筹集的资金，不得用于弥补亏损和非生产性支出。

上市公司发行可转换为股票的公司债券，除应当符合第一款规定的条件外，还应当遵守本法第十二条第二款的规定。但是，按照公司债券募集办法，上市公司通过收购本公司股份的方式进行公司债券转换的除外。

此外，2007年5月30日中国证券监督管理委员会公布实施的《公司债券发行试点办法》第7条规定，发行公司债券，应当符合下列规定：（1）公司的生产经营符合法律、行政法规和公司章程的规定，符合国家产业政策；（2）公司内部控制制度健全，内部控制制度的完整性、合理性、有效性不存在重大缺陷；（3）经资信评级机构评级，债券信用级别良好；（4）公司最近一期末经审计的净资产额应符合法律、行政法规和中国证监会的有关规定；（5）最近三个会计年度实现的年均可分配利润不少于公司债券一年的利息；（6）本次发行后累计公司债券余额不超过最近一期末净资产额的百分之四十；金融类公司的累计公司债券余额按金融企业的有关规定计算。

2. 消极条件

《证券法》第17条规定，有下列情形之一的，不得再次公开发行公司债券：（1）对已公开发行的公司债券或者其他债务有违约或者延迟支付本息的事实，仍处于继续状态；（2）违反本法规定，改变公开发行公司债券所募资金的用途。

《公司债券发行试点办法》第8条规定，存在下列情形之一的，不得发行公司债券：（1）最近三十六个月内公司财务会计文件存在虚假记载，或公司存在其他重大违法行为；（2）本次发行申请文件存在虚假记载、误导性陈述或者重大遗漏；（3）对已发行的公司债券或者其他债务有违约或者迟延支付本息的事实，仍处于继续状态；（4）严重损害投资者合法权益和社会公共利益的其他情形。

二、发行公司债券的程序

我国《证券法》和《公司债券发行试点办法》对发行公司债券的程序作了规定。

第一，作出发行公司债券的决议或决定。申请发行公司债券，应当由公司董事会制定方案，由股东会或股东大会对下列事项作出决议：（1）发行债券的数量；（2）向公司股东配售的安排；（3）债券期限；（4）募集资金的用途；（5）决议的有效期；（6）对董事会的授权事项；（7）其他需要明确的事项。发行公司债券募集的资金，必须符合股东会或股东大会核准的用途，且符合国家产业政策。

第二，提出发行公司债券的申请。《证券法》第16条规定，申请公开发行公司债券，应当向国务院授权的部门或者国务院证券监督管理机构报送下列文件：（1）公司营业执照；（2）公司章程；（3）公司债券募集办法；（4）国务院授权的部门或者国务院证券监督管理机构规定的其他文件。依照本法规定聘请保荐人的，还应当报送保荐人出具的发行保荐书。

第三，经主管部门审核。中国证监会依照下列程序审核发行公司债券的申请：（1）收到申请文件后，五个工作日内决定是否受理；（2）中国证监会受理后，对申请文件进行初审；（3）发行审核委员会按照《中国证券监督管理委员会发行审核委员会办法》规定的特别程序审核申请文件；（4）中国证监会作出核准或者不予核准的决定。此外，根据《证券法》第24条，国务院证券监督管理机构或者国务院授权的部门对已作出的证券发行注册的决定，发现不符合法定条件或者法定程序，尚未发行证券的，应当予以撤销，停止发行。已经发行尚未上市的，撤销发行注册决定，发行人应当按照发行价并加算银行同期存款利息返还证券持有人；发行人的控股股东、实际控制人以及保荐人，应当与发行人承担连带责任，但是能够证明自己没有过错的除外。股票的发行人在招股说明书等证券发行文件中隐瞒重要事实或者编造重大虚假内容，已经发行并上市的，国务院证券监督管理机构可以责令发行人回购证券，或者责令负有责任的控股股东、实际控制人买回证券。

第四，募集公司债券。发行公司债券，可以申请一次核准，分期发行。自中国证监会核准发行之日起，公司应在六个月内首期发行，剩余数量应当在二十四个月内发行完毕。超过核准文件限定的时效未发行的，须重新经中国证监会核准后方可发行。首期发行数量应当不少于总发行数量的50%，剩余各期发行的数量由公司自行确定，每期发行完毕后五个工作日内报中国证监会备案。公司应当在发行公司债券前的二至五个工作日内，将经中国证监会核准的债券募集说明书摘要刊登在至少一种中国证监会指定的报刊，同时将其全文刊登在中国证监会指定的互联网网站。

第四节 公司债券的转让、偿还和转换

一、转让的形式及场所

我国《证券法》第37条规定，公开发行的证券，应当在依法设立的证券交易所上市交易或者在国务院批准的其他全国性证券交易场所交易。非公开发行的证券，可以在证券交易所、国务院批准的其他全国性证券交易场所、按照国务院规定设立的区域性股权市场转让。

依据《公司法》的规定，公司债券的转让方式因债券形式的不同而不同。该条规定，记名公司债券，由债券持有人以背书方式或者法律、行政法规规定的其他方式转让；转让后由公司将受让人的姓名或者名称及住所记载于公司债券存根簿。无记名公司债券的转让，由债券持有人将该债券交付给受让人后即发生转让的效力。

二、公司债的偿还

公司债的偿还就是发行公司按照事先约定的时间和利率等条件，将公司债券的本息交付给公司债券持有人的行为。公司债的偿还意味着由公司债券发行所引起的债权债务法律关系的消灭。公司债的偿还方式有到期偿还与提前偿还两种。

在正常情况下，公司债券应当到期偿还。在特殊情况下，也应当允许有条件的提前偿还。

在发行合同没有明确规定的情况下，发行公司提前偿还发行在外的债券并不符合合同的规定。发行合同没有特别规定的，公司不得强求公司债券债权人接受提前偿还。如果发行合同中没有特别约定，债券持有人没有接受发行公司提前偿还的义务。提前偿还在理论上有两种情形：一种是提前偿还同一次发行的全部公司债券；另一种是提前偿还同一次发行的部分公司债券，这种情形事实上已经和分期偿还紧密相连。

三、公司债的转换

公司债的转换只针对可转换公司债。

可转换公司债的转换是一种法律行为，所产生的法律后果是可转换公司债的发行公司与持有人之间的债权债务关系消灭。随着可转换公司债持有人行使转换权，持有人自身的身份也发生了转换：由发行公司的债权人转换为发行公司的股东。

我国《公司法》第203条规定，发行可转换为股票的公司债券的，公司应当按照其转换办法向债券持有人换发股票，但债券持有人对转换股票或者不转换股票有选择权。法律、行政法规另有规定的除外。

小 结

公司债券是指公司依照法定程序发行、约定在一定期限内还本付息的有价证券。公司债券既可以公开发行，也可以非公开发行。公司债券的发行和交易应当符合《中华人民共和国证券法》等法律、行政法规的规定。我国公司债券由公司发行，是一种有价证券和要式证券。公司债券的持有人具有广泛性和不确定性。发行公司债券的主体包括有限责任公司和股份有限公司。公司债券有一定的票面金额，可以自由流通转让、质押和继承。公司以实物券方式发行公司债券的，必须在债券上载明公司名称、债券票面金额、利率、偿还期限等事项，并由法定代表人签名，公司盖章。公司债券由公司向社会公开发行，向不特定的社会公众借贷，任何人都可以购买而成为其债权人。

知识点

公司债券、有价证券、要式证券

复习思考

一、简答

1. 简述公司债券的特征。
2. 简述公司债券的发行条件。

二、案例分析

1. 原告辽宁省证券公司、中国农业银行辽宁省信托投资公司、中国工商银行辽宁省股份信托投资公司、辽宁省国际信托投资公司、辽宁信托投资公司（以下简称五原告）因与被告辽宁省轻工业供销公司（以下简称供销公司）、沈阳油脂化学厂（以下简称化学厂）融资债券纠纷案，向辽宁省高级人民法院提起诉讼。五原告诉称：2022年5月30日，五原告联合为被告供销公司发行6000万元人民币的企业债券，期限1年，年利率9.072%。被告化学厂担保。合同期满后，供销公司只给付五原告利息270万元。故要求判令被告偿还

6334.32 万元的到期本息,并承担违约责任。被告供销公司辩称:拖欠原告本息的主要原因系五原告不按照中国人民银行辽宁省分行的批件延续发行,对造成纠纷有责任。请求延期还款。被告化学厂辩称:供销公司发行 6000 万元债券是错误的,违反法律规定,担保属于无效行为,不应承担保证责任。判决结果:辽宁省高级人民法院认为:被告供销公司与五原告分别签订的关于融资债券协议书,经中国人民银行辽宁省分行批准,根据国务院发布的《企业债券管理暂行条例》第四条的规定,协议合法有效。供销公司没有按协议规定偿付到期的全部本息,违反了上述《条例》第八条关于"债券持有人有权按期取得利息、收回本金"的规定。依照《民法典》的规定,供销公司应承担违约责任,按协议书约定,在原利率基础上加罚 50%。至于供销公司辩称的因原告不给延续发行,所以没有付清债券本息一节,由于延续发行债券不是偿还债务的必要条件,且原协议无此约定,因此,供销公司的陈述理由不成立。被告化学厂系独立企业法人,其担保合同意思表示明确,担保合法有效,应承担连带责任。

问:(1)结合案例思考,债券发行的条件是什么?

(2)公司发行债券应遵循什么程序?

(3)公司债券种类有哪些?

2.2023 年 9 月,被告单位某国际信托投资公司为了清偿证券回购债务,根据中国人民银行总行的有关文件精神,向中国人民银行海南省分行申请发行特种金融债券。同年 12 月 5 日,人民银行海南省分行向某国际信托投资公司转发了总行《关于某国际信托投资公司申请发行特种金融债券的批复》,同意某国际信托投资公司发行 2.7 亿元特种金融债券,期限为 3 年,年利率为 12%。据此,某国际信托投资公司在海南金融印刷厂印制了2.7 亿元特种金融债券,并于 12 月底开始以抵债和代理销售的方式发行。

问:(1)公司债券发行的条件是什么?

(2)公司债券发行的程序是什么?

三、课后作业

简述公司债券转让的形式及场所。

第十二章　公司财务与会计

【导语】公司应当依照法律、行政法规和国务院财政部门的规定建立本公司的财务、会计制度。公司的财务会计报告应当在每一会计年度终了时制作，并依法经会计师事务所审计。公司当年的税后利润分配方案应提交股东会或股东大会审议批准，并依法组织实施。公积金的建立对公司的存在和发展具有重要意义。

【重点】公司财务会计制度的功能、公司财务会计报告制度、公司利润分配制度、公积金制度。

第一节　公司财务会计制度概述

一、公司财务会计制度的概念

公司财务会计制度是指为了保护公司债权人、股东、公司职工和社会公共利益，便于国家对企业的监督管理和出资人投资而通过立法确立起来的财务会计制度。

我国《公司法》第 207 条规定，公司应当依照法律、行政法规和国务院财政部门的规定建立本公司的财务、会计制度。

二、公司财务会计制度的功能

1. 保障公司有效运转

公司属于企业法人的一种，设立的目的在于营利。为了达到这一目的，公司须以尽量少的投入换取尽量大的产出。为此，公司应通过良好的财务会计制度手段，广泛地筹措资金、严格管好资金、有效使用资金、精确地进行核算。只有这样，公司才能高效率地运转起来。

2. 保护好股东的利益

股东投资于公司，其目的之一是取得股利。在公司所有权与公司经营权分离的条件下，公司的业务执行完全控制在董事会及经理手中，为了防止他们侵害股东的合法利益，完善公司的财务会计制度，真实记载会计报表并规定股东会确认会计报表的程序，是十分必要的。

3.保护公司债权人的利益

在市场交易中，公司财产是对公司债权人的担保。公司财产的增加或减少都直接关系到公司债权人的利益。因此，依法公开财务信息应成为健全的公司财务会计制度的重要组成部分，并且是保护公司债权人的不可忽视的措施。

4.保护社会利益

公司有责任维护社会利益，而维护社会利益的一个重要方面是经营好自己的事业，不因经营失败引发社会不安定。所以，健全公司的财务会计制度，尤其是健全提取公积金的制度，对于充分发挥自我风险控制机制的作用具有积极意义。

第二节 公司财务会计报告制度

一、公司财务会计报告的概念

公司财务会计报告是反映公司财务状况和经营成果的书面文件。它是由公司的财会机构(或者会计人员)根据公司会计账簿记录，按照规定的格式、内容和制作方法编制而成。

根据我国《公司法》《会计法》和《企业财务会计报告条例》的有关规定，公司的财务会计报告应当在每一会计年度终了时制作，并依法经会计师事务所审计。

二、公司财务会计报告的内容

公司财务会计报告是反映公司财务状况和经营成果的书面文件，应当包括下列财务会计报表及附属明细表：①资产负债表；②损益表；③财务状况变动表；④财务情况说明书；⑤利润分配表。

公司财务会计报告应当根据经过审核的会计账簿记录和有关资料编制，并符合有关法律和国家统一的会计制度关于财务会计报告编制的要求。

财务会计报告应当由公司法定代表人和主管会计工作负责人、会计机构负责人签名并盖章；设置总会计师的公司，还须由总会计师签名并盖章。公司法定代表人应当保证财务会计报告真实、完整。

第三节 公司的利润分配制度

一、公司利润分配制度的概念

公司的利润分配制度是公司将其经营获得的利润按一定原则、方式和顺序分配给各个股东的制度。

在我国，公司的利润分配制度是指由公司董事会根据我国《公司法》有关公司利润分配的规定，并结合本公司的财务状况和经营成果，制订公司当年的税后利润分配方案，提交股东会或股东大会审议批准，并依法组织实施的公司基本法律制度。

二、公司利润分配的原则和顺序

我国《公司法》对公司税后利润分配的规定，严格贯彻了兼顾股东、债权人、公司及社会公众利益的原则，明确规定公司税后利润首先用于弥补公司亏损，其次用于提留公司公积金，最后才能进行股息和红利的分配。

根据我国《公司法》第210条的规定，公司分配当年税后利润时，应当提取利润的百分之十列入公司法定公积金。公司法定公积金累计额达到公司注册资本的百分之五十以上的，可以不再提取。公司的法定公积金不足以弥补以前年度亏损的，在依照前款规定提取法定公积金之前，应当先用当年利润弥补亏损。公司从税后利润中提取法定公积金后，经股东会决议，还可以从税后利润中提取任意公积金。公司弥补亏损和提取公积金后所余税后利润，有限责任公司按照股东实缴的出资比例分配利润，全体股东约定不按照出资比例分配利润的除外；股份有限公司按照股东所持有的股份比例分配利润，公司章程另有规定的除外。公司持有的本公司股份不得分配利润。

第四节　公积金制度

公积金又称储备金，是公司基于增强自身财产能力、扩大营业范围和预防意外亏损的目的，依照法律和公司章程的规定，从盈余中提取的累积资金。

公积金的建立对公司的存在和发展具有重要意义。公司财产多少往往直接决定公司的竞争能力的强弱，而除原有资本之外，公积金就是公司最主要的财产。同时，公司要发展，就要扩大营业范围或营业规模，用公积金追加投资无疑是一个重要的途径。另外，公司的经营有成功也会有失败。公积金的建立将使公司在亏损之年能够及时弥补亏损，使经营活动在原有规模上得以正常稳定地进行。

建立公积金是一种强制性的法律制度，不能由公司自愿取舍，各国公司法几乎无一例外地规定了公积金制度。

公积金可以分为法定公积金和任意公积金。

一、法定公积金

法定公积金是指依照法律规定强制提取的公积金。对于法定公积金，公司既不能以其章程或股东会决议予以取消，也不得削减法定比例。

法定公积金又可以分为法定盈余公积金和资本公积金两种：

（1）法定盈余公积金。即按法定比例从公司税后利润中提取的公积金。依照我国《公司法》的规定，"公司分配当年税后利润时，应当提取利润的百分之十列入公司法定公积金。公司法定公积金累计额为公司注册资本的百分之五十以上的，可以不再提取"。

（2）资本公积金。即公司非营业活动所产生的收益。资本公积金的来源主要有：一是公司以超过股票票面金额的发行价格发行股份所得的溢价款额；二是处置公司资产所得的收入；三是资产重估价值与账面净值的差额；四是接受捐赠。法定公积金主要用于弥补亏损、扩大公司生产经营和增加公司注册资本。但是依照《公司法》的规定，公司的法定公积金不足以弥补以前年度亏损的，在依照前款规定提取法定公积金之前，应当先用当年利润弥补亏损。

二、任意公积金

任意公积金是公司在法定公积金之外，依照公司章程或股东会和股东大会决议而从税后利润中提取的公积金。

我国《公司法》规定，公司从税后利润中提取法定公积金后，经股东会决议，还可以从税后利润中提取任意公积金。与法定公积金一样，任意公积金也来源于公司税后利润，但这项提取不具有法律强制性。

小 结

我国《公司法》规定公司应当依照法律、行政法规和国务院财政部门的规定建立本公司的财务、会计制度。根据《会计法》和《企业财务会计报告条例》有关规定，公司的财务会计报告应当在每一会计年度终了时制作并依法经会计师事务所审计。公司财务会计制度是指为了保护公司债权人、股东、公司职工和社会公共利益，便于国家对企业的监督管理和便于出资人投资而通过立法确立的财务会计制度。公司财务会计报告是由公司的财会机构或会计人员根据公司会计账簿的记录，按照规定的格式、内容和制作方法编制而成，反映公司财务状况和经营成果的书面文件。公司的利润分配制度是公司应将其经营获得的利润按一定原则、方式和顺序分配给各个股东的制度。公积金是公司基于增强自身财产能力、扩大营业范围和预防意外亏损的目的，依照法律和公司章程的规定，从盈余中提取的累积资金。

知识点

财务会计报告、利润分配方案、公积金

复习思考

一、简答

1. 简述公司财务会计制度的功能。
2. 简述公司利润分配顺序。

二、案例分析

1. 材料(一)

中国证监会行政处罚决定书(陈新)〔2013〕8 号

当事人：陈新，男，1963 年 2 月 24 日生，时任成功信息产业(集团)股份有限公司(经重大资产重组后更名为荣安地产股份有限公司，以下简称甬成功，股票代码 000517)董事长，住址：广东省深圳市福田区嘉州豪园 A3。

依据 1999 年 7 月 1 日起施行的《中华人民共和国证券法》(以下简称原《证券法》)有关规定，我会依法对甬成功信息披露违法行为进行了立案调查、审理，并向当事人陈新告知了作出行政处罚的事实、理由、依据及当事人依法享有的权利。应当事人陈新的申请，我会举行了听证会，听取了其陈述和申辩。本案现已调查、审理终结。

经查明，陈新存在以下信息披露违法行为：甬成功在 1999 年至 2004 年，在陈新的控制下，通过编造虚假的经济业务事项和资料，虚构销售收入、虚构投资收益、虚列成本和少计费用等方式进行会计核算，导致公开披露的 1999 年至 2004 年年度报告财务数据存在重大虚假记载。上述违法事实，有相关定期报告、相关公司会计凭证、原始单据、相关协议、相关董事会决议、相关工商登记资料、相关银行凭证、相关人员谈话笔录等证据证明，足以认定。

我会认为，甬成功上述行为构成了原《证券法》第一百七十七条第一款所述"发行人未按照有关规定披露信息，或者所披露的信息有虚假记载、误导性陈述或者有重大遗漏"的行为。我会认定时任甬成功董事长陈新是甬成功 1999 年度报告至 2004 年年度报告虚假记载、2004 年未及时披露对外担保事项以及 2004 年中期报告中遗漏有关借款的重大信息违法事项直接负责的主管人员。同时，我会认定陈新通过控制甬成功的大股东深圳市新海投资控股有限公司(以下简称深圳新海)，实际操纵了深圳成功的财务造假，并且对甬成功其他董事和中介机构刻意隐瞒，导致审计失败和信息披露违法。在实际控制人、大股东滥用控股股东控制地位，操纵、指使上市公司子公司财务造假的情况下，上市公司的独立人格未能发挥有效作用，未能发现和阻止公司信息披露违法事项的发生。因此，我会对上市公司甬成功不再给予处罚。对于陈新我会复核认为：甬成功主要虚假财务活动都通过深圳成功来实施，深圳成功的管理层均系陈新和深圳新海安排的管理人员，陈新对其实施控制；陈新提供的《证明材料》中明确表明"公司的经营和财务方面主要由集团公司、我、财务总监和子公司总经理、财务经理负责"。同时，宁波市江东区人民检察院的《不起诉决定书》中明确指出："被不起诉人陈新承包的北京市华远集团公司名下的深圳市新海工贸发展有限公司(后更名为深圳市新海投资控股有限公司)"以及"在被不起诉人陈新的指示、默许下，甬成功实施了《中华人民共和国刑法》第一百六十条第二款规定的罪行"，"但犯罪情节轻微，……可以免除刑罚"，即证明在陈新对深圳新海通过承包的方式实施实际控制权，并在其指使下，甬成功制作和对外提供了虚假财务报告。因此，认定陈新通过深圳新海操纵了甬成功的财务造假事实清楚，证据确凿充分。根据当事人违法行为的事实、性质、情节与社会危害程度，依据原《证券法》第一百七十七条规定，我会决定：对陈新给予警告，并处以 30 万元罚款。

中国证监会

2013 年 2 月 19 日

材料(二)

新疆亿路万源实业投资控股股份有限公司
《关于 2014 年年度财务报告中违反会计准则事项的整改进展公告》

本公司董事会及董事会成员保证公告内容的真实、准确和完整，对公告的虚假记载、误导性陈述或者重大遗漏负连带责任。由于立信会计师事务所对新疆亿路万源实业投资控股股份有限公司(以下简称"公司")2014 年年度财务报告发表了带强调事项段的保留意见，并有两项事项被认定为明显违反会计准则，按照《公开发行证券的公司信息披露编报规则》第 14 号通知第七条、上海证券交易所《股票上市规则》第 12.7 款的有关规定，公司股票及衍生产品在上述事项整改完毕前将继续停牌。公司于 8 月 8 日、8 月 16 日发布了《关于 2014 年年度财务报告中违反会计准则事项的整改进展公告》，现将整改进展情况公告如下：公司与立信会计师事务所经过多次沟通，立信会计师事务所正在对公司的整改结果进行审核。我公司将继续配合立信会计师事务所，尽快完成整改工作。特此公告。

新疆亿路万源实业投资控股股份有限公司董事会
2015 年 8 月 22 日

问：结合上述两份材料，谈谈如何理解公司财务会计报告的重要意义。

2. 泰州浩普投资有限公司与泰州魏德曼高压绝缘有限公司盈余分配纠纷二审民事判决书(2023)泰中商终字第 00179 号：

魏德曼公司是浩普公司与瑞士魏克控股有限公司共同投资设立的中外合资企业，浩普公司持有 40% 的股权。2022 年 5 月 20 日，魏德曼公司作出董事会决议，其主要内容为：关于 2022 年的利润分配。其中公司未分配利润为人民币 30384190.99 元，保留未分配的利润 20384190.99 元，可分配利润为人民币 1000 万元，减去企业发展基金、员工奖励和福利基金，股东可分配的利润为 950 万元。其中浩普公司按照 40% 的股份可获得利润分配为 380 万元，同时备注"为避免产生歧义，未分配利润中未对该董事会决议分配的部分(即人民币 20384190.99 元)将在之后公司流动资金情况允许时立即分配给股东"，该董事会决议文本有中英文对照，落款由公司董事长、副董事长以及其余三位董事签名。2022 年 10 月 16 日，浩普公司向魏德曼发函，要求魏德曼公司按照 2022 年 5 月 20 日董事会决议履行利润分配，并要求魏德曼公司回复。因魏德曼公司至今未能履行董事会决议中利润分配，浩普公司提起诉讼。

问：(1)股东按照什么方式分取红利？

(2)公司法定公积金按照什么方式提取？

(3)在公司没有作出分配利润决议的情况下，股东能否提起诉讼要求公司进行利润分配？

三、课后作业

公司设立公积金制度的原因是什么？

第十三章　公司的变更与终止

> 【导语】公司的变更包括名称、住所、法定代表人、注册资本、组织形式、经营范围、营业期限等内部变更，还包括公司合并、分立等外部变更。公司根据法定程序经过清算彻底结束经营活动，其法律意义是使公司的法人资格和市场经营主体资格消灭。
>
> 【重点】公司的变更、公司的终止

第一节　公司变更的概念

狭义上的公司变更是指公司设立登记事项的变更，具体包括名称、住所、法定代表人、注册资本、企业类型(组织形式)、经营范围、营业期限、有限责任公司股东或者股份有限公司发起人的姓名或者名称等，即公司的内部变更。广义上的公司变更还包括公司合并、分立及公司的组织形式变更，即公司的外部变更。

第二节　公司注册资本的变更

公司注册资本的增加或减少即公司注册资本的变更，是指公司依照法律或章程规定的程序，增加或减少公司注册资本的行为。

一、增加注册资本

国有独资公司增加资本必须由国有资产监督管理机构决定。一人有限责任公司增加资本由该公司股东决定。除此之外的有限责任公司和股份有限公司增加资本，应由董事会制订公司增加注册资本的方案，提交股东会或股东大会讨论，由股东会或股东大会作出决议。

根据我国《公司法》第66条和第116条的规定，有限责任公司必须经代表三分之二以上表决权的股东通过；股份有限公司必须经出席会议的股东所持表决权的三分之二以上通过。

(1)有限责任公司。根据《公司法》的规定,有限责任公司增加注册资本时,股东认缴新增资本的出资,依照《公司法》设立有限责任公司缴纳出资的有关规定执行。

(2)股份有限公司。股份有限公司增加注册资本的方法有三种:一是发行新股。就是在原定股份总数之外,发行新的股份,通过增加股份的数额,达到增加资本的目的。二是增加单位股份金额。这种方法是在不改变公司原定股份总数的情况下,采用增加每股金额的方式,实现增资的目的。三是既增加股份的数额,又增加每股的金额。这是既在公司原定股份总数之外发行新的股份,又同时增加每股金额,以此增加公司资本的方法。虽然这三种方法由公司自行选择,但一般都采用发行新股的方法。根据我国《公司法》的规定,股份有限公司为增加注册资本发行新股时,股东认购新股,依照本法设立股份有限公司缴纳股款的有关规定执行。

二、减少注册资本

与前述增加注册资本的情况类似,国有独资公司减少资本必须由国有资产监督管理机构决定。

一人有限责任公司减少资本由该公司股东决定。

除此之外的有限责任公司和股份有限公司减少资本,应由董事会制订公司减少注册资本的方案,提交股东会或股东大会讨论,由股东会或股东大会作出决议。

根据我国《公司法》第66条和第116条的规定,有限责任公司必须经代表三分之二以上表决权的股东通过;股份有限公司必须经出席会议的股东所持表决权的三分之二以上通过。

由于公司资本是公司信用的重要基础,减少注册资本会影响到公司的安全运行及公司债权人的利益,因此法律对公司减少注册资本的行为给予格外关注。我国《公司法》规定,公司需要减少注册资本时,必须编制资产负债表及财产清单。公司应当自作出减少注册资本决议之日起十日内通知债权人,并于三十日内在报纸上公告。债权人自接到通知书之日起三十日内,未接到通知书的自公告之日起四十五日内,有权要求公司清偿债务或者提供相应的担保。《公司法》同时规定公司减资后的注册资本不得低于法定的最低限额。

有限责任公司减少资本的主要方法是在总出资额不变的情况下,减少每个出资份额的金额;而股份有限公司减少资本的方法与前述股份有限公司增加注册资本的方法相反。

三、公司增资、减资的变更登记

根据《公司登记管理条例》第27条的规定,公司申请变更登记,应当向公司登记机关提交下列文件:(1)公司法定代表人签署的变更登记申请书;(2)依照《公司法》作出的变更决议或者决定;(3)国家市场监督管理总局要求提交的其他文件。

公司变更登记事项涉及修改公司章程的,应当提交由公司法定代表人签署的修改后的公司章程或者公司章程修正案。变更登记事项依照法律、行政法规或者国务院决定规定在登记前须经批准的,还应当向公司登记机关提交有关批准文件。

此外,根据《公司登记管理条例》第31条的规定,①公司增加注册资本的,应当自变更决议或者决定作出之日起30日内申请变更登记。②公司减少注册资本的,应当自公告之日起 45 日后申请变更登记，并提交公司在报纸上登载的公司减少注册资本公告的有关证明和公司债务清偿或者债务担保情况的说明。

第三节　公司组织形式的变更

公司组织形式的变更是指在保持公司人格持续性的前提下，将公司从一种形态转变为另一种形态的行为。通过组织形式的变更制度，公司无须经过解散程序，仅通过变更登记，即可变更为其他形态的公司，公司的经营也不因此而中断。

公司组织形式变更的类型包括：无限公司变更为两合公司；两合公司变更为无限公司；有限责任公司变更为股份有限公司；股份有限公司变更为有限责任公司等。我国《公司法》仅承认有限责任公司变更为股份有限公司和股份有限公司变更为有限责任公司。

《公司法》第 12 条规定："有限责任公司变更为股份有限公司，应当符合本法规定的股份有限公司的条件。股份有限公司变更为有限责任公司，应当符合本法规定的有限责任公司的条件。有限责任公司变更为股份有限公司的，或者股份有限公司变更为有限责任公司的，公司变更前的债权、债务由变更后的公司承继。"

依我国《公司法》及相关法规之规定，变更设立股份有限公司的重要程序包括：（1）有限责任公司股东会作出同意变更公司组织形式的决议；（2）有限责任公司的股东签订《股东协议书》，约定有关设立股份有限公司的事项及股东的权利义务等；（3）股份有限公司名称预先核准；（4）聘请中介机构，包括审计（评估）、律师、券商等；中介机构出具《审计报告》，如包含国有股还须出具《国有股权管理法律意见书》等；（5）如包含国有股，上报国有股权管理方案并取得批复意见；（6）律师出具设立股份有限公司的《法律意见书》；（7）审计机构出具股份有限公司的《验资报告》；（8）筹备并召开股份有限公司第一次股东大会；（9）办理工商注册登记手续。

上述程序基本上就是股份有限公司的一般设立程序，较为特别的是，需要有限责任公司股东会作出同意变更公司组织形式的决议。与此相适应，股份有限公司变更为有限责任公司的程序，也是在股份有限公司股东大会作出同意变更公司组织形式的决议后，按照有限责任公司的一般设立程序处理。

第四节　公司终止

公司终止是指公司根据法定程序彻底结束经营活动并使公司的法人资格归于消灭的事实状态和法律后果，其法律意义是使公司的法人资格和市场经营主体资格消灭，但公司终止必须依据法定程序进行，且一般须经过清算程序。

各国对公司终止原因所作的规定差别不大，概括起来有自愿解散、司法解散、破产、行政机关命令解散等四种情形。

根据我国《公司法》的规定，公司终止的原因主要包括破产和解散两种。自 2007 年 6 月 1 日起，公司破产事宜由《企业破产法》调整。

第五节　公司解散及其事由

公司解散是指已经成立的公司，因公司章程规定或者法定事由出现而停止对外经营活动，进入清算程序以处理未了结事务，使公司人格消灭的法律行为。

根据我国《公司法》的规定，按照公司的解散是否属于自愿，公司的解散事由可以分为两类：任意解散事由和强制解散事由。

一、任意解散

依照公司法享有公司最高意思决定权的机构或个人作出公司解散的决定，公司即行解散。任意解散的具体原因包括：

（1）公司章程规定的营业期限届满，公司未形成延长营业期限的决议。经营期限是由公司章程规定的事项，如果在公司章程规定的经营期限届满前，股东会没有形成关于延长营业期限的决议，则公司进入解散程序。

（2）公司章程规定的其他解散事由出现。股东在制定公司章程时，可以预先约定公司的各种解散条件，如果条件成就，则股东会可以作出决议解散公司。

（3）股东会或者股东大会决议解散。有限责任公司须经持有三分之二以上表决权的股东通过，股份有限公司须经出席股东大会会议的股东所持表决权的三分之二以上通过，股东会或股东大会可以作出决议解散公司。国有独资公司因不设股东会，其解散的决定应由国有资产监督管理机构作出。中外合资有限责任公司也不设股东会，其董事会可以决议解散公司；如果董事会不能形成决议，则由合资一方向有关主管部门提出解散申请，由其协调处理。

（4）公司合并或者分立。合并有吸收合并和新设合并之分，前者的被吸收方需要解散；后者的各方均要解散。公司分立时，如果原公司分立后不再存续，则原公司应解散。公司的合并和分立均须由股东会作出决议。

根据《公司法》的规定，对于"公司章程规定的营业期限届满或者公司章程规定的其他解散事由出现"而发生的解散，可以通过修改公司章程使公司存续。但是，修改公司章程，有限责任公司须经持有三分之二以上表决权的股东通过，股份有限公司须经出席股东大会会议的股东所持表决权的三分之二以上通过。

二、强制解散

强制解散是指基于主管机关的决定或人民法院的裁定而解散。

强制解散的具体原因包括：

（1）依法被吊销营业执照。公司成立后无正当理由超过六个月未开业的，或者开业后自行停业连续六个月以上的，可以由公司登记机关吊销营业执照。被吊销营业执照后，该公司应当解散。

（2）责令关闭或者被撤销。公司违反法律、行政法规规定，被主管机关责令关闭或者被撤销的，应当解散。

（3）司法解散（又称公司僵局解散）。公司经营管理发生严重困难，继续存续会使股东利益受到重大损失，通过其他途径不能解决的，持有公司全部股东表决权百分之十以上的股东，可以请求人民法院解散公司。

第六节　公司的解散清算及其程序

公司清算是指公司解散后，依照法定的程序了结公司的事务，收回债权、清偿债务并分配剩余财产，最终使公司法人资格消灭的程序。根据我国《公司法》第232条的规定，公司除因合并或分立解散无须清算，因破产而解散的公司，依照有关企业破产法的法律实施破产清算外，因其他原因而解散的公司都应当依照《公司法》的规定进行清算。董事为公司清算义务人，应当在解散事由出现之日起十五日内组成清算组进行清算。

我国《公司法》规定的解散清算程序如下：

一、成立清算组

1.清算组的成员

自公司决定或被决定解散之日起，公司即进入清算阶段。首先需要确定公司的清算组，以行使清算职权。有限责任公司的清算组由股东组成，股份有限公司的清算组由董事或者股东大会确定的人员组成。逾期不成立清算组进行清算的，债权人可以申请人民法院指定有关人员组成清算组进行清算。人民法院应当受理该申请，并及时组织清算组进行清算。

此外，国有独资公司的清算组，由国有资产监督管理机构确定的人员组成；一人有限责任公司的清算组，由该公司股东确定的人员组成；外商投资有限责任公司的清算组，由董事会确定的人员组成；被责令关闭而解散的公司，其清算组由有关主管机关组织股东、有关机关及有关专业人员组成。

2.清算组的职权

根据《公司法》第234条的规定，清算组在清算期间行使下列职权：（1）清理公司财产，分别编制资产负债表和财产清单；（2）通知、公告债权人；（3）处理与清算有关的公司未了结的业务；（4）清缴所欠税款以及清算过程中产生的税款；（5）清理债权、债务；（6）分配公司清偿债务后的剩余财产；（7）代表公司参与民事诉讼活动。

此外，根据《公司法》第238条的规定，清算组成员履行清算职责，负有忠实义务和勤勉义务。清算组成员怠于履行清算职责，给公司造成损失的，应当承担赔偿责任；因故意或者重大过失给债权人造成损失的，应当承担赔偿责任。

二、通知或者公告债权人申报债权

根据《公司法》第235条的规定，清算组应当自成立之日起十日内通知债权人，并于六十日内在报纸上或者国家企业信用信息公示系统公告。债权人应当自接到通知之日起三十日内，未接到通知的自公告之日起四十五日内，向清算组申报债权。

债权人申报债权，应当说明债权的有关事项，并提供证明材料。清算组应当对债权进行登记。在申报债权期间，清算组不得对债权人进行清偿。

三、清理财产与清偿债务

根据《公司法》的规定，清算组在清理公司财产、编制资产负债表和财产清单后，应当制定清算方案，并报股东会或者人民法院确认。如果清算组在清理公司财产、编制资产负债表和财产清单后，发现公司财产不足清偿债务的，应当依法向人民法院申请破产清算。公司经人民法院裁定宣告破产后，清算组应当将清算事务移交人民法院。

公司财产能够清偿公司债务的，清算组应先支付清算费用，然后按照下列顺序清偿：第一，支付所欠职工的工资、社会保险费用和法定补偿金；第二，缴纳所欠税款；第三，清偿公司债务。

《公司法》还规定，清算期间，公司存续，但不得开展与清算无关的经营活动。公司财产在未依照前款规定清偿前，不得分配给股东。

四、分配剩余财产

根据《公司法》的规定，在支付清算费用和清偿公司债务后，清算组应将剩余的公司财产分配给股东。有限责任公司按照股东的出资比例分配，股份有限公司按照股东持有的股份比例分配。

五、清算终结

根据《公司法》第 239 条和 240 条的规定，公司清算结束后，清算组应当制作清算报告，报股东会或者人民法院确认，并报送公司登记机关，申请注销公司登记。公司在存续期间未产生债务，或者已清偿全部债务的，经全体股东承诺，可以按照规定通过简易程序注销公司登记。通过简易程序注销公司登记，应当通过国家企业信用信息公示系统予以公告，公告期限不少于二十日。公告期限届满后，未有异议的，公司可以在二十日内向公司登记机关申请注销公司登记。公司通过简易程序注销公司登记，股东对本条第一款规定的内容承诺不实的，应当对注销登记前的债务承担连带责任。

清算报告的确认通常如下，国有独资公司报国有资产管理机构确认；一人有限责任公司由该公司股东确认；外商投资有限责任公司由董事会确认；其他有限责任公司报股东会确认；股份有限公司报股东大会确认。但是，由人民法院组织清算组的公司，其清算报告应报人民法院确认。

此外，清算组还应将清算报告报送原公司登记的工商行政管理机关，申请注销公司登记，公告公司终止。

小　结

公司的变更是指公司设立登记事项的变更，具体包括公司名称、住所、法定代表人、注册资本、企业类型(组织形式)、经营范围、营业期限、有限责任公司股东或者股份有限公司发起人的姓名或者名称等的变更。同时，公司的重大变更还包括公司合并、分立以及公司的组织形式变更。公司终止是指公司根据法定程序彻底结束经营活动并使公司的法人资格和市场主体资格消灭。公司解散是指已经成立的公司停止对外经营活动，开始清算处理未了结事务，最终使公司法人资格消灭的过程。

知识点

减资、增资、公司终止、清算

复习思考

一、简答

1. 简述公司注册资本变更的表决条件。
2. 简述变更设立股份有限公司的程序。
3. 简述公司解散的类型。

二、案例分析

基本案情：凯莱公司成立于2002年1月，林方清与戴小明系该公司股东，各占50%的股份，戴小明任公司法定代表人及执行董事，林方清任公司总经理兼监事。凯莱公司章程明确规定：股东会决议须经代表二分之一以上表决权的股东通过，但对公司增加或减少注册资本、合并、解散、变更公司形式、修改公司章程作出决议时，必须经代表三分之二以上表决权的股东通过。股东会会议由股东按照出资比例行使表决权。2006年起，林方清与戴小明两人之间的矛盾逐渐显现。同年5月9日，林方清提议并通知召开股东会，由于戴小明认为林方清没有召集会议的权利，会议未能召开。同年6月6日、8月8日、9月16日、10月10日、10月17日，林方清委托律师向凯莱公司和戴小明发函，声称因股东权益受到严重侵害，作为享有公司股东会二分之一表决权的股东，其已按公司章程规定的程序表决并通过了解散凯莱公司的决议，要求戴小明提供凯莱公司的财务账册等资料，并对凯莱公司进行清算。同年6月17日、9月7日、10月13日，戴小明回函称，林方清单方面作出的"股东会决议"没有合法依据，其不同意解散公司，并要求林方清交出公司财务资料。同年11月15日、25日，林方清再次向凯莱公司和戴小明发函，要求凯莱公司和戴小明提供公司财务账册等供其查阅、分配公司利润、解散公司。另查明，凯莱公司章程载明监事行使下列职权：（1）检查公司财务；（2）对执行董事、经理执行公司职务时违反法律、法规或者公司章程的行为进行监督；（3）当董事和经理的行为损害公司的利益时，要求董事和经理予以纠正；（4）提议召开临时股东会。自2006年6月1日至判决时，凯莱公司未再召开过股东会。服装城管委会调解委员会曾于2009年12月15日、16日两次组织双方进行调解，但均未成功。原告林方清诉称：常熟市凯莱实业有限公司（简称凯莱公司）经营管理发生严重困难，陷入公司僵局且无法通过其他方法解决，其权益遭受重大损害，故请求法院解散凯莱公司。被告凯莱公司及戴小明辩称：凯莱公司及其下属分公司运营状态良好，不符合公司解散的条件，戴小明与林方清的矛盾有其他解决途径，不应通过司法程序强制解散公司。判决结果：江苏省高级人民法院于2010年10月19日作出（2010）苏商终字第 0043 号民事判决，依法判决解散凯莱公司。

　　问：(1)结合案例思考，股东提起解散公司之诉的条件是什么？

　　(2)公司终止的情形有哪些？

三、课后作业

　　简述公司清算的程序。

第三编
破产法

第十四章　破产法概述

【导语】在市场经济环境下，国家不仅要鼓励人们兴办企业，降低创业门槛，也要尊重优胜劣汰的市场规则，为企业的顺利退出提供畅通、安全的渠道。破产是企业退出的实现途径之一。随着经济的发展和法律的完善，破产更是被赋予了更多元和丰富的内涵，不仅意味着企业的终结，也包含了旨在实现企业重生的和解与重整制度。破产法律制度在现代市场经济发展中具有不可替代的重要意义。我们应当尊重市场的发展规律，改变对破产的传统看法，积极运用破产法律制度解决企业退出的各种复杂问题。

【重点】破产法的立法宗旨、破产原因、破产管理人、破产债权、债权人会议

第一节　破产和破产法概述

一、破产的概念和特征

破产是指当债务人不能清偿到期债务或丧失清偿能力时，为了公平清偿全体债权人债务，经法院审理和监督，对债务人的全部财产进行清算的法律制度。

早期的破产概念具有明显的贬义色彩，意指债务人经营失败以致倾家荡产无力偿债的情形，导致人们对破产形成负面印象。事实上，破产是商品经济出现之后市场自发调节的产物，是一种正常的经济现象。而从法律范畴来分析破产，则是指当出现债务人资不抵债或者缺乏清偿能力时，国家为了维护经济秩序的安全与稳定、保障相关利害关系人权益等，围绕企业的有序退出作出的债务解决程序。

破产的主要特征表现为：

1. 破产是在特定情况适用的法律程序

破产是对债务人的财产与法律关系进行全面清理，甚至涉及企业权利能力和行为能力的终止。因而，立法必须设定严格的破产适用前提条件，即只有在出现了法律规定的特定原因时才能适用破产程序。

我国破产法规定，当企业法人不能清偿到期债务，并且资产不足以清偿全部债务或者明显缺乏清偿能力时，或者有明显丧失清偿能力可能的，才能适用破产程序。其他情况下的企业债务清偿只能适用民事执行制度。

2. 破产的主要目的是公平地清偿债权人的债务

破产的本质是一种企业债务解决制度。企业在运营过程中，必然与市场其他主体在经济交往中产生一系列债权债务关系。债务是破产的前提，破产是债权实现的途径之一。当企业无法清偿所有债务，多个债权人之间必然就企业有限财产的分配产生矛盾。

为了保证对所有债权人的清偿是公平合理的，破产法设置了相应的法律制度，比如首先确保享有担保和其他优先权的债权人优先得到偿还，而后使一般债权得到公平分配；比如破产程序启动之后，其他与破产程序相冲突的针对债务人的执行程序或交易行为都必须终止，以保证对债权人的公平清偿。如果没有破产法律制度的有效保障，企业债务清偿将处于无序的不公平状态，最终严重扰乱社会市场经济秩序，破坏市场和危害国家经济安全。

3. 破产是在法院的指导和监督下实施的债务清理程序

破产是关系企业有限剩余财产的偿还和分配，甚至涉及企业民事主体资格的终止，对企业而言是"生死存亡"的大事。故破产的启动必须由当事人向法院提出申请，经法院裁定后方可启动。

破产程序的执行也必须在法院的指导和监督下进行，破产宣告只能由法院作出方为有效。任何单位或个人都无权自行宣告破产。

二、破产法的概念与历史沿革

（一）破产法的概念

破产法是规定债务人不能清偿到期债务或者可能丧失清偿能力时，在当事人申请下，由法院对其全部财产进行清理、分配，或通过和解或重整程序预防债务人破产的法律规范。

破产法有狭义与广义之分。前者专指专门的破产法典，如我国 2007 年 6 月 1 日起施行的《企业破产法》。广义的破产法不仅包括破产法典，也泛指其他调整破产关系的法律、法规、行政规章、司法解释，如《公司法》《保险法》《合伙企业法》和《刑法》等立法中有关破产的规定。

在立法体例上，各国的破产法主要分为程序式编纂模式和混合式编纂模式。

程序式编纂模式的破产立法以破产程序的先后顺序为主线，从破产开始、破产执行和破产终结等阶段进行规定，间或包含少量相关实体性规范，如我国的《企业破产法》；混合式编纂模式的破产立法将程序性内容和实体性内容在一个统一的破产法典中同时进行规定。总体而言，破产的程序问题和实体问题很难完全分开，因而无论各国采取何种破产立法体例，破产法的构成内容既有程序性规定，也有涉及权利义务的实体性规定。

（二）破产法的历史沿革

调整破产法律关系的规定最早萌芽于简单商品经济社会的古罗马国家，其产生的最初原因是从维护债权人的利益出发，保证对全体债权人的公平、有序清偿。例如，公元前451年至公元前450年间的古罗马《十二铜表法》第三表"债务法"中规定，在债务人承认的债务到期后或债务经法庭判决确认后，债务人应在30日内还债。债务人逾期不能清偿，债权人有权自行将债务人拘捕，押至法官面前，陈述债务人负债及未能清偿的事实，申请执行。如债务人既不能清偿债务，又无人为其担保，法官即裁判将债务人交与债权人带回家中拘禁，拘禁期为60天。在此期间，债务人可以与债权人谋求和解。和解不成时，债权人应在此期间将债务人于集市日三次带到集市，当众宣布债务人负债数额，看是否有人愿为其担保或替其还债赎身。如拘禁期满债务人仍无法还债，也不能找到担保人或替其还债者，债权人便有权将债务人售至国外为奴，甚至处死。当有数个债权人时，则共享价金或分割其尸体。

随着社会和经济的发展进步，破产法律制度得到较大发展。债务人的利益、社会整体利益才逐步得到重视，被破产法纳入调整范围。在中世纪欧洲，意大利首创商人破产主义，以停止支付作为无力偿债的证明，并且建立了预防债务人欺诈性转让财产的嫌疑期制度，此期间的特定清偿行为和担保权的设定行为无效。此外，和解也成为一种破产程序。

近现代西方破产立法的初期发展仍然以欧洲大陆法系国家为核心，如法国于1807年颁布了《拿破仑商法典》，其第三卷为"破产篇"；1887年比利时颁布《司法和解法》。

相较之下，英美法系破产法起步较晚，是在借鉴大陆法系国家破产法的基础上产生的，因而表现出与大陆法系相似的发展轨迹。1883年，英国修改后颁布的破产条例是该国第一部具有近代意义的破产法，1986年英国颁布《无力偿债法》，将自然人破产与公司法人破产的规定合二为一，并设置了重整制度。美国于1978年颁布了现行破产法典。该破产法典第11章所建立的重整制度对世界破产立法具有重大影响，被其他国家广为借鉴。

长期以来，受到"父债子还"等根深蒂固传统观念的影响，我国破产法发展缓慢，直到新中国成立之后随着企业法人制度的逐步确立和完善才建立起来。

1984年5月，在六届全国人大第二次会议上，部分人大代表提出制定企业破产法的议案，企业破产的试点工作在沈阳、武汉、重庆等地展开。1985年2月9日，沈阳市人民政府发布了我国最早的地方性破产立法：《关于沈阳市城市集体所有制工业企业破产倒闭处理的试行规定》。此外，武汉、重庆和广州等地也相继出台了关于破产的相关规定。

1986年12月2日，第六届全国人民代表大会常务委员会第十八次会议通过《中华人民共和国企业破产法（试行）》。该法适用于全民所有制企业，又被称为国有企业破产法，自《全民所有制工业企业法》实施满三个月之日起试行。1991年4月，七届全国人大四次会议通过了修订的《民事诉讼法》，其第19章专门规定了"企业法人破产还债程序"，适用于除国有企业以外的所有企业法人。《破产法（试行）》和《民事诉讼法》第19章则共同形成了我国早期的破产法律制度雏形。1991年11月和1992年7月，最高人民法院分别发布了《关于贯彻执行〈中华人民共和国企业破产法（试行）〉若干问题的意见》和《关于适用〈中华人民共和国民事诉讼法〉若干问题的意见》，就《破产法（试行）》的适用问题作了司法解释。此外，为了促进国有企业破产工作的顺利进行，国务院于1994年10月25日发布了《关于在若干城市试行国有企业破产有关问题的通知》，对企业优化资本结构试点工作的开展提出指导意见；1997年3月2日又发布了《关于在若干城市试行国有企业兼并破产和职工再就业有关问题的补充通知》，就国有企业兼并破产和职工再就业等问题作出规定。

破产法体系对经济体制改革和市场经济建设起到了重要的促进作用。在我国市场经济逐步确立后，制定一部适应经济发展需要的市场化破产法势在必行。1994年3月，第八届全国人大财经委员会根据第八届全国人大常委会立法规划开始组织新破产法的起草工作。2004年6月21日，在第十届全国人大常委会第十次会议上，新破产法草案首次提请审议。2006年8月27日，第十届全国人大常委会第二十三次会议通过了《中华人民共和国企业破产法》，自2007年6月1日起施行，旧破产法同时废止，与新破产法存在冲突的政策性破产也在立法中被限期终止。根据2007年10月28日第十届全国人大常委会第三十次会议《关于修改〈中华人民共和国民事诉讼法〉的决定》，删除原第十九章"企业法人破产还债程序"，破产问题统一由新破产法调整。

新破产法出台后，为了更好地满足审判实践的需要，最高人民法院分别于2011年9月9日和2013年9月5日发布了《关于适用〈中华人民共和国企业破产法〉若干问题的规定（一）》和《关于适用〈中华人民共和国企业破产法〉若干问题的规定（二）》。相关司法解释也在征求意见中，我国的破产法律制度将不断完善与健全。

三、破产法的立法宗旨与调整范围

(一) 破产法的立法宗旨

我国《企业破产法》第1条规定："为规范企业破产程序，公平清理债权债务，保护债权人和债务人的合法权益，维护社会主义市场经济秩序，制定本法。"这表明我国破产法所要达到的立法目的主要有以下三点：

1. 规范企业破产程序

程序是实现破产实体权利义务的保障。确保破产申请与受理、指定管理人、债权申报、破产重整、破产和解、破产宣告、破产清算和破产终结等一系列程序科学有效地进行，是保障破产方及相关方权益实现的关键，因而是破产法的重要目标之一。

2. 公平清理债权债务，保护债权人和债务人的合法权益

破产的本质是企业债务解决程序。一般而言，在企业破产案件中存在多个债权人，而债务人财产往往不足以偿付所有债务，这就需要将债务人的全部财产彻底清理后，根据法定顺序并按照经合法程序确定的分配方案，对全体破产债权人进行公平清偿，不得违背法定程序对个别债权人进行清偿而损害其他债权人的利益。通过公平分配后，对于不足以清偿的债务依法予以免除（恶意逃债的除外）。在破产案件中，不仅债权人有合法权益，债务人也有自己的合法权益，例如生产经营权、重组权以及其他在破产宣告前后的各种权利等，破产立法在明确保护债权人合法权益时，同样要注意对债务人合法权益的保护，例如通过债务依法豁免以及对剩余财产的有序分配，保障企业顺利退出。

3. 维护社会主义市场经济秩序

企业债权的实现和债务的有序清理是市场商品交换关系正常运转的保障。市场资源配置的功能一旦停滞，市场经济就将崩溃。企业破产程序的顺利进行将防范和化解企业债务风险，挽救困危企业，规范市场主体退出机制，维护市场运行秩序，对于建立我国社会主义市场经济良性运行机制，保障经济平稳较快发展，具有重要意义。

(二)破产法的适用范围

1. 主体适用范围

我国《企业破产法》第 2 条规定,依照该法处理债权债务关系的主体是企业法人,即具有民事权利能力和民事行为能力,依法独立享有民事权利和承担民事义务的组织,涵盖了我国境内所有具有法人资格的企业,包括公司制企业和国有企业、集体企业等非公司制企业。

同时,破产法也明确规定了一些适用的特定主体。该法第 134 条第 2 款也规定:"商业银行、证券公司、保险公司等金融机构有本法第二条规定情形的,国务院金融监督管理机构可以向人民法院提出对该金融机构进行重整或者破产清算的申请。国务院金融监督管理机构依法对出现重大经营风险的金融机构采取接管、托管等措施的,可以向人民法院申请中止以该金融机构为被告或者被执行人的民事诉讼程序或者执行程序。金融机构实施破产的,国务院可以依据本法和其他有关法律的规定制定实施办法。"

此外,我国《企业破产法》第 135 条规定:"其他法律规定企业法人以外的组织的清算,属于破产清算的,参照适用本法规定的程序。"

我国《合伙企业法》第 92 条规定,合伙企业不能清偿到期债务的,债权人可以依法向人民法院提出破产清算申请。我国破产法尚未涵盖个人破产,目前就是否应当规范自然人破产,学界和立法界仍有争议。

2. 适用地域范围

破产法的适用地域范围是指法院破产判决的域外效力问题。

关于适用地域范围,早期适用的是属地主义原则,即基于国家领土和司法主权原则,强制执行的破产程序仅限于裁判国的司法领域。企业在多个国家的财产的清理和分配以及债权人的申报必须经由不同国家作出裁判并分别执行。

随着经济全球化和一体化的发展,属地主义的局限性日益明显。普及主义原则,即破产裁判的效力及于破产人在国外的全部财产,逐渐得到各国认同。但各国并非绝对采取属地主义或普及主义,大多是通过签订双边条约或国际条约,对跨境破产的效力有条件地承认。鉴于跨境破产的增多,联合国国际贸易法委员会制定了《跨国界破产示范法》、欧盟制定了《破产程序条例》,对跨境破产的国际合作展开积极探索。目前已有十余个国家在立法中参照了《跨国界破产示范法》。

我国《企业破产法》采取的是有限制的普遍主义原则。《企业破产法》第 5 条规定:"依照本法开始的破产程序,对债务人在中华人民共和国领域外的财产发生效力。外国法院作出的发生法律效力的破产案件的判决、裁定,涉及债务人在中华人民共和国领域内的财产,申请或者请求人民法院承认和执行的,人民法院依照中华人民共和国缔结或者参加的国际条约,或者按照互惠原则进行审查,认为不违反中华人民共和国法律的基本原则,不损害国家主权、安全和社会公共利益,不损害中华人民共和国领域内债权人的合法权益的,裁定承认和执行。"

第二节　破产的申请与受理

一、破产原因

（一）破产原因概述

破产原因，又称破产界限，是破产法律制度的核心概念之一。它指的是据以认定债务人丧失清偿能力，当事人得以提出破产申请，法院据以启动破产程序的法律事实。我国的破产程序分为清算程序、和解程序与重整程序三种不同性质的程序，由于这三种程序设置的目的有所区别，所以其启动的原因也会存在一些差异。

这里所说的破产原因指的是广义的破产原因，即启动破产程序的原因，既包括当事人据以申请法院作出破产宣告的事实，也包括和解程序与重整程序启动的根据。破产原因具有极为重要的法律意义，它是破产案件受理和破产程序启动的实质条件，是破产撤销权效力起算时点，也是相关责任人个人责任产生的时点。破产原因的宽严直接关系到债权人和债务人的切身利益，甚至会对社会稳定和经济秩序产生一定影响，因而破产原因向来是破产立法的焦点之一。

各国对破产原因的规定不一。有的国家，如我国将破产原因作为启动破产程序的根据；有些国家的立法（如日本）将法院作出破产宣告作为破产清算程序的开始，此时破产原因也就是破产宣告的原因。从立法模式上分析，各国可分为列举主义与概括主义。前者逐一列举债务人丧失清偿能力的各种事实，并称之为"破产行为"，只要债务人具有这些行为之一，即可据以提出破产申请，启动破产程序。该立法模式主要在英美法系国家被采用。例如，英国1914年《破产法令》第1条就明确列举了八种破产行为。概括主义立法模式则将债务人据以申请破产的事实抽象为一个或几个法律范畴，如"不能清偿""资不抵债"和"停止支付"，该模式又称为抽象主义，主要在大陆法系国家采用。

两种立法体例利弊并存，是非互见。列举主义下的破产原因明确、具体，易于法院和当事人把握，有较强的可操作性，但缺乏弹性，涵盖面较窄，难免挂一漏万，不易穷尽列举。因此，1978年修订后的美国新破产法废除了对破产行为的列举规定，转而采用概括主义。而概括主义涵盖面较为广泛，它赋予法官较多的自由裁量权和当事人较大的判断空间，但因其抽象、概括，不易为当事人和法官准确把握和运用，从而易产生判断失真和司法偏颇之弊。在破产法的发展过程中，两种模式相互融合与借鉴，产生了列举主义与概括主义相结合的折中主义立法模式，如法国破产法。

（二）我国《企业破产法》中关于破产原因的规定

我国《企业破产法》的破产原因采用概括主义。《企业破产法》第2条规定："企业法人不能清偿到期债务，并且资产不足以清偿全部债务或者明显缺乏清偿能力的，依照本法规定清理债务。企业法人有前款规定情形，或者有明显丧失清偿能力可能的，可以依照本法规定进行重整。"根据该规定，我国企业可向法院申请破产的原因有两个，一是支付不能且资不抵债；二是支付不能且明显缺乏清偿能力。对于破产重整，除了上述两种情形外，有明显丧失清偿能力可能的也可向法院提出重整申请。具体分析如下：

1. 支付不能

支付不能，又称为清偿不能，是指债务人对请求偿还的到期债务，因缺乏清偿能力而无法偿还的客观财产状况。这是世界各国破产法普遍采用的破产原因。支付不能的构成要件分为：（1）债务人因丧失清偿能力，无法以财产、信用或者能力等任何方法清偿债务。（2）债务人不能清偿的是已到偿还期限、债权人提出清偿要求，且无争议或已由生效法律文书确定的债务。当事人对要求偿还的债务存在合理争议，则应由法院或仲裁机构对债务人提出的争议进行必要的审查，以确定是否成立。（3）债务人在较长期间内持续不能清偿，并非因一时的资金周转困难而暂时中止支付。有些国家立法规定，债务到期后债务人经催告在三个月内未能清偿，即视为具备破产原因。

我国最高人民法院发布的《关于适用〈中华人民共和国企业破产法〉若干问题的规定（一）》（简称《破产法司法解释（一）》）中规定，认定债务人不能清偿到期债务，应当是下列三种情况同时满足：（1）债权债务关系依法成立；（2）债务履行期限已经届满；（3）债务人未完全清偿债务。

2. 资不抵债

所谓资不抵债，是指债务人的资产不足以清偿全部债务，在国外亦称债务超过。将资不抵债作为破产原因之一，主要是考虑到可以通过债务人资产负债表、审计报告或者资产评估报告显示的资债比例关系，来推测其清偿风险。资不抵债是认定债务人"不能清偿到期债务"的参考标准。债务人不能清偿到期债务时通常已资不抵债，但也存在债务人账面资产超过负债的情形。

《破产法司法解释（一）》明确，资产不足以清偿全部债务是指债务人的实有资产不足以清偿全部债务。资不抵债考察债务人的偿还能力仅以实有财产为限，不考虑信用、能力等可能影响债务人清偿能力的因素；计算债务数额时，不考虑是否到期，均纳入债务总额。在具体认定中，债务人的资产负债表，或审计报告、资产评估报告等显示其全部资产不足以偿付全部负债的，即可认定债务人资产不足以清偿全部债务。

3. 明显丧失清偿能力可能

由于破产清算与破产重整程序目标与效果不一样，破产法扩大了破产重整的程序启动理由。除了支付不能且资不抵债或明显缺乏清偿能力，只要债务人明显有可能丧失清偿能力的，也可以向法院提出破产重整的申请。也就是说，虽债务人账面资产大于负债，但将要发生无力偿债的事实状态，其也可以申请进入企业重整程序。这体现了重整程序"早发现，早治疗"，从而达到拯救困境企业的目标。

《破产法司法解释（一）》规定，当债务人账面资产大于负债，但存在下列情形之一的，应认定其明显缺乏清偿能力："（一）因资金严重不足或者财产不能变现等原因，无法清偿债务；（二）法定代表人下落不明且无其他人员负责管理财产，无法清偿债务；（三）经人民法院强制执行，无法清偿债务；（四）长期亏损且经营扭亏困难，无法清偿债务；（五）导致债务人丧失清偿能力的其他情形。"

二、破产的申请

我国破产法在破产程序的受理上采取申请主义原则，即破产程序必须由当事人向法院提出申请，由法院受理后才正式启动。任何个人不得自行宣告破产，法院也不得自行依职权对企业法人启动破产程序。我国《企业破产法》将破产清算、破产重整和破产和解三个程序统一规定在第二章，但具体适用仍存在些许区别。此外，当事人在提出申请时必须明确申请的程序类别，同一当事人不得同时提出两个以上不同程序的申请。

（一）破产申请的主体

根据法律规定，当债务人发生破产原因时，债务人可以向人民法院提出重整、和解或者破产清算的申请。债权人可以向人民法院提出对债务人进行重整或者破产清算的申请，但不得提出和解的申请。企业法人已解散但是未清算或未清算完毕，资产不足以清偿债务的，依法负有清算责任的人应当向法院提出破产清算申请。

《公司法》第 187 条规定："清算组在清理公司财产、编制资产负债表和财产清单后，发现公司财产不足清偿债务的，应当依法向人民法院申请宣告破产。"《企业破产法》第 134 条第 1 款规定："商业银行、证券公司、保险公司等金融机构有本法第二条规定情形的，国务院金融监督管理机构可以向人民法院提出对该金融机构进行重整或者破产清算的申请。国务院金融监督管理机构依法对出现重大经营风险的金融机构采取接管、托管等措施的，可以向人民法院申请中止以该金融机构为被告或者被执行人的民事诉讼程序或者执行程序。"

当事人的破产申请应当向有管辖权的人民法院提出。《企业破产法》规定，破产案件由债务人住所地人民法院管辖。《破产法司法解释（一）》第 9 条："申请人向人民法院提出破产申请，人民法院未接收其申请，或者未按本规定第七条执行的，申请人可以向上一级人民法院提出破产申请。上一级人民法院接到破产申请后，应当责令下级法院依法审查并及时作出是否受理的裁定；下级法院仍不作出是否受理裁定的，上一级人民法院可以径行作出裁定。上一级人民法院裁定受理破产申请的，可以同时指令下级人民法院审理该案件。"

当事人向人民法院提出破产申请，应当提交破产申请书和有关证据。破产申请书应当载明下列事项：（1）申请人、被申请人的基本情况；（2）申请目的；（3）申请的事实和理由；（4）人民法院认为应当载明的其他事项。债务人提出申请的，还应当向人民法院提交财产状况说明、债务清册、债权清册、有关财务会计报告、职工安置预案以及职工工资的支付和社会保险费用的缴纳情况。申请人可以在人民法院受理破产申请之前请求撤回申请。

（二）申请的受理

债务人提出破产申请的，一般情况下，人民法院应当自收到破产申请之日起 15 日内裁定是否受理。债权人提出破产申请的，应当提交债务人不能清偿到期债务的有关证据。人民法院应当自收到债权人申请之日起五日内通知债务人。债务人对申请有异议的，应当自收到人民法院的通知之日起七日内向人民法院提出。人民法院应当自异议期满之日起十日内裁定是否受理。除债务人提出异议的情形外，人民法院应当自收到破产申请之日起十五日内裁定是否受理。有特殊情况需要延长前述规定的裁定受理期限的，经上一级人民法院批准，可以延长十五日。

人民法院收到破产申请时，应当向申请人出具收到申请及所附证据的书面凭证。人民法院收到破产申请后，应当及时对申请人的主体资格、债务人的主体资格和破产原因，以及有关材料和证据等进行审查，并作出是否受理的裁定。人民法院认为申请人应当补充、补正相关材料的，应当自收到破产申请之日起五日内告知申请人。当事人补充、补正相关材料的期间不计入裁定受理的期限。

人民法院裁定不受理破产申请的，应当自裁定作出之日起五日内送达申请人并说明理由。申请人对裁定不服的，可以自裁定送达之日起十日内向上一级人民法院提起上诉。人民法院受理破产申请后至破产宣告前，经审查发现债务人不符合本法第二条规定情形的，可以裁定驳回申请。申请人对裁定不服的，可以自裁定送达之日起十日内向上一级人民法院提起上诉。

人民法院裁定受理破产申请的，应当同时指定管理人，并在裁定受理破产申请之日起二十五日内通知已知债权人，并予以公告。通知和公告应当载明下列事项：(1)申请人、被申请人的名称或者姓名；(2)人民法院受理破产申请的时间；(3)申报债权的期限、地点和注意事项；(4)管理人的名称或者姓名及其处理事务的地址；(5)债务人的债务人或者财产持有人应当向管理人清偿债务或者交付财产的要求；(6)第一次债权人会议召开的时间和地点；(7)人民法院认为应当通知和公告的其他事项。

自人民法院受理破产申请的裁定送达债务人之日起至破产程序终结之日，债务人的法定代表人，或经人民法院决定，可以包括企业的财务管理人员和其他经营管理人员，承担下列义务：(1)妥善保管其占有和管理的财产、印章和账簿、文书等资料；(2)根据人民法院、管理人的要求进行工作，并如实回答询问；(3)列席债权人会议并如实回答债权人的询问；(4)未经人民法院许可，不得离开住所地；(5)不得新任其他企业的董事、监事、高级管理人员。

(三)破产受理的效力

其一，对债务人而言，丧失对财产的处分权。为保护全体债权人的公平受偿权，人民法院受理破产申请后，债务人对个别债权人的清偿无效。债务人的债务人或者财产持有人应当向管理人清偿债务或者交付财产。有关债务人财产的保全措施应当解除，执行程序应当中止。已经开始但尚未终结的有关债务人的民事诉讼或者仲裁应当中止；在管理人接管债务人的财产后，该诉讼或者仲裁继续进行。有关债务人的民事诉讼，只能向受理破产申请的人民法院提起。

其二，对债权人而言，人民法院受理破产申请后，全部债权视为到期。债权人应当在法定期限内向法院申报债权。对于破产申请受理前成立而债务人和对方当事人均未履行完毕的合同，管理人有权决定解除或者继续履行，并通知对方当事人。

第三节 管理人

一、管理人的概念

管理人是指破产案件受理后，由法院指定的全面接管破产企业财产并对破产财产进行保管、清理、估价、处理和分配的专门机构。

管理人有狭义与广义之分。前者专指负责破产清算工作的专门机构。广义的管理人则指在破产清算、破产和解和破产重整中承担管理、指挥和监督工作的机构。我国破产法采用的是广义管理人的概念。

管理人在破产程序中发挥重要作用。在破产案件中，破产财产的管理和清算工作既繁杂又专业，法院作为独立的司法机关，对于破产财产的管理、变价、分配等技术性强的工作，不宜直接处理。而破产案件中的其他当事人，如债务人，其民事权利能力和行为能力受到限制，债权人自身利益与破产财产分配密切相关，难以保证他们行为的公正、合理。法院指定的专门机构作为管理人可以避免上述弊端，保证破产工作的顺利、公平和高效率进行并终结。因而，各国的破产立法对破产管理人制度均作出了相应规定。

何时开始指定管理人呢？破产程序开始的时间决定了管理人的选任时间。在实行破产程序宣告开始主义的国家，如法国、德国，在法院宣告破产前，债务人仍享有民事主体资格，法院宣告破产时，才指定破产管理人。在以英国、美国为代表的实行破产程序受理开始主义的国家，为了防止债务人在宣告破产前不当处理财产，在法院受理破产案件后即设立临时管理人，到正式宣告破产后由债权人会议或法院专门指定管理人接替临时管理人的工作。

我国《企业破产法》规定，人民法院裁定受理破产申请的，应当同时指定管理人，并在裁定受理破产申请之日起二十五日内通知已知债权人，并予以公告。可见，我国采取的是破产受理开始主义。

二、管理人的资格

由于破产事务的处理关系到破产程序的有效进行，各国破产立法一般均对破产管理人资格作出了明确的法律规定。在管理人选任资格上，各国立法规定各有差异，可以简单分为积极资格和消极资格。所谓积极资格是指哪些主体可以被指定为管理人，消极资格是指哪些主体不能担任管理人。

（一）积极资格

由于管理人在破产程序中需要经常处理各种专业的法律和财务事务，如否认别除权、行使撤销权和核算债务人账目等，其必须具备一定的法律、审计、财务管理等专门知识和技能。

《企业破产法》第24条规定，管理人可以由有关部门、机构的人员组成的清算组或者依法设立的律师事务所、会计师事务所、破产清算事务所等社会中介机构担任。人民法院根据债务人的实际情况，可以在征询有关社会中介机构的意见后，指定该机构具备相关专业知识并取得执业资格的人员担任管理人。从该规定可以看出，管理人的任职来源主要有三类：

一是清算组。人民法院可以根据破产申请的实际情况，指定企业清算组担任管理人。一般而言，主要是在政策性破产的国有企业中，由有关部门、机构的人员组成的清算组继续处理破产事务。《最高人民法院关于审理企业破产案件指定管理人的规定》（以下简称《指定管理人的规定》）第18条明确规定，企业破产案件符合以下情形之一的，人民法院可以指定清算组为管理人：（1）破产申请受理前，根据有关规定已经成立清算组，人民法院认为符合本规定第十九条的规定；（2）审理企业破产法第一百三十三条规定的案件；（3）有关法律规定企业破产时成立清算组；（4）人民法院认为可以指定清算组为管理人的其他情形。

二是社会中介机构。破产工作的复杂性要求管理人具有良好的业务水平和职业素养。执业律师或会计师等具有一定社会公信力的专业机构是破产管理人的较优选择。

三是具备相关执业资格的专业人员。在一些破产财产数额较小、法律关系简单的破产案件中，人民法院可以在征询有关社会中介机构的意见后，指定该机构中具备相关专业知识并取得执业资格的个人担任管理人。值得注意的是，个人担任管理人的，应当参加执业责任保险。

（二）消极资格

破产事务的处理涉及多方相关主体的利益，管理人必须能够客观公正地负责破产财产的清理和分配，因而其必须具备独立性和中立性。

我国破产法第24条规定："有下列情形之一的，不得担任管理人：（1）因故意犯罪受过刑事处罚；（2）曾被吊销相关专业执业证书；（3）与本案有利害关系；（4）人民法院认为不宜担任管理人的其他情形。个人担任管理人的，应当参加执业责任保险。"除了因故意犯罪受过刑事处罚或被吊销相关专业执业证书外，与破产案件有利害关系的主体也被禁止担任管理人。

最高人民法院在《指定管理人的规定》对管理人与本案的利害关系作了详细解释。该规定第23条指出："当社会中介机构、清算组成员有下列情形之一，可能影响其忠实履行管理人职责的，人民法院可以认定为企业破产法第二十四条第三款第三项规定的利害关系：（1）与债务人、债权人有未了结的债权债务关系；（2）在人民法院受理破产申请前三年内，曾为债务人提供相对固定的中介服务；（3）现在是或者在人民法院受理破产申请前三年内曾经是债务人、债权人的控股股东或者实际控制人；（4）现在担任或者在人民法院受理破产申请前三年内曾经担任债务人、债权人的财务顾问、法律顾问；（5）人民法院认为可能影响其忠实履行管理人职责的其他情形。"同时，第24条规定："清算组成员的派出人员、社会中介机构的派出人员、个人管理人有下列情形之一，可能影响其忠实履行管理人职责的，可以认定为企业破产法第二十四条第三款第三项规定的利害关系：（1）具有本规定第二十三条规定情形；（2）现在担任或者在人民法院受理破产申请前三年内曾经担任债务人、债权人的董事、监事、高级管理人员；（3）与债权人或者债务人的控股股东、董事、监事、高级管理人员存在夫妻、直系血亲、三代以内旁系血亲或者近姻亲关系；（4）人民法院认为可能影响其公正履行管理人职责的其他情形。债权人会议认为管理人不能依法、公正执行职务或者有其他不能胜任职务情形的，可以申请人民法院予以更换。"

三、管理人的指定

我国《企业破产法》第22条明确规定："管理人由人民法院指定。债权人会议认为管理人不能依法、公正执行职务或者有其他不能胜任职务情形的，可以申请人民法院予以更换。"根据《指定管理人的规定》，管理人可以通过随机方式、竞争方式、接受推荐三种途径公开指定。

（一）随机方式

随机产生是选任管理人的主要方式。人民法院按照管理人名册所列名单根据轮候、抽签、摇号等随机方式公开指定管理人。

该选任方式程序公开、透明，能有效防止人民法院指定过程中的一些以权谋私现象，但也存在着选择范围过于狭窄，不能满足破产案件的实际需求的情况。

（二）竞争方式

《指定管理人的规定》第 21 条规定："对于商业银行、证券公司、保险公司等金融机构或者在全国范围有重大影响、法律关系复杂、债务人财产分散的企业破产案件，人民法院可以采取公告的方式，邀请编入各地人民法院管理人名册中的社会中介机构参与竞争，从参与竞争的社会中介机构中指定管理人。参与竞争的社会中介机构不得少于三家。采取竞争方式指定管理人的，人民法院应当组成专门的评审委员会。评审委员会应当结合案件的特点，综合考量社会中介机构的专业水准、经验、机构规模、初步报价等因素，从参与竞争的社会中介机构中择优指定管理人。被指定为管理人的社会中介机构应经评审委员会成员二分之一以上通过。采取竞争方式指定管理人的，人民法院应当确定一至两名备选社会中介机构，作为需要更换管理人时的接替人选。"

（三）接受推荐

对于经过行政清理、清算的商业银行、证券公司、保险公司等金融机构的破产案件，人民法院除可以按照本规定第十八条第一项的规定指定管理人外，也可以在金融监督管理机构推荐的已编入管理人名册的社会中介机构中指定管理人。

《指定管理人的规定》对于清算组的指定做了特殊规定。其第 19 条规定："清算组为管理人的，人民法院可以从政府有关部门、编入管理人名册的社会中介机构、金融资产管理公司中指定清算组成员，人民银行及金融监督管理机构可以按照有关法律和行政法规的规定派人参加清算组。"当管理人不能依法、公正执行职务或者有其他不能胜任职务情形的，债权人会议可以向人民法院书面申请更换管理人。

《指定管理人的规定》进一步阐明了机构和个人管理人的更换事由。对于社会中介机构和清算组管理人，如果有下列情形之一的，人民法院可以根据债权人会议的申请或者依职权决定更换管理人：（1）执业许可证或者营业执照被吊销或者注销；（2）出现解散、破产事由或者丧失承担执业责任风险的能力；（3）与本案有利害关系；（4）履行职务时，因故意或者重大过失导致债权人利益受到损害；（5）有重大债务纠纷或者涉嫌违法行为正被相关部门调查的。对于个人担任管理人的，如果存在执业资格被取消、吊销、与本案有利害关系、履行职务时，因故意或者重大过失导致债权人利益受到损害、失踪、死亡或者丧失民事行为能力、因健康原因无法履行职务、执业责任保险失效或有重大债务纠纷或者因涉嫌违法行为正被相关部门调查的情形，人民法院可以根据债权人会议的申请或者依职权决定更换管理人。

四、管理人的职责和薪酬

管理人应当勤勉尽责，忠实执行职务。按照《企业破产法》的规定，管理人履行下列职责：(1)接管债务人的财产、印章和账簿、文书等资料；(2)调查债务人财产状况，制作财产状况报告；(3)决定债务人的内部管理事务；(4)决定债务人的日常开支和其他必要开支；(5)在第一次债权人会议召开之前，决定继续或者停止债务人的营业；(6)管理和处分债务人的财产；(7)代表债务人参加诉讼、仲裁或者其他法律程序；(8)提议召开债权人会议；(9)人民法院认为管理人应当履行的其他职责。

管理人应当向人民法院报告其职务履行情况，并接受债权人会议和债权人委员会的监督。管理人应当列席债权人会议，向债权人会议报告职务执行情况，并回答询问。经人民法院许可，管理人可以聘用必要的工作人员。

五、管理人的报酬

管理人的报酬是指管理人履行职责获取的回报。管理人的报酬由人民法院确定。债权人会议对管理人的报酬有异议的，有权向人民法院提出。

为了给人民法院确定管理人报酬工作提供指引，最高人民法院于2007年4月27日发布了《关于审理企业破产案件确定管理人报酬的规定》。

根据该规定，人民法院应根据债务人最终清偿的财产价值总额，在以下比例限制范围内分段确定管理人报酬：(1)不超过一百万元(含本数，下同)的，在12%以下确定；(2)超过一百万元至五百万元的部分，在10%以下确定；(3)超过五百万元至一千万元的部分，在8%以下确定；(4)超过一千万元至五千万元的部分，在6%以下确定；(5)超过五千万元至一亿元的部分，在3%以下确定；(6)超过一亿元至五亿元的部分，在1%以下确定；(7)超过五亿元的部分，在0.5%以下确定。担保权人优先受偿的担保物价值，不计入前款规定的财产价值总额。高级人民法院认为有必要的，可以参照上述比例在30%的浮动范围内制定符合当地实际情况的管理人报酬比例限制范围，并通过当地有影响的媒体公告，同时报最高人民法院备案。

此外，律师事务所、会计师事务所和破产清算事务所聘请本专业的其他社会中介机构或者人员协助履行管理人职责的，所需费用从其报酬中支付。清算组中有关政府部门派出的工作人员参与工作的，不收取报酬。其他机构或人员的报酬根据其履行职责的情况确定。

管理人、债权人会议对管理人报酬方案有意见的，可以进行协商。双方就调整管理人报酬方案内容协商一致的，管理人应向人民法院书面提出具体的请求和理由，并附相应的债权人会议决议。人民法院经审查认为管理人提出的请求和理由不违反法律和行政法规强制性规定，且不损害他人合法权益的，应当按照双方协商的结果调整管理人报酬方案。最终确定的管理人报酬及收取情况，应列入破产财产分配方案。在和解、重整程序中，管理人报酬方案内容应列入和解协议草案或重整计划草案。

<h1 style="text-align:center">第四节　债务人财产</h1>

一、债务人财产概述

（一）债务人财产的概念

债务人财产是指破产案件受理后至破产程序终结前债务人的全部财产集合。与债务人财产密切相关的一个概念是破产财产。

我国破产法采取广义的破产概念。我国 2006 年颁布的《企业破产法》第 30 条规定，破产申请受理时属于债务人的全部财产，以及破产申请受理后至破产程序终结前债务人取得的财产，为债务人财产。这一规定不仅涵盖了破产清算程序中的债务人财产，也包括了破产和解程序和重整程序中的债务人财产，外延比破产财产更为广泛。

破产法在破产清算一章中，单独列明"破产财产"这一概念，指当债务人被宣告破产后，该债务人称为破产人，其债务人财产即转为破产财产。事实上，"破产财产"和"债务人财产"两个概念除了适用的破产程序不同外，在内涵和财产范围上并没有任何区别。债务人财产是启动破产程序处理债权债务的关键，我国《企业破产法》第四章专章规定了"债务人财产"。

破产申请被正式受理后，破产企业的财产已不再是债务人控制的财产，而是转由管理人统一安排和处理，具有法律意义上的特殊性，主要体现在三个方面：第一，目的的特殊性。债务人财产是为了破产程序的进行和完成而存在的。第二，权利主体的特殊性。在债务人财产转为"破产财产"之后，这一财产事实上的权利主体不再是原企业的所有者，而是债权人。第三，财产管理主体的特殊性。债务人财产由管理人负责接管与管理。

（二）债务人财产的范围

在确定债务人财产范围时，通常有两个标准：一个是时间标准，另一个是空间标准。

时间标准指立法从时间维度上以破产程序的开始点作为债务人财产范围的划分点。立法上以时间标准起算债务人财产范围有两种立法原则：固定主义和膨胀主义。前者认为债务人财产仅包括破产宣告时破产人所有的财产；后者不仅包括破产宣告时破产人所有的财产，也包括破产程序终结前破产人所取得的财产。坚持固定主义的立法者认为，固定主义能够迅速划定债务人财产的范围，有利于破产清算程序的高效完成，也有利于保护破产宣告后债务人的新债权人，因为破产宣告后债务人获取的新财产成为新债权人的担保财产，还可以促使债务人主动申请破产。膨胀主义的理论依据是：预防和避免债务人浪费或隐匿财产，也尽可能增加破产财产，使得债权人能够得到更多的财产分配。我国破产法采取的是膨胀主义原则，并且由于采取的是破产受理开始主义，将债务人财产的划定时间扩展到破产申请受理时。

空间标准是指债务人财产的地域范围问题，即在启动破产程序时债务人境外的财产是否应当被列为债务人财产。该问题涉及内国破产启动的域外效力和外国破产启动的域内效力两个方面。在跨境破产问题上主要有属地主义、普及主义和折中主义三种立法体例。在属地主义立法模式下，破产宣告的效力仅及于国内的财产，如美国和德国的破产法规定。在普及主义立法模式下，债务人国外的财产也属于债务人财产范围，如法国、比利时和荷兰等国的破产法。折中主义根据财产性质等实际情况，对债务人的动产适用普及主义，对债务人的不动产适用属地主义，如英国。在全球一体化趋势下，各国都积极运用双边协定和国际条约等国际合作来解决跨境破产问题。

我国《企业破产法》采取的是有限制的普遍主义原则。《企业破产法》第 5 条规定："依照本法开始的破产程序，对债务人在中华人民共和国领域外的财产发生效力。外国法院作出的发生法律效力的破产案件的判决、裁定，涉及债务人在中华人民共和国领域内的财产，申请或者请求人民法院承认和执行的，人民法院依照中华人民共和国缔结或者参加的国际条约，或者按照互惠原则进行审查，认为不违反中华人民共和国法律的基本原则，不损害国家主权、安全和社会公共利益，不损害中华人民共和国领域内债权人的合法权益的，裁定承认和执行。"

依据我国《企业破产法》第 30 条的规定，债务人财产由破产受理时属于债务人的财产和破产申请受理后至破产程序终结前债务人取得的财产两部分组成。这些财产既包括债务人所有的厂房、设备和机器等有形的动产和不动产，也包括属于债务人的债权、股权和知识产权等无形的财产权利；既包括无担保的财产，也包括设定担保权的财产。

《破产法司法解释(二)》第 2 条则将下列财产排除在债务人财产之外：(1)债务人基于仓储、保管、承揽、代销、借用、寄存、租赁等合同或者其他法律关系占有、使用的他人财产；(2)债务人在所有权保留买卖中尚未取得所有权的财产；(3)所有权专属于国家且不得转让的财产；(4)其他依照法律、行政法规不属于债务人的财产。

(三)债务人财产的收回

为了保障债权人受偿权的实现，当债务人资产没有完整收回时，管理人应当履行职责，积极收回债务人财产。主要有以下几种情形：

一是债务人的出资人尚未完全履行出资义务的，管理人应当要求该出资人缴纳所认缴的出资，而不受出资期限的限制。

二是债务人的董事、监事和高级管理人员利用职权从企业获取的非正常收入和侵占的企业财产，管理人应当追回。

三是债务人的债务人或者财产持有人应当向管理人清偿债务或者交付财产。债务人的债务人或者财产持有人故意违反前款规定向债务人清偿债务或者交付财产，使债权人受到损失的，不免除其清偿债务或者交付财产的义务。

二、破产撤销权

(一)破产撤销权的概念

破产撤销权是指在破产程序中，管理人对债务人在破产申请受理前的法定期间内，与他人进行的损害债权人利益的行为，或者损害对全体债权人公平清偿的行为，有请求法院予以撤销的权利。破产撤销权是民法上债权人撤销权在破产领域的扩张或延伸，都是将债务人所实施的有害行为归于无效，并使依该行为所导致的财产变动恢复原状。但两者在权利归属、行使效果和行使期间等方面存在区别。

破产撤销权的行使主体是法院指定的管理人，而民法上债权人的撤销权归属于合同的债权人。民法上债权人可撤销的对象主要是欺诈行为，破产撤销权行使范围除了欺诈交易，也包括不公平的偏袒性清偿行为。

在行使期间方面，破产管理人得在破产程序中行使撤销权，在破产程序终结后两年内转为债权人行使。也就是说，破产程序终结是计算债权人除斥期间的起点。依据《民法典》合同编的相关规定，撤销权自债权人知道或者应当知道撤销事由之日起一年内行使。自债务人的行为发生之日起五年内没有行使撤销权的，该撤销权消灭。两者之间可以衔接。

《破产法司法解释（二）》第 13 条规定，在破产申请受理后，如果管理人因为不作为导致破产撤销权落空，债权人可依据合同法行使撤销权追回财产。

民法上撤销权的立法目的是保护个别债权人的利益，保护的是个别债权；而破产法上的撤销权旨在保护全体债权人的利益，是基于债权人的集体利益和公平受偿原则而设立的。

（二）破产撤销权的构成要件与适用范围

我国《企业破产法》第 31 条规定："人民法院受理破产申请前一年内，涉及债务人财产的下列行为，管理人有权请求人民法院予以撤销：（一）无偿转让财产的；（二）以明显不合理的价格进行交易的；（三）对没有财产担保的债务提供财产担保的；（四）对未到期的债务提前清偿的；（五）放弃债权的。"

《企业破产法》第 32 条规定："人民法院受理破产申请前六个月内，债务人有本法第二条第一款规定的情形，仍对个别债权人进行清偿的，管理人有权请求人民法院予以撤销。但是，个别清偿使债务人财产受益的除外。"

总体上讲，我国破产法规定的破产管理人撤销权的行使对象主要有两种：一是欺诈性交易，二是偏袒性清偿行为。前者包括无偿转让财产、以明显不合理的价格进行交易、放弃债权；后者包括对未到期的债务提前清偿、对没有财产担保的债务提供财产担保、危机期间的债务提前清偿。

由于破产法仅列举性地规定了破产撤销权行使的一般情形，《破产法司法解释（二）》对偏袒性不公平交易进行了补充规定，主要包括：当债务清偿时担保财产的价值不低于债权额的，债务人对以自有财产设定担保物权的债权进行的个别清偿行为。债务人经诉讼、仲裁、执行程序对债权人进行的个别清偿行为。这是为了确保司法权威和行政行为的效力不受影响。债务人为维系基本生产需要而支付的水费、电费等；债务人支付劳动报酬、人身损害赔偿金和使债务人财产受益的其他个别清偿行为。这些规定是对破产法第 32 条破产撤销权行使的例外规定。

第五节　破产债权

一、破产债权概说

(一)破产债权概念和特征

破产债权是指企业在进入破产程序前就已成立，依破产程序申报确认，可以从破产财产中公平受偿的财产请求权。

破产债权具有如下特征：(1)破产债权是在法院受理破产申请前成立的债权；(2)破产债权必须由债权人向法院申报并经确认；(3)破产债权的公平受偿以破产财产为限。

(二)破产债权的范围

根据我国破产法的规定，破产债权包括法院受理破产申请时对债务人享有的有担保债权和无担保债权。破产法对以下债权类型作了特别规定：

1.附条件、附期限的债权

附条件的债权，是指其发生或者消灭基于将来不确定的事实的债权。条件包括生效条件与解除条件。附生效条件的债权是指条件成就时才发生效力，条件不成就时不发生效力的债权；附解除条件的债权是指条件成就时消灭，条件不成就时继续存在的债权。附期限的债权，是指其发生或者消灭，需经过一定期限的债权。期限包括开始期限与终止期限。附开始期限的债权是指期限届满后才发生的债权；附终止期限的债权是指期限届满后消灭的债权。附条件和附期限的债权，无论条件是否成就，期限是否届满，只要债权本身存在，债权人都可以向管理人申报。

2.诉讼、仲裁未决债权的申报

诉讼、仲裁未决的债权，是指当事人之间有关该债权的争议尚未得到法院判决或者仲裁机构裁决，债权的真实性和数额还处于不明确状态的债权。在这种情况下，债权人可以依据其向法院或者仲裁机构主张的债权数额来申报债权。

3.连带债权和对连带债务人的债权

如果债务人存在数个连带债权人，连带债权人可以由其中一人代表全体连带债权人申报债权，也可以共同申报债权。申报的债权是连带债权的，债权人有说明的义务。在连带债务人之一破产时，其债权人享有在破产程序中申报债权的权利。连带债务人数人被裁定适用破产程序的，其债权人有权就其全部债权分别在各破产案件中申报债权。

4.债务人的保证人或其他连带债务人对债务人的求偿权

债务人的保证人或者其他连带债务人，已经代替债务人清偿债务的，以其对债务人的求偿权申报债权；尚未代替债务人清偿债务的，除债权人已经向管理人申报全部债权外，以其对债务人的将来求偿权申报债权。

二、破产债权的申报和确认

（一）申报期限

债权申报是指法院受理破产案件后，债权人在法律规定的期限内主张并证明其债权的制度。债权人应当在法律规定或法院指定的期限内申报，在债权得到确认后，才能在破产程序中行使参与和受偿等权利。根据决定债权申报的主体不同，债权申报期限的立法体例可分为法定主义和法院酌定主义两种。

法定主义是指债权申报期限由法律作出明确规定，法院和当事人均不得予以变更，如泰国、法国的破产法。我国1986年颁布的《企业破产法(试行)》采用的是法定主义。该法第9条规定，人民法院受理破产案件后，应当在十日内通知债务人并发布公告。人民法院在收到债务人提交的债务清册后十日内，应当通知已知的债权人。债权人应当在收到通知后一个月内，未收到通知的债权人应当自公告之日起三个月内，向人民法院申报债权，说明债权的数额和有无财产担保，并提交有关证明材料。逾期未申报债权的，视为自动放弃债权。该规定被认为过于机械，容易导致一部分未能知晓债务人破产的债权人失去参与和受偿的权利。

酌定主义是指法律规定有一定幅度的申报期限，法院对该申报期限的长短，可以根据破产案件的难易、大小、破产债权人的多少等客观情况有充分的自由裁量权。多数国家对破产债权申报期限采取酌定主义，如法国和德国等。我国现行破产法立法采取了酌定主义，放宽了申报期限，规定了一定幅度的期限。《企业破产法》第45条规定："人民法院受理破产申请后，应当确定债权人申报债权的期限。债权申报期限自人民法院发布受理破产申请公告之日起计算，最短不得少于30日，最长不得超过3个月。"对于债权人没有在法院规定期限内申报债权，《企业破产法(试行)》第9条第2款规定，超过申报期限的债权，视为自动放弃，债权人不能补充申报。也就是说，债权人未在法定期间申报债权，其债权即消灭。这实际上是把债权申报期间视同除斥期间。

我国《企业破产法》为对债权人的衡平保护，采取了比较公平、实务中又较易操作的规定。第56条第1款既规定了债权人未在法定期间内申报债权的，并不意味着对债务人享有权利即被剥夺，而是可以在债务人破产财产最后分配前补充申报，但同时限制补充申报债权人的分配权并要求其承担相应的费用，规定补充申报前已进行的债务人破产财产分配不再对其补充分配，只能按照未分配的破产财产比例进行分配，因审查和确认补充申报债权的费用由补充申报人承担。而按时申报的债权人不需承担费用，审查和确认债权的费用属于破产费用，破产费用由破产财产优先支付。

另外，补充申报的债权人除分配权受到限制外，其他权利也受到限制。我国《企业破产法》第56条第2款明确规定，未依法申报债权的不得依照本法规定的程序行使权利，例如申报前的债权人会议表决权；《企业破产法》第92条第2款规定，在重整程序中，债权人在重整计划执行期间不得行使权利，在重整计划执行完毕后可以按照重整计划规定的同类债权的清偿条件行使权利；《企业破产法》第100条第3款规定，在和解程序中，债权人在和解协议执行期间不得行使权利，在和解协议执行完毕后可以按照和解协议规定的清偿条件行使权利。

（二）债权申报的方式

我国《企业破产法》第49条规定，债权人申报债权时，应当书面说明债权的数额和有无财产担保，并提交有关证据。由此可见，债权申报必须是书面形式，口头申报无效。管理人是法定的债权申报接收人。

（三）无须申报的债权

一般债权必须按照法律规定进行申报才能行使破产法规定的权利，但职工劳动债权无须申报即可列入破产债权。

破产企业所欠职工的工资和医疗、伤残补助、抚恤费用，应当划入职工个人账户的基本养老保险、基本医疗保险费用，以及法律、行政法规规定应当支付给职工的补偿金，不必申报，由管理人调查后列出清单并予以公示。

职工对清单记载有异议的，可以要求管理人更正；管理人不予更正的，职工可以向人民法院提起诉讼。这项规定大大简化了职工债权的保护程序。

（四）申报的确认

（1）管理人的审查。管理人收到债权申报材料后，应当登记造册，对申报的债权进行审查，并编制债权表。债权表和债权申报材料由管理人保存，供利害关系人查阅。

（2）债权人会议的审核。管理人编制的债权表，应当提交第一次债权人会议核查。债权人会议对债权是否存在、是否符合法定期限及数额等进行核查。

（3）法院确认。债权人会议审核无异议的，由人民法院裁定确认。债务人、债权人对债权表记载的债权有异议的，可以向受理破产申请的人民法院提起诉讼。

第六节 债权人会议

一、债权人会议的概念

债权人会议是指在破产程序中，为了保障破产企业的债权人行使和实现破产程序参与权和监督权，由依法申报债权并已确认的债权人组成的临时议事机构。

破产程序的一个重要价值目标是全体债权人的公平受偿。然而，在实践中，破产案件往往涉及面广，债权债务关系复杂。各债权人之间的利益难免存在此消彼长甚至冲突，若允许债权人个别为之，必然会导致不公平现象。再者，债权人人数众多，为使破产程序能够体现债权人的共同利益，必须将分散的利益形成一种"利益集合"，并借助债权人会议这一机构体现债权人的共同意志和需求。

从程序效率上分析，债权人会议统一协调债权人行动，就破产事项以集体决议的方式参与破产程序，既保障了债权人对破产程序的充分参与，也促进了破产程序有序、顺利地进行。鉴于债权人会议在破产程序中的必要性和重要性，各国立法对债权人会议的组成、召集事由、议事规则等都作出了明确规定。

二、债权人会议的召集

一般来说，第一次债权人会议是在破产程序开始后法律规定的期限内必须召开的会议，由人民法院召集并主持。

我国《企业破产法》第62、63条规定，第一次债权人会议由人民法院召集，自债权申报期限届满之日起十五日内召开。第一次债权人会议召开以后，在破产程序进行中，法院可以根据需要再次召开或者不定期召开债权人会议。第一次债权人会议召开以后，债权人会议或者管理人、债权人委员会、占债权总额四分之一以上的债权人可以向债权人会议主席提议召开。召开债权人会议，管理人应当提前十五日通知已知的债权人。

从上述规定可知，在申报期限届满十五日内，人民法院负责召开第一次债权人会议。此外，人民法院也可以在认为有必要时召开债权人会议。除了第一次债权人会议外，管理人、债权人委员会、占债权总额四分之一以上的债权人可以向债权人会议主席提议召开会议。除了第一次债权人会议由人民法院发布通知和公告外，此后的债权人会议通知事项由管理人负责。

三、债权人会议的组成

一般而言，债权人会议由出席人和列席人构成。债权人会议的主要目的是实现债权人在破产程序中的参与权与监督权，因此，债权人是债权人会议的主要出席人员，但必须是依照破产法规定申报了债权的债权人。

《企业破产法》第59条明确规定，依法申报债权的债权人为债权人会议的成员，有权参加债权人会议，并享有表决权。债权尚未确定的债权人，即使出席债权人会议，其表决权也受到限制，除人民法院能够为其行使表决权而临时确定债权额的外，不得行使表决权。对债务人的特定财产享有担保权的债权人，未放弃优先受偿权利的，对债权人会议上关于和解协议和破产财产分配的表决不享有表决权。债权人既可以出席债权人会议，也可以向人民法院或者债权人会议主席书面委托代理人出席。除了一般债权人，债务人的职工和工会的代表应当出席债权人会议，对有关事项发表意见。

债权人会议的列席人员，是指可以参加债权人会议但不享有表决权的人员。《企业破产法》规定：（1）债务人企业的法定代表人，或经人民法院决定的企业的财务管理人员和其他经营管理人员，应当列席债权人会议并如实回答债权人的询问；（2）管理人应当列席债权人会议，向债权人会议报告职务执行情况，并回答询问；（3）债务人的出资人代表可以列席讨论重整计划草案的债权人会议。对有义务列席债权人会议的债务人的有关人员，经人民法院传唤，无正当理由拒不列席债权人会议的，《企业破产法》第126条规定，人民法院可以拘传，并依法处以罚款。债务人的有关人员违反本法规定，拒不陈述、回答，或者作虚假陈述、回答的，人民法院可以依法处以罚款。债权人会议设主席一人，由人民法院从有表决权的债权人中指定。债权人会议主席负责主持债权人会议。

四、债权人会议的职权

我国《企业破产法》规定，债权人会议行使下列职权：（1）核查债权；（2）申请人民法院更换管理人，审查管理人的费用和报酬；（3）监督管理人；（4）选任和更换债权人委员会成员；(5)决定继续或者停止债务人的营业；(6)通过重整计划；(7)通过和解协议；(8)通过债务人财产的管理方案；(9)通过破产财产的变价方案；(10)通过破产财产的分配方案；(11)人民法院认为应当由债权人会议行使的其他职权。债权人会议应当对所议事项的决议作成会议记录。从以上规定可见，我国立法体现了充分尊重债权人自治的思想，同时也融入了法院主导和管理人中心的混合模式。

五、债权人会议的议事规则

关于债权人会议决议通过的标准，主要有三种立法例。

一是人数比例原则，指以出席债权人会议的债权人的多数同意为条件。如法国旧破产法。

二是债权额比例原则，指以同意决议的债权人所代表的债权额在债权总额中占简单多数或绝对多数为通过。如《德国破产法》第94条规定，债权人会议以绝对多数票作决议。选举债权人委员会成员时，相对多数票视为足够。"投票票数以债权款额计算，票数相等时按债权人人数决定"。

三是人数和债权额双重多数标准。如日本破产法要求出席会议的有表决权的债权人过半数同意，以出席会议的债权人所代表的债权额过半数通过方为可决；但在例外情况下，在债权额已过半数而人数未过半数因而无法形成决议时，法院可认可决议案的成立。

相比较而言，人数比例原则能保障多数债权人利益，但却可能损害少数大额债权人的利益。债权额比例原则又不能实现多数小额债权人的利益。为了尽可能在人数和债权比例上保护全体债权人利益，我国破产法债权人会议的议事规则采用人数和债权额双重多数标准，在一般决议事项和特别决议事项中分别适用。

我国《企业破产法》第64条规定："债权人会议的决议，由出席会议的有表决权的债权人过半数通过，并且其所代表的债权额占无财产担保债权总额的二分之一以上。但是，本法另有规定的除外。"例外情形是指和解协议草案和重整协议草案的表决，由于该两种程序草案的通过直接关系到债权的实现程度和期限，法律要求更加严格，投赞成票的债权人所代表的债权额占无担保财产债权总额或分组表决中该组债权额的三分之二以上，决议才能通过。

对于有可能出现的债权人会议僵局，《企业破产法》第65条设置了解决办法："本法第六十一条第一款第八项、第九项所列事项，经债权人会议表决未通过的，由人民法院裁定。本法第六十一条第一款第十项所列事项，经债权人会议二次表决仍未通过的，由人民法院裁定。对前两款规定的裁定，人民法院可以在债权人会议上宣布或者另行通知债权人。"第66条规定："债权人对人民法院依照本法第六十五条第一款作出的裁定不服的，债权额占无财产担保债权总额二分之一以上的债权人对人民法院依照本法第六十五条第二款作出的裁定不服的，可以自裁定宣布之日或者收到通知之日起十五日内向该人民法院申请复议。复议期间不停止裁定的执行。"

债权人会议是全体债权人实现其破产程序参与权的议事机关，在债权人会议上通过的决议，其效力及于全体债权人，不论其出席会议与否或参与表决与否。值得指出的是，债权人会议的一些决议通过后，必须经过人民法院裁定认可后才发生法律效力。当债权人认为债权人会议的决议违反法律规定，损害其利益的，可以自债权人会议作出决议之日起十五日内，请求人民法院裁定撤销该决议，责令债权人会议依法重新作出决议。债权人会议的决议，对全体债权人有约束力。

六、债权人委员会

（一）债权人委员会的概念和组成

债权人委员会是债权人会议设立的破产程序的常设监督机构。债权人会议可以决定设立债权人委员会。

债权人委员会由债权人会议选任的债权人代表和一名债务人的职工代表或者工会代表组成。债权人委员会成员不得超过九人。

债权人委员会成员应当经人民法院书面决定认可。

（二）债权人委员会的职权

债权人委员会行使下列职权：（1）监督债务人财产的管理和处分；（2）监督破产财产分配；（3）提议召开债权人会议；（4）债权人会议委托的其他职权。债权人委员会执行职务时，有权要求管理人、债务人等有关人员对其职权范围内的事务作出说明或者提供有关文件。管理人、债务人等有关人员违反规定拒绝接受监督的，债权人委员会有权就监督事项请求人民法院作出决定；人民法院应当在五日内作出决定。

为了保障债权人委员会对管理人的监督权，维护全体债权人的利益，债权人委员会享有获知管理人报告的权利。

按照《企业破产法》规定，管理人实施下列行为，应当及时报告债权人委员会：（1）涉及土地、房屋等不动产权益的转让；（2）探矿权、采矿权、知识产权等财产权的转让；（3）全部库存或者营业的转让；（4）借款；（5）设定财产担保；（6）债权和有价证券的转让；（7）履行债务人和对方当事人均未履行完毕的合同；（8）放弃权利；（9）担保物的取回；（10）对债权人利益有重大影响的其他财产处分行为。未设立债权人委员会的，管理人实施前款规定的行为应当及时报告人民法院。

小　结

破产是指当出现债务人资不抵债或者缺乏清偿能力时，国家为了维护经济秩序的安全与稳定和保障相关利害关系人权益等，围绕企业的有序退出而制定的债务解决程序。破产程序必须由当事人向法院提出申请，由法院受理后才正式启动。破产管理人由人民法院指定，债权人会议可以申请人民法院予以更换。债权人应当在法律规定或法院指定的期限内申报，在债权得到确认后，才能在破产程序中行使参与和受偿等权利。债权人会议是为了保障破产企业的债权人行使破产程序参与权和监督权，由依法申报债权并已确认的债权人组成的临时议事机构。破产法是规定债务人不能清偿到期债务或者可能丧失清偿能力时，在当事人申请下，由法院对其全部财产进行清理、分配，或通过和解或重整程序处理债务问题的法律规范的总称。我国《企业破产法》处理债权债务关系的主体是企业法人，即具有民事权利能力和民事行为能力，依法独立享有民事权利和承担民事义务的组织，涵盖了我国境内所有具有法人资格的企业，包括公司制企业和非公司制企业的国有企业、集体企业等。同时，也明确规定商业银行、证券公司、保险公司等金融机构是特殊的适用主体。

知识点

破产、管理人、破产债权

复习思考

一、简答

1. 简述破产的主要特征。
2. 简述破产法的立法宗旨。
3. 简述破产法的适用。
4. 简述我国《企业破产法》中对破产原因的规定。

二、案例分析

1. 从 2018 年下半年起，有媒体先后多次报道某星航空公司资金链紧张问题。2019 年 3 月 10 日，通用电气商业航空服务有限公司等 6 家公司向武汉市中级人民法院提交申请，要求对某星航空进行破产清算。2019 年 3 月 14 日，应武汉市人民政府请求，民航中南地区管理局决定，自 15 日 0 时起，暂停某星航空公司航线航班经营许可。3 月 30 日，武汉市中级人民法院立案受理了通用电气商业航空服务有限公司等六家公司申请某星航空有限公司破产一案，并冻结了某星航空的 16 个账户，指定由武汉市法制办、市总工会、市交委等政府部门有关人员组成的破产管理人，全权接管某星航空破产事务。4 月 7 日，破产管理人解除了与通用公司等的飞机租赁合同，并将某星从通用租赁的 9 架飞机中的 7 架客机退还给通用。

问：(1)结合案情思考企业破产的原因是什么？破产法的适用范围及其目的是什么？(2)破产对于企业和债权人各有什么影响？(3)破产管理人如何产生，又有何法律地位？

2. A 按其与 B 在《2014 年棉花杂交种子采购合同》的约定向被告提供种子。2015 年 1 月 20 日，B 就其所欠的种子款 908548 元(单价为 68 元/千克，即按合同在创世纪转基因公司同等质量的种子每公斤的价格上加 1 元)向 A 出具欠据。2015 年 1 月 25 日，B 向 A 出具还款承诺书，承诺按月息 5 厘/元支付欠款利息。2016 年 6 月 4 日，B 因为资不抵债申请破产，之后法院受理了 B 破产清算案。A 依法申报债权 926718.96 元(本金 908548 元加按月息 5 厘/元自 B 还款承诺书出具之日至法院受理 B 破产案之日的利息 18170.96 元)，但法院作出的无异议破产债权确认裁定中未将 A 的该笔债权纳入。A 向法院提起诉讼。B 答辩称，在管理人接手的员工名册和公司购买员工保险的名单中没有 A 的名字。管理人对该笔债权无法确认，请法院依法判决。

问：(1)我国《企业破产法》中对破产原因的规定是什么？(2)管理人在破产程序中起

的作用是什么？

三、课后作业

债权人会议的议事规则有哪些？

第十五章　破产重整

【导语】破产重整源于英国，现已成为世界各国立法中重要的破产法律制度之一。破产重整在各国立法中有不同的称谓，在美国被称为"重整"，在法国被称为"司法重整"，在日本被称为"会社更生"，在英国被称为"管理程序"。破产重整与破产清算的最大区别在于破产重整的目的不在于对债务人的财产进行清算分配，而在于通过对其生产经营进行整顿和对债权债务关系或资本结构进行调整，以使债务人摆脱破产困境。

【重点】破产重整的价值、破产重整的适用要件、破产重整计划的表决与执行

第一节　破产重整概述

一、破产重整的概念和价值

破产重整是指对已经具备或者可能具备破产条件但有再生希望的债务人实施的旨在使其重获经营能力的破产预防程序。它是我国破产法中明确规定的一项破产程序。

传统破产法理论中，破产清算制度占据了绝对的主导地位，其创设主要是为了解决当债务人无力清偿债务且资不抵债时，如何将债务人的有限财产公平地向全体债权人清偿的问题。债务人经破产清算后，其所有财产将被分配，主体也将消灭。

随着市场经济的不断发展，人们发现债务人的大量破产在一定程度上既损害债权人的利益，也损害社会利益。因此，我国破产法从尽力挽救市场主体的角度出发，科学地设置了破产重整制度。该制度无论对参与重整程序的各参加人，还是对整个社会而言，都有着十分重要的意义。

其一，对被重整的债务人而言，债务人重整的直接目的是挽救财务状况恶劣或已暂停营业以及有停业危险的公司，因其有继续经营的价值、重整的可能和必要，从而予以重整使其免于解体或破产，并能够清偿到期债务，使濒临破产或已达到破产界限的债务人起死回生。

重整制度产生的根本动因，在于破产清算制度的内在缺陷使之无法满足现代社会经济发展的需求。在现代经济社会，并非所有在自由竞争中遭遇财务困境的债务人企业都应当退出市场而归于清算。对于那些有市场潜力和挽救价值的企业，立法应当给它们提供喘息和复苏的机会。现代社会中企业的专有技术、人力资源、商誉，乃至已经成形的购销网络和商业合作关系等，较之于企业的有形资产对企业的经营越发显得重要，而这些企业经营必不可少的要素，如果企业进入破产清算程序，实际上几乎无法变现。

其二，对债务人的债权人而言，若债务人重整成功，将有效避免一旦其进入破产清算所导致的债权清偿比例过低这一现象的发生，一定程度上避免了最差局面的出现，使其有机会挽回损失。

其三，对社会整体利益而言，重整程序不仅可以实现企业存续的目标，而且可以满足社会对就业的需求。债务人重整的间接目的也是保护债权人以及社会公众的整体利益，其中包括职工利益，债务人的重整成功也有利于社会经济的稳定与发展。

破产重整的基本流程如图 15-1 所示。

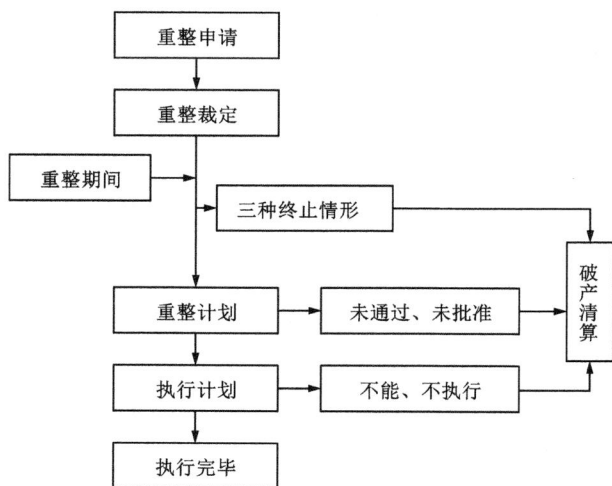

图 15-1　破产重整的基本流程

二、破产重整制度的适用

（一）破产重整的原因

根据《企业破产法》第 2 条的规定，企业符合以下条件之一的，可以依照《企业破产法》的规定进行重整，主要包括三种情况：企业法人不能清偿到期债务，并且资产不足以清偿全部债务；或者企业法人不能清偿到期债务且明显缺乏清偿能力；或者企业法人有明显丧失清偿能力的可能。与破产清算的申请理由相比，破产重整的原因更为宽松。这与破产重整本身的目标密切相关。只有企业仍具有挽救可能，才有适用重整程序的必要。这也鼓励陷入困境的债务人尽早申请，以提高恢复经营能力的可能性。

(二)破产重整的申请与受理

根据我国《企业破产法》的规定,有权提出重整申请的当事人包括债务人、债权人和出资人。申请时间和主体根据《企业破产法》第七十条的规定,向人民法院申请对债务人进行重整的时间有两种情况,不同的申请时间段有不同的申请人。(1)在申请破产清算前直接向人民法院申请重整,申请主体为债权人和债务人;(2)债权人申请对债务人进行破产清算的,在人民法院受理破产申请后、宣告债务人破产前可以申请重整。这一阶段的申请主体是债务人和出资额占债务人注册资本十分之一以上的出资人。

法院在接到破产重整的申请后,应当审核债务人是否符合我国破产法规定的重整条件,即企业法人不能清偿到期债务,并且资产不足以清偿全部债务;或者企业法人不能清偿到期债务且明显缺乏清偿能力;或者企业法人有明显丧失清偿能力的可能。人民法院经审查认为重整申请符合本法规定的,应当裁定债务人重整,并予以公告。

申请是要式法律行为,申请人必须书面向法院提交重整申请书。在申请时间上,重整申请权人必须在破产宣告前提出重整申请,破产宣告后不得再转入重整程序。

(三)重整期间

(1)重整期间的营业。自人民法院裁定债务人重整之日起至重整程序终止,为重整期间。在重整期间,经债务人申请,人民法院批准,债务人可以在管理人的监督下自行管理财产和营业事务。已接管债务人财产和营业事务的管理人应当向债务人移交财产和营业事务,管理人的职权由债务人行使。如果是管理人负责管理财产和营业事务的,管理人可以聘任债务人的经营管理人员负责营业事务。

(2)自动冻结。自动冻结是指重整期间相关程序和行为自动停止的制度。首先,我国破产法规定,在重整期间,对债务人的特定财产享有的担保权暂停行使。但是,担保物有损坏或者价值明显减少的可能,足以危害担保权人权利的,担保权人可以向人民法院请求恢复行使担保权。在重整期间,债务人或者管理人为继续营业而借款的,可以为该借款设定担保。其次,在重整期间,债务人的出资人不得请求投资收益分配。最后,禁止股权转让。除非经人民法院同意,债务人的董事、监事、高级管理人员不得向第三人转让其持有的债务人的股权。

(四)重整程序的终止

在重整期间,因为主客观原因导致破产重整无法实现其挽救企业目的的,应当适时终止破产重整程序,转而进入破产清算程序。

我国破产法将终止原因分为三类:(1)债务人的经营状况和财产状况继续恶化,缺乏挽救的可能性;(2)债务人有欺诈、恶意减少债务人财产或者其他显著不利于债权人的行为;(3)由于债务人的行为致使管理人无法执行职务。当发生上述情况时,管理人或者利害关系人即有权向法院提出申请,法院应当裁定终止重整程序,并宣告债务人破产。

第二节　重整计划的制作与批准

一、重整计划的制作

当事人的重整申请被受理之后，应当在法定期限内提交重整计划。债务人自行管理财产和营业事务的，由债务人制作重整计划草案。管理人负责管理财产和营业事务的，由管理人制作重整计划草案。

债务人或者管理人应当自人民法院裁定债务人重整之日起六个月内，同时向人民法院和债权人会议提交重整计划草案。期限届满，经债务人或者管理人请求，有正当理由的，人民法院可以裁定延期三个月。债务人或者管理人未按期提出重整计划草案的，人民法院应当裁定终止重整程序，并宣告债务人破产。

我国《企业破产法》第81条规定："重整计划草案应当包括下列内容：（一）债务人的经营方案；（二）债权分类；（三）债权调整方案；（四）债权受偿方案；（五）重整计划的执行期限；（六）重整计划执行的监督期限；（七）有利于债务人重整的其他方案。"

二、重整计划的表决与批准

自收到重整计划草案之日起三十日内，人民法院应召开债权人会议，对重整计划草案进行表决。债务人或者管理人应当向债权人会议就重整计划草案作出说明，并回答询问。

1. 分组形式

重整计划草案必须在债权人会议上根据债权类别进行分组表决。

我国《企业破产法》规定，债权应当分为以下四类：（1）对债务人的特定财产享有担保权的债权；（2）债务人所欠职工的工资和医疗、伤残补助、抚恤费用，所欠的应当划入职工个人账户的基本养老保险、基本医疗保险费用，以及法律、行政法规规定应当支付给职工的补偿金；（3）债务人所欠税款；（4）普通债权。

人民法院在必要时可以决定在普通债权组中设小额债权组对重整计划草案进行表决。债务人的出资人代表可以列席讨论重整计划草案的债权人会议。但债务人的出资人与其他债权人具有明显利益差异，因此有必要单列一组参与表决。

我国破产法第85条第2款规定，重整计划草案涉及出资人权益调整事项的，应当设出资人组，对该事项进行表决。

2. 表决方法

重整计划的表决方式采用双重标准，即同时对人数和债权比例作出法定要求。

我国《企业破产法》第84条规定，出席会议的同一表决组的债权人过半数同意重整计划草案，并且其所代表的债权额占该组债权总额的三分之二以上的，即为该组通过重整计划草案。如果部分表决组没有通过重整计划草案，《企业破产法》第87条规定，债务人或者管理人可以同未通过重整计划草案的表决组协商。该表决组可以在协商后再表决一次。双方协商的结果不得损害其他表决组的利益。最终的表决结果仍然应当遵循双重表决标准。

3.重整计划的批准

只有当各表决组均通过重整计划草案时，重整计划才通过。债务人或者管理人应当自重整计划通过之日起十日内，向人民法院提出批准重整计划的申请。人民法院经审查认为符合规定的，应当自收到申请之日起三十日内裁定批准，终止重整程序，并予以公告。

为了保障破产重整程序的顺利进行，我国《企业破产法》设置了强制批准重整计划草案的制度。当未通过重整计划草案的表决组拒绝再次表决或者再次表决仍未通过重整计划草案时，只要符合法定条件，人民法院可以强制批准该重整计划草案。

我国《企业破产法》规定了强制批准的适用条件："（一）按照重整计划草案，本法第八十二条第一款第一项所列债权就该特定财产将获得全额清偿，其因延期清偿所受的损失将得到公平补偿，并且其担保权未受到实质性损害，或者该表决组已经通过重整计划草案；（二）按照重整计划草案，本法第八十二条第一款第二项、第三项所列债权将获得全额清偿，或者相应表决组已经通过重整计划草案；（三）按照重整计划草案，普通债权所获得的清偿比例，不低于其在重整计划草案被提请批准时依照破产清算程序所能获得的清偿比例，或者该表决组已经通过重整计划草案；（四）重整计划草案对出资人权益的调整公平、公正，或者出资人组已经通过重整计划草案；（五）重整计划草案公平对待同一表决组的成员，并且所规定的债权清偿顺序不违反本法第一百一十三条的规定；（六）债务人的经营方案具有可行性。"

经人民法院强制批准的重整计划对债务人和全体债权人都有约束力。债权人未依照规定申报债权的，在重整计划执行期间不得行使权利；在重整计划执行完毕后，可以按照重整计划规定的同类债权的清偿条件行使权利。

债权人对债务人的保证人和其他连带债务人所享有的权利，不受重整计划的影响。重整计划草案未获得通过且未获得法院强制批准，或者已通过的重整计划未获得批准的，人民法院应当裁定终止重整程序，并宣告债务人破产。

第三节　重整计划的执行、监督与效力

一、重整计划的执行

重整计划由债务人负责执行。人民法院裁定批准重整计划后，已接管财产和营业事务的管理人应当向债务人移交财产和营业事务。

二、重整计划的监督

我国破产法规定，自人民法院裁定批准重整计划之日起，在重整计划规定的监督期内，由管理人监督重整计划的执行。债务人应当向管理人报告重整计划执行情况和债务人财务状况。监督期届满时，管理人应当向人民法院提交监督报告。自监督报告提交之日起，管理人的监督职责终止。管理人向人民法院提交的监督报告，重整计划的利害关系人有权查阅。经管理人申请，人民法院可以裁定延长重整计划执行的监督期限。监督人不尽善良管理人义务履行职责造成损失的，应承担相应的损害赔偿责任。

三、重整计划的效力

经人民法院裁定批准的重整计划，对债务人和全体债权人均有约束力。债权人未依照本法规定申报债权的，在重整计划执行期间不得行使权利；在重整计划执行完毕后，可以按照重整计划规定的同类债权的清偿条件行使权利。按照重整计划减免的债务，自重整计划执行完毕时起，债务人不再承担清偿责任。债权人对债务人的保证人和其他连带债务人所享有的权利，不受重整计划的影响。

四、重整计划的终止

如果在执行过程中由于各种原因债务人不能执行或者不执行重整计划，为了保护利害关系人的权益，根据管理人或者利害关系人的请求，人民法院应当裁定终止重整计划的执行，并宣告债务人破产。

重整计划终止后，债权人在重整计划中作出的债权调整承诺失去效力。债权人因执行重整计划所受的清偿仍然有效，债权未受清偿的部分作为破产债权。但只有在其他同顺位债权人同自己所受的清偿达到同一比例时，才能继续接受分配。为重整计划的执行提供的担保不因重整计划的终止而无效。

小　结

破产重整是指对已经具备或者可能具备破产条件但有再生希望的债务人实施的旨在使其重获经营能力的破产预防程序。企业符合以下三种情况可以依照《企业破产法》的规定进行重整：企业法人不能清偿到期债务，并且资产不足以清偿全部债务；或者企业法人不能清偿到期债务且明显缺乏清偿能力；或者企业法人有明显丧失清偿能力的可能。债务人自行管理财产和营业事务的，由债务人制作重整计划草案。管理人负责管理财产和营业事务的，由管理人制作重整计划草案。当未通过重整计划草案的表决组拒绝再次表决或者再次表决仍未通过重整计划草案时，只要符合法定条件，人民法院可以强制批准重整计划草案。重整计划由债务人负责执行。

知识点

破产重整、重整计划

复习思考

一、简答

1. 简述破产重整的价值。
2. 简述破产重整的原因。
3. 简述有权提出破产重整申请的主体。

二、案例分析

1. 截至 2013 年 6 月 30 日，长航凤凰合并报表项下的负债总额达 58.6 亿元，净资产为 -9.2 亿元，已严重资不抵债。经债权人申请，湖北省武汉市中级人民法院依法裁定受理长航凤凰重整一案，管理人以市场化的重组方式为基础，制定了重整计划草案，获得了债权人会议及出资人会议表决通过。通过资产公开处置、出资人权益调整以及股票公开竞价处置，清偿了重整中的全部债务。同时，由于股票公开竞价处置产生溢价，公司在重整程序中依法获得了约 7000 万元的资金用于补充公司现金流。通过成功实施重整计划，2014 年底实现净资产约 1.2 亿元、营业利润约 2.24 亿元，成功实现扭亏，股票于 2015 年 12 月 18 日恢复上市。案件点评：长航凤凰重整案是以市场化方式化解债务危机的典型案例。借助破产重整程序，长航凤凰以市场化方式成功剥离亏损资产，调整了自身资产和业务结构，优化了商业模式，全面实施了以去杠杆为目标的债务重组，最终从根本上改善了公司的资产及负债结构，增强了持续经营及盈利能力，彻底摆脱了经营及债务困境。

问：(1)结合案情思考破产重整的意义与价值。

(2)破产重整程序的适用条件是什么？

(3)思考如何从法律层面提高破产重整计划的有效性。

2. 2008 年 10 月 15 日，由于无法抵御国际金融危机的打击，中谷集团的资金链断裂，无法清偿到期债务，其法定代表人庞贵雄无奈选择坠楼身亡。为保护自己的债权不受损失，债权人陆续向法院起诉。至 2009 年 7 月，湛江两级法院共受理中谷集团及其下属公司作为被告的诉讼案件二百多宗，涉案标的额 12 亿元，中谷集团及其下属公司的大部分资产被查封。2009 年 9 月 8 日，债权人遂溪县国正经贸糖业有限公司、湛江鑫华糖业有限公司、湛江市中农生产资料有限公司、湛江市霞山区惠华机电阀门销售部、湛江市永辉机电有限公司、湛江市赞裕贸易有限公司、温州天瑞副食品有限公司以中谷集团及其下属公司不能清偿到期债务，且其全部资产难以偿还所欠债务为由，分别向湛江市中级人民法院提出对中谷集团及其下属公司进行破产重整的申请。

问：(1)有权提起破产重整的主体有哪些？

(2)破产重整的价值是什么？

(3)破产重整的原因是什么？

三、课后作业

简述破产重整计划的表决与批准程序。

第十六章　破产和解

【导语】破产和解意味着债务减免或者延期，即债权人利益的让步。当企业陷入破产困境时，债权人关心的是如何保障债务人的现有资产能够完全用于实现自己的债权，因而通常只有债务人才有提起和解的动机和需求。破产和解制度能够有效克服传统清算制度的缺陷，切实维护债务人资产利益，为最大限度实现债权创造条件。

【重点】破产和解的价值、破产和解的程序规则

第一节　破产和解的概念和价值

破产和解是指具备破产原因的债务人，为避免破产清算而与债权人会议就债务清偿的事项达成协议，经人民法院认可而生效的一项破产预防程序。

破产和解属于破产预防的法律范畴。破产和解的重要法律意义体现在：

1. 破产和解有利于维护债务人的利益

传统的破产制度是以债权人利益为中心的强制清偿制度，往往会使破产企业的财产价值贬损，对债务人而言极为不利。破产宣告必然造成企业整体价值的降低以及企业商标、技术等无形资产的毁损，极大浪费了社会资源。企业通过和解，可以取得债权人的谅解，减少债务数额、延长债务清偿期，避免破产清算所造成的财产损失；和解后进行的改革和整顿，也为企业调整经营方向和产品结构创造了条件。

2. 破产和解有利于实现债权人利益的最大化

债权的实现与债务人资产的价值密切相关。作为积极的清偿方式，破产和解有助于企业维持经营或实现振兴，其后可供分配的财产价值将大于原有财产的破产清算价值，从而更有利于实现债权利益最大化。

3. 破产和解有利于维护社会稳定

对于濒临破产的企业，在破产清算过程中，往往会出现即使处置债务人全部财产，也无法完全清偿债权人债务的情况。不彻底的债务清偿必然引起债权呆滞，使众多债权人陷入受偿无望的财务困境，以致发生连锁破产的后果，令社会失业率上升，社会救济负担加

重，企业破产的负面效应不断扩大。相比之下，破产和解制度为调和各方利益冲突、维护企业生存与社会稳定提供了一种较为缓和的偿债方式，有助于避免企业破产带来的社会震荡等不良影响。

第二节　破产和解的程序

一、破产和解的申请

通常只有债务人才能提起和解申请。各国立法普遍将和解程序的申请主体确定为债务人，而后在法院指导和监督下，通过债权人会议表决是否接受和解提议。

从国际上看，破产和解的立法原则分为和解前置主义与和解分离主义两种。英美法系国家一般实行和解前置主义，而大陆法系国家一般实行和解分离主义。和解前置主义的特点是和解是破产宣告的必经前置程序。和解分离主义的特点是破产和解程序与破产宣告程序相互独立，破产程序开始后，当事人既可以直接申请宣告破产，也可以申请进入破产和解程序；和解不成的，再转化为破产宣告程序；在法院受理破产案件后直至破产宣告前，债务人也可以随时申请启动和解程序。

从维护当事人意思自治的角度看，和解分离主义赋予当事人充分的选择权，使其可以依据自身具体情况选择和解或清算来解决纠纷。因此，我国破产立法借鉴了大陆法系的通行做法，采用和解分离主义，使破产和解成为与破产宣告并列的程序。存在破产原因的债务人提起和解申请的时间可以分为两种：一是在破产程序开始前，债务人直接向人民法院申请和解；二是在人民法院受理破产申请后、宣告债务人破产前，债务人向人民法院申请和解。

二、破产和解的受理

和解程序的启动直接关系到债权人债权的实现，因而该申请必须经过债权人会议的讨论和决议，并且经过人民法院的形式审查后才能正式受理。我国《企业破产法》第96条第1款规定，人民法院经审查认为和解申请符合规定的，应当裁定和解，予以公告，并召集债权人会议讨论和解协议草案。另外，针对别除权人，第2款专门规定，对债务人的特定财产享有担保权的权利人，自人民法院裁定和解之日起可以行使权利。

三、破产和解的成立与生效

1. 和解协议的制定与通过

债务人在向法院提出和解申请时，必须提交和解协议草案。人民法院召集债权人会议对债务人提交的和解协议草案进行讨论，之后进行表决。债权人会议表决规则采用债权额比例和人数比例双重标准。通过和解协议的决议，不仅必须由出席会议的有表决权的债权人过半数同意，同时其所代表的债权额须占无财产担保债权总额的三分之二以上。

2. 和解协议的法院认可与否决

破产和解不同于一般民事和解的特殊之处在于，它是一种强制性和解制度，只要债权人会议以法定多数通过和解协议，经法院认可后，不同意和解的少数债权人也要受该决议约束，强制其接受和解。这与一般民事和解须各方意见达成完全一致有重大区别。债权人会议通过和解协议的，由人民法院裁定认可，终止破产程序，并予以公告。管理人应当向债务人移交财产和营业事务，并向人民法院提交执行职务的报告。即使没有正式启动和解程序，在人民法院受理破产申请后，债务人与全体债权人就债权债务的处理自行达成协议的，可以请求人民法院裁定认可，并终结破产程序。

3. 破产和解协议的法律效力

从程序上的效力而言，自和解协议经人民法院裁定认可后，破产清算程序中止，债务人免受破产宣告，和解双方当事人均应按照协议的约定行使权利和履行义务。和解协议执行完毕，破产程序即终止。如果和解协议被人民法院否决，则进入破产清算程序。对当事人的效力而言，经人民法院裁定认可的和解协议，对债务人和全体和解债权人均有约束力。

对于债务人，我国《企业破产法》第102条规定："债务人应当按照和解协议规定的条件清偿债务。"和解协议使债务人免受破产程序的约束，转而受和解协议的制约。此时，债务人重新取得了对企业财产的支配权，为了履行和解协议，可以以自己的意思表示签订新的合同，并对财产加以利用和处分。当然，这种利用和处分行为必须以不侵犯债权人的利益为前提，企业的经营及财务状况应受债权人会议的监督，债务人应定期向债权人会议报告。债务人应当严格执行和解协议的内容，按照和解协议规定的条件清偿债务，并且不得给予个别债权人额外利益。按照和解协议减免的债务，自和解协议执行完毕时起，债务人不再承担清偿责任。债务人不能执行或者不执行和解协议的，人民法院经和解债权人请求，应当裁定终止和解协议的执行，并宣告债务人破产。

根据破产法的规定，人民法院裁定终止和解协议执行的，和解债权人在和解协议中作出的债权调整承诺失去效力。和解债权人因执行和解协议所受的清偿仍然有效，和解债权未受清偿的部分作为破产债权参与破产分配。

对于债权人，和解协议生效后，对全体无财产担保债权人即产生约束力，表现为限制其清偿权利的行使。具体而言，和解债权人只能按照协议约定的期限和方式受偿，不得要求或接受和解协议之外的单独利益，无权提出民事执行申请。和解协议的效力及于除有财产担保的所有债权。无论债权人是否申报债权、是否参加和解程序，无论其是否参加债权人会议、是否表决同意和解，均受和解协议约束。自和解协议生效起，由和解协议所议定的债权便转化为和解债权，享有这种债权的主体称为和解债权人。但是，有财产担保的债权人不受协议的约束。为避免因担保物被执行而使企业正常经营难以进行，债务人应与担保债权人单独达成个别和解协议。

4. 和解协议的无效及终止

我国《企业破产法》规定了和解协议的无效制度。如果债务人因为欺诈或者其他违法行为而使和解协议成立，人民法院应当裁定无效，并宣告债务人破产。和解债权人因执行和解协议所受的清偿，在其他债权人所受清偿同等比例的范围内，不予返还。债务人不能执行或者不执行和解协议的，人民法院经和解债权人请求，应当裁定终止和解协议的执行，并宣告债务人破产。人民法院裁定终止和解协议执行的，和解债权人在和解协议中作出的债权调整承诺失去效力。和解债权人因执行和解协议所受的清偿仍然有效，和解债权未受清偿的部分作为破产债权。前款规定的债权人，只有在其他债权人同自己所受的清偿达到同一比例时，才能继续接受分配。

✦ 小 结

破产和解是指具备破产原因的债务人，为避免清算而与债权人会议就债务清偿的事项达成协议，经法院认可生效的一项破产预防程序。人民法院经审查认为和解申请符合本法规定的，应当裁定和解，予以公告，并召集债权人会议讨论和解协议草案并进行表决。自和解协议经人民法院裁定认可后，破产清算程序中止，债务人免于破产宣告，和解双方当事人均应按照协议的约定行使权利和履行义务。破产和解属于破产预防的法律范畴，它的重要法律意义体现在：破产和解有利于维护债务人的利益；破产和解有利于实现债权人利益的最大化；破产和解有利于维护社会稳定。

✦ 知识点

破产和解、和解协议

✦ 复习思考

一、简答

1. 简述可以申请破产和解的条件。
2. 简述破产和解的价值。
3. 简述有权提出破产和解申请的主体。

二、案例分析

1. 郑州中原显示技术有限公司（简称中显公司）成立于1988年，由于资金、管理等方面的问题，中显公司经营陷入困境。2008年3月3日，中显公司向郑州高新区法院申请破产，此时中显公司负债一亿一千二百余万元，累计亏损高达一亿七千四百余万元。案件结果：2009年10月，法院经过深入研究后，创造性地提出了以债务和解为突破口来解决中显公司破产案件，并积极寻找战略收购投资人以合适的方式收购中显公司。最终，在债权人、管理人及人民法院的共同努力下，债权人豁免了一亿多元的债务，各债权人也都得到了部分清偿，最大限度地挽回了损失。中显公司和解成功，实现了重生。案件点评：中显公司破产和解实现了多方共赢：和解保住了中显公司在电子显示领域享有盛名的品牌，企业甩掉了沉重的债务，得以轻装上阵，重新焕发生机；债权人能够及时受偿，用于其他商业再投资，获取收益；战略收购投资人盘活了自有资产，实现了投资收益最大化；企业职工的稳定就业和生活问题得到实际解决，化解了潜在的社会不和谐因素。

问：（1）结合案情思考破产和解的意义与价值。
（2）破产和解程序的适用条件和难点分别是什么？

（3）破产和解的程序性规则有哪些？

2.湖南嘉丰建材有限公司成立于2004年11月8日，注册资本为2800万元。注册登记机关为临澧县工商行政管理局。近年来，由于宏观经济形势下行等多种主客观因素，申请人资金链紧张，大量到期债务不能清偿，并于2014年陷入半停产状态。2015年5月15日，深圳东银冠投资合伙企业（有限合伙）曾以申请人不能清偿其到期债务为由向本院申请湖南嘉丰建材有限公司破产清算，后经双方协商撤回申请。经申请人自行清产核资，截至2015年8月20日，其负债总额为207382205.37元，资产总额为152883814.33元。申请人目前资金严重不足，且财产不能变现。

问：（1）有权提起破产和解的主体是哪些？

（2）申请破产和解的条件是什么？

三、课后作业

简述和解协议的制定与通过的程序。

第十七章　破产清算

【导语】破产宣告裁定的作出，是破产企业真正开始进入清算的标志，预示着破产企业已经走向倒闭，并将确定无疑且不可逆转地进入破产清算程序。

【重点】破产宣告及其效力、破产别除权、破产费用和共益债务、破产分配

第一节　破产宣告

一、破产宣告概述

破产宣告是指人民法院依据当事人提出的破产申请或依照法院职权，经审查认定后裁定债务人破产的法律行为。破产宣告裁定的作出，将会对债务人、债权人以及其他有利害关系的第三人的人身或财产造成一定影响。

二、破产宣告的裁定及效力

一旦宣告破产，破产案件将确定无疑且不可逆转地进入破产清算程序，其效力有以下三个方面。

第一，对债务人及其行为的效力。债务人被宣告破产后，称为破产人。破产企业将不可避免地进入破产清算程序。

第二，对债务人财产的效力。债务人的财产转为破产财产，由管理人占有、支配，并用于破产分配。债务人财产成为一个完全为实现破产清算目的而存在的财产集合体，除非管理人或者债权人会议认为确有必要继续生产经营，否则破产企业应停止所有经营活动。

第三，对债权人的效力。债权进入清算阶段。对破产人的特定财产享有担保权的权利人，对该特定财产享有优先受偿的权利。享有优先受偿权的债权人行使优先受偿权未能完全受偿的，其未受偿的债权作为普通债权；放弃优先受偿权的，其债权转为普通债权。

第二节　破产别除权

一、破产别除权的概念

破产别除权，是指在破产程序开始之前，已就债务人的特定财产设定了担保物权或者存在其他特别优先权的，在债务人被宣告破产后，该权利人享有就该特定财产不依照破产清算程序而优先获得清偿的权利。

别除权是大陆法系破产法特有的概念，在英美法系破产法中与之相对应的概念为"有担保的债权"。我国《企业破产法》第 109 条规定："对破产人的特定财产享有担保权的权利人，对该特定财产享有优先受偿的权利。"

二、别除权的行使

按照相关法律规定，别除权的行使应当符合以下条件：

1. 担保权应当合法有效

别除权人的担保物权或优先权必须符合《民法典》及其他特别法的规定。担保合同是主债权债务合同的从合同。如果主债权债务合同无效，则担保合同无效，但法律另有规定的除外。因此，担保权和破产中的债权都必须具备法律规定的合法有效要件，欠缺有效要件的，在破产程序中不得主张优先受偿的权利。

2. 债权和担保权应当符合《企业破产法》的规定

（1）该担保物权或者特别优先权的标的物须为债务人的特定财产；（2）债权和担保物权或者特别优先权应当成立于法院受理破产申请之前；（3）该债权和担保物权或者特别优先权的成立不得违反《企业破产法》相关强制性规定，例如第 31 条、第 32 条、第 33 条规定。（4）担保物权或者特别优先权的行使应符合《企业破产法》有关程序性规定，如第 75 条的限制性规定。

3. 应在担保物权或者特别优先权的存续期间行使，不得超过法律规定的期限主张优先受偿

对于抵押权，抵押权人应当在主债权诉讼时效期间行使；未行使的，人民法院不予保护。对在《民法典》施行前设立的抵押权，根据有关司法解释规定，担保权人应在主债权诉讼时效期间届满之日起两年内行使。

对于建设工程价款优先受偿权，建设工程承包人行使优先权的期限最长不得超过 18 个月，自发包人应当给付建设工程价款之日起算。

对于船舶优先权，其原则上不因船舶所有权的转让而消灭。但是，船舶转让时，船舶优先权自法院应受让人申请予以公告之日起 60 日内不行使的除外。并且，船舶优先权应自优先权产生之日起 1 年内行使，凡具有船舶优先权的海事请求，自优先权产生之日起满 1 年未行使的，其权利消灭。

对于民用航空器优先权，我国《民用航空法》第 25 条规定："民用航空器优先权不因民用航空器所有权的转让而消灭；但是，民用航空器经依法强制拍卖的除外。"民用航空器优先权自援救或者保管维护工作终了之日起满三个月时终止。当然，债权人就其债权已经依照法律进行登记，并且债权人、债务人已经就此项债权的金额达成协议的；或者有关此项债权的诉讼已经开始的除外。

第三节　破产费用和共益债务

破产费用是指破产案件受理后，在破产程序中发生的各项费用。根据我国《企业破产法》第41条的规定，下列三项费用属于破产费用：（1）破产案件的诉讼费用；（2）管理、变价和分配债务人财产的费用；（3）管理人执行职务的费用、报酬和聘用工作人员的费用。

共益债务是指在破产过程中为了维护全体债权人的共同利益而形成的债务。根据《企业破产法》第42条的规定，以下六项费用属于共益债务：（1）因管理人或者债务人请求对方当事人履行双方均未履行完毕的合同所产生的债务；（2）债务人财产受无因管理所产生的债务；（3）因债务人不当得利所产生的债务；（4）为债务人继续营业而应支付的劳动报酬和社会保险费用以及由此产生的其他债务；（5）管理人或者相关人员执行职务致人损害所产生的债务；（6）债务人财产致人损害所产生的债务。

根据我国破产法规定，破产费用和共益债务的清偿应当遵循以下原则：

（1）随时清偿原则。法律规定，破产费用和共益债务由债务人财产随时清偿。

（2）破产费用优先清偿原则。当债务人财产不足以清偿所有破产费用和共益债务时，优先清偿破产费用。为了保证破产程序顺利进行，首先要保证破产费用能够得到清偿，否则破产案件将无法再进行下去。

（3）比例清偿原则。当债务人财产不足以清偿所有破产费用和共益债务时，按照比例清偿。

债务人财产不足以清偿破产费用的，管理人应当提请人民法院终结破产程序。人民法院应当自收到请求之日起15日内裁定终结破产程序，并予以公告。

第四节　破产变价和破产分配

一、破产变价

破产变价是指管理人将破产财产中的非金钱财产，以变卖或拍卖的方式，转变为金钱财产，以便于破产分配的行为或过程。别除权是大陆法系破产法专有的概念，在英美法系破产法中与之相对应的概念为"有担保的债权"。

我国《企业破产法》第109条规定："对破产人的特定财产享有担保权的权利人，对该特定财产享有优先受偿的权利。"

（一）破产变价方案

管理人应当及时拟定破产财产变价方案，提交债权人会议讨论。

(二) 破产财产的评估

为了使破产财产的变价公平进行，需要由专业机构对破产财产进行评估。

(三) 破产财产的变卖

变价出售破产财产应当通过拍卖进行。但是，债权人会议另有决议的除外。破产企业可以全部或者部分变价出售。企业变价出售时，可以将其中的无形资产和其他财产单独变价出售。按照国家规定不能拍卖或者限制转让的财产，应当按照国家规定的方式处理。

二、破产分配

破产分配，是指破产管理人将变价后的破产财产，根据法律规定以及经合法程序确定的分配方案，对全体破产债权人进行公平清偿的程序。破产分配是破产清算的最后程序，一旦破产分配完成，破产程序即终结。

(一) 分配顺序

根据我国《企业破产法》第 113 条的规定，破产财产在优先清偿破产费用和共益债务后，依照下列顺序清偿：(1)破产人所欠职工的工资和医疗、伤残补助、抚恤费用，所欠的应当划入职工个人账户的基本养老保险、基本医疗保险费用，以及法律、行政法规规定应当支付给职工的补偿金(第一顺序)；(2)破产人欠缴的除前项规定以外的社会保险费用和破产人所欠税款(第二顺序)；(3)普通破产债权(第三顺序)。此外，在计算第一顺序的债权分配时，破产企业的董事、监事和高级管理人员的工资按照该企业职工的平均工资计算。高出该企业职工平均工资的部分，可以作为普通破产债权在第三顺位中清偿。

破产法规定分配顺序的意义在于，依据一定的法律政策确定不同类别的请求权人的受偿顺序，使顺序在先的请求权人能够优先于顺序在后的请求权人获得清偿。

为了实现这一目的，按顺序清偿必须遵守如下规则：(1)首先清偿在先顺序的债权；(2)在先顺序清偿完毕后，有剩余财产的，进行下一顺序的清偿；(3)对每一顺序的债权，破产财产足够清偿的，予以足额清偿；不足清偿的，按比例清偿；(4)按比例分配后，无论是否有未获分配的下一顺序债权，破产分配均告结束。例如，在清偿第一顺序债权后，剩余财产不足清偿第二顺序债权，则第二顺序债权按比例清偿后，结束破产分配。

(二) 分配方案

破产分配方案是载明破产财产如何用于破产分配和各破产债权人如何获得破产分配的书面文件。破产财产分配方案应当载明下列事项：(1)参加破产财产分配的债权人名称或者姓名、住所；(2)参加破产财产分配的债权额；(3)可供分配的破产财产数额；(4)破产财产分配的顺序、比例及数额；(5)破产财产分配的方法。

破产分配方案与债权人的受偿利益攸关。破产宣告后，管理人应当及时拟订破产财产分配方案，并提交债权人会议讨论。在债权人会议讨论时，如果个别债权人认为分配方案的记载事项有错误，可以要求更正。债权人会议通过破产财产分配方案的决议，由出席会议的有表决权的债权人过半数通过，并且其所代表的债权额必须占无财产担保债权总额的

1/2 以上。该决议经债权人会议二次表决仍未通过的，由人民法院裁定。经债权人会议通过的分配方案，须报请人民法院裁定认可后，方可执行。人民法院认为分配方案符合法律规定且不损害债权人利益的，应当裁定认可。债权人认为债权人会议的决议违反法律规定，损害其利益的，可以自债权人会议作出决议之日起 15 日内，请求人民法院裁定撤销该决议，责令债权人会议依法重新作出决议。对于债权人会议通过的破产分配方案，已申报的债权人有异议的，可以按照破产法的规定，在债权人会议作出决议后的 7 日内提请人民法院裁定，人民法院认为分配方案有错误的，可以要求管理人予以变更。管理人应将变更意见提交债权人会议批准后，报请人民法院裁定认可。

（三）分配方案的执行

破产分配方案经债权人会议通过并获得法院裁定生效后，由管理人负责执行。管理人按照破产财产分配方案实施多次分配的，应当公告本次分配的财产额和债权额。管理人实施最后分配的，应当在公告中指明，对于附生效条件或者解除条件的债权，管理人应当将其分配额提存。在最后分配公告日，生效条件未成就或者解除条件成就的，应当分配给其他债权人；在最后分配公告日，生效条件成就或者解除条件未成就的，应当交付给债权人。

破产财产的分配应当以货币分配方式进行。但是，债权人会议另有决议，准予非金钱分配的，从其决议。对于债权人未受领的破产财产分配额，管理人应当提存。如果债权人自最后分配公告之日起满两个月仍不领取的，视为放弃受领分配的权利，管理人或者人民法院应当将提存的分配额分配给其他债权人。在破产财产分配时，对于诉讼或者仲裁未决的债权，管理人应当将其分配额提存。自破产程序终结之日起满两年仍不能受领分配的，人民法院应当将提存的分配额分配给其他债权人。财产分配完结后，管理人应当及时向人民法院提交破产财产分配报告，并提请人民法院裁定终结破产程序。

第五节 破产程序的终结

破产程序的终结，是指破产清算程序的结束。

一、破产程序终结的原因

根据我国《破产法》规定，破产程序基于以下原因而终结：

（1）破产财产不足以支付破产费用。《企业破产法》第 43 条第 4 款规定，债务人财产不足以清偿破产费用的，管理人应当提请人民法院终结破产程序。人民法院应当自收到请求之日起 15 日内裁定终结破产程序，并予以公告。

（2）债务人与债权人达成协议。《企业破产法》第 105 条规定，人民法院受理破产申请后，债务人与全体债权人就债权债务的处理自行达成协议的，可以请求人民法院裁定认可，并终结破产程序。

（3）债权得到全部清偿。《企业破产法》第 108 条规定，破产宣告前，有下列情形之一的，人民法院应当裁定终结破产程序，并予以公告：第三人为债务人提供足额担保或者为债务人清偿全部到期债务的；债务人已清偿全部到期债务的。

（4）无财产可供分配。

《企业破产法》第 120 条第 1 款规定，破产人无财产可供分配的，管理人应当请求人民法院裁定终结破产程序。

（5）财产分配完毕。

《企业破产法》第 120 条第 2 款、第 3 款规定，管理人在最后分配完结后，应当及时向人民法院提交破产财产分配报告，并提请人民法院裁定终结破产程序。人民法院应当自收到请求之日起 15 日内作出是否终结破产程序的裁定。裁定终结的，应当予以公告。

二、破产程序终结的后果

（一）对债务人

债务人因破产程序终结而丧失民事主体资格，尚未得到清偿的破产债权归于消灭。

（二）对债权人

破产人未得到清偿的债权因破产程序终结而消灭，破产债权人不得向破产企业的出资人请求偿还剩余债权。但是，如果破产人有保证人和其他连带债务人，在破产程序终结后，债权人依照破产清算程序未受清偿的债权，可以请求其清偿。

（三）对管理人

管理人应当自破产程序终结之日起十日内，持人民法院终结破产程序的裁定，向破产人的原登记机关办理注销登记。管理人于办理注销登记完毕的次日起终止执行职务。但是，存在诉讼或者仲裁未决情况的除外。

三、追加分配

追加分配是指在破产终结后两年内，债权人对于新发现的债务人可供分配的财产，可以请求法院按照破产程序对尚未获得足额清偿的破产债权人进行补充分配。其特征为：

（1）在时间上，必须是在破产程序终结后两年内新发现的破产财产。

（2）在形态上，必须是可供分配的破产财产。追加财产为新发现的依破产程序前的无效行为而应追回的财产和新发现的破产人的财产。

（3）在数额上，必须是达到一定数额的财产，才能实施追加分配。当发现的财产数量不足以支付分配费用的，不再进行追加分配，由人民法院将其上缴国库。

追加分配由人民法院负责执行。分配时应当按照原破产财产分配方案确定的顺序和比例进行。

✦ 小　结

破产宣告是指人民法院依据当事人提出的破产申请或依照法院职权，经审查，裁定债务人破产的法律行为。债务人被宣告破产后，即称为破产人，破产企业将不可避免地陷入破产境地。债务人的财产转为破产财产，由管理人占有、支配，并进行破产分配。债权进入清算阶段,对破产人的特定财产享有担保权的权利人,对该特定财产享有优先受偿权利。享有优先受偿权的债权人行使该权利未能完全受偿的,其未受偿的部分转为普通债权;放弃优先受偿权的,其债权亦转为普通债权。破产分配是指破产管理人将变价后的破产财产,根据法定顺序并经合法程序确定的分配方案,对全体破产债权人进行公平清偿的程序。财产分配完毕后,由管理人提请人民法院裁定终结破产程序。

知识点

破产宣告、破产别除权、破产费用、共益债务、破产变价

复习思考

一、简答

1. 简述破产宣告的裁定及效力。
2. 简述破产别除权的行使方式。
3. 简述破产费用和共益债务的清偿应当遵循的原则。

二、案例分析

1. 2016年10月11日,南京波利玛机械设备有限公司(以下简称波利玛公司)管理人向法院提出申请,称该公司存货变现后的款项为81288元,已发生破产费用合计157511元(包括厂房租金4.8万元、审计费用4万元、评估费用4万元、聘用人员费用24088元、管理人执行职务的费用约5423元),后期还存在办理公告费、为该公司办理工商、税务、外汇登记证、组织机构代码证、银行账户等各登记事项注销手续所需手续费、交通费、邮寄费等。现波利玛公司的财产不足以清偿破产费用,根据《中华人民共和国企业破产法》第四十三条第四款的规定,请求法院终结波利玛公司破产清算程序。

问:(1)破产费用是什么?
(2)债务人财产不足以清偿破产费用的,管理人应该怎么做?

2. 广东国投公司原名为广东省信托投资公司。1992年以来,广东国投公司由于经营管理混乱,不能支付到期巨额境内外债务,严重资不抵债。1998年10月6日,中国人民银行决定关闭广东国投公司,并组织清算组对其进行关闭清算。关闭清算期间,广东国投公司的金融业务和相关的债权债务由中国银行托管,其属下的证券交易营业部由广东证券有限责任公司托管,其业务经营活动照常进行。自1998年10月6日至1999年1月6日为期三个月的关闭清算查明:广东国投公司的总资产为214.71亿元,负债361.65亿元,总资产负债率168.23%,资不抵债146.94亿元。1999年1月11日,中国银行发布《关于清偿原省国投自然人债权的公告》,鉴于广东国投公司已严重资不抵债、无力偿还巨额债务,对自然人债权的清偿,只支付本金,不支付利息;中国银行清偿广东国投公司自然人债权后,中国银行广东省分行代广东省财政厅依法申报债权,以普通债权人的身份按破产清偿顺序受偿。

问：（1）有权申请破产清算的主体有哪些？

（2）公司进入破产清算程序的条件是什么？

三、课后作业

简述破产财产的分配顺序。

第四编

证券法

第十八章　证券法概述

【导语】广义的证券法是指所有调整证券关系的法律规范，不仅包括狭义的证券法，也包括其他法律中关于证券方面的规定，如公司法、票据法、刑法、民法等以及其他法律、法规关于证券方面的规定。狭义的证券法是指一国制定的调整证券关系的专门法律，如《证券法》《证券交易法》等。

【重点】证券的概念和种类、证券法的概念与特征、证券法的基本原则、证券商的概念与类型

第一节　证券的概念和特征

一、证券的概念

法律意义上的证券有广义和狭义之分。广义的证券是指以证明或设定权利为目的而制成的书面凭证，分别由民法、商法和行政法调整；狭义的证券则是指资本证券，或证券法上的证券，主要由证券法调整。

证券法上的证券，是指发行人为筹集资本而发行的，表示持有人对发行人享有股权或债权的书面凭证，包括股票、债券、投资基金和金融衍生工具等。

从法学角度来看，证券是指在专用的纸质凭证或其他载体上借助文字或图形来表现特定民事权利的书面凭证。随着社会经济的发展，计算机技术以及网络通信技术的进步，证券不再表现为单一的传统纸质凭证形式，出现了民事权利的证券化和证券形式的电子数据化趋势，使得证券的发行与交易活动更加迅捷，交易范围和交易规模更加扩大。

二、证券的特征

(1)证券是一种投资凭证，即以货币购买公司发行的股票或债券，从而间接参与公司利润分配的凭证。证券可以证明投资者的投资，同时代表了投资者的一定权利，如请求分配红利的权利、还本付息的权利、参加股东大会的权利等。

(2)证券是一种权益凭证，是用来证明证券持有人享有某种特定权益的法律凭证。证

券投资者凭证券获取相应收益，如股息分红、债息收入、基金分红、获得送股或赠股等。

（3）证券是一种可转让的权利凭证，是一种可以自由流通转让的无形资产。证券通常是财产权利的凭证，证券持有者可以随时将证券转让出卖以实现自身权利。

（4）证券是一种要式凭证，各类证券对其要素、内容以及应载明的种类、金额、收付款单位、收付款日期都有明确的规定。传统意义上的凭证一般须采用书面形式，并对样式或格式、记载内容以及签章有所规范。现代资本证券大多实行电子化或簿记方式，其中电子输入中的代码以及密码，是电子证券不可缺少的基本要素。

第二节　证券的种类

依照《中华人民共和国证券法》（第十届全国人大常委会第十八次会议通过，2006 年 1 月 1 日起施行，2019 年 12 月 28 日第十三届全国人民代表大会常务委员会第十五次会议第二次修订，以下简称《证券法》）的规定，我国《证券法》上的证券包括股票、公司债券以及国务院依法认定的其他证券。目前，我国证券市场上发行和流通的证券，主要有股票、债券、基金、权证以及证券衍生品种等。

一、股票

股票是指股份有限公司发行的，用以证明投资者的股东身份和权益，并据以获得股息和红利的可转让书面凭证。《公司法》规定，股份有限公司的资本划分为股份，每一股的金额相等。每股股票都代表股东对股份公司拥有一个基本单位的所有权，股东所有权份额的大小取决于其持有的股票数量占公司总股本的比重。股东行使这种所有权主要表现为参加股东大会、收取股息或分享红利，参与公司重大经营决策的制定与表决等，同时也要共同承担公司运作失误所带来的风险。股票是股份公司资本的构成部分，可以转让、买卖或作价抵押，是资本市场的主要长期信用工具。

按照所代表的股东权利的不同，股票可分为普通股票和特别股票（优先股票）；按照票面是否记载股东姓名，股票可分为记名股票和无记名股票；按照票面是否记载金额，股票可分为有面额股票和无面额股票；按照持股主体不同，股票可分为国家股、法人股、个人股及外资股；按照购买股票的币种不同，股票可分为 A 股和 B 股等。

二、债券

债券是政府、金融机构、工商企业等在筹措资金时向社会公众投资者发行的按一定利率支付利息并按约定条件偿还本金的债权债务凭证。

债券的本质是表示债权债务关系的书面凭证，债券发行人即债务人，债券购买者或投资者即债权人，债券购买者或投资者作为债券持有人有按约定的条件向债券发行人取得利息和到期收回本金的权利。债券作为一种债权债务凭证，是一种虚拟资本，它是经济运行中实际运用的真实资本的证书。债券作为一种重要的融资手段和金融工具，可以在流通市场上自由转让。

根据发行主体的不同，债券可以分为：（1）政府债券。政府债券是政府为了筹集财政资金或建设资金，以其信誉作为担保，按一定程序向社会公众投资者募集资金而发行的债券。依照我国《证券法》第2条第2款的规定，政府债券、证券投资基金份额的上市交易，适用本法；其他法律、行政法规另有规定的，适用其规定。（2）金融债券。金融债券是由金融机构为了筹集资金，向投资者发行的，承诺到期还本付息的证券。（3）公司债券。公司债券是指公司依照法定程序发行、约定在一定期限内还本付息的有价证券。按照我国《公司法》的规定，在我国，公司发行债券应当符合《证券法》规定的发行条件。

三、基金

基金是一种利益共享、风险共担的集合投资方式。

证券法中的基金是指证券投资基金，即依照《证券投资基金法》及基金章程的规定，通过公开发行受益凭证，募集社会公众投资者的资金，交由专门管理机构营运，用于证券投资并盈利的一种组织形式。其中，基金管理公司通过发行基金单位，集中投资者的资金并由银行作为基金托管人，指定基金管理人管理和运用资金，从事股票、债券等金融工具投资。同时，还可以投资企业和项目，并共担投资风险和分享收益。

四、权证

权证是证明持有人拥有特定权利的契约，是由标的证券发行人或其以外的第三人发行的，约定持有人在规定期间内或特定到期日，有权按约定价格向发行人购买或出售标的证券，或以现金结算方式收取结算差价的有价证券。其中，发行人是指上市公司或证券公司等机构，标的证券可以是股票、基金、债券或其他证券。

权证一般可分为认购权证和认沽权证。认购权证，是指持有认购权证者，可在规定期间内或特定到期日，有权按约定价格向发行人购买标的股票；认沽权证，是指持有认沽权证者，可在规定期间内或特定到期日，有权按约定价格向发行人卖出标的股票。

五、证券衍生品种

证券衍生品种是一个集合概念，是在证券基础上衍生出来的各种证券交易品种的总称。常见的衍生品种有股票指数、股票权证、股指期货等。

证券衍生品种的出现是证券市场风险规避的需要，但同时也会带来新的证券交易风险。目前，我国证券市场上已发行各种股票权证，并即将推出股指期货。一个市场证券衍生品种的多寡可以反映出该市场的深度和广度，是新兴市场进行金融创新的必要工具。

第三节 证券市场

一、证券市场的概念与分类

证券市场是证券发行与流通以及与此相适应的组织与管理方式的总称，它由金融工具、交易场所以及市场参与主体等要素构成，是现代金融市场极其重要的组成部分。

按照不同的标准，可以对证券市场进行不同的分类。

1. 证券发行市场与证券流通市场

证券发行市场，又称一级市场或初级市场，是指证券发行主体将新发行和增资发行的股票或债券通过承销商出售给投资者的市场。证券流通市场，又称二级市场或次级市场，是指投资者把在发行市场上买来的证券再次或重复多次投入流通，实现证券在不同投资者之间不断买卖的市场。

2. 场内交易市场与场外交易市场

场内交易市场，又称集中交易市场，一般为证券交易所设立的交易场所。证券交易所通常采取集中竞价的交易方式，是上市证券的主要交易场所。场外交易市场，是指证券交易所以外的其他证券交易市场，它是交易所市场的重要补充。

3. 股票、债券、基金与证券衍生品种市场

股票市场，又称股市，是指发行和买卖股票的市场。债券市场，又称债市，是指发行和买卖债券的市场。基金市场，是指基金证券发行和流通的市场。证券衍生品种市场，是指各种衍生证券的上市与交易的市场，包括期货市场、期权市场以及其他证券衍生品种市场。

二、证券市场的主体

证券市场的主体，是指参与证券市场活动的各种法律主体，包括证券发行主体、证券投资主体、证券服务中介机构、证券业自律组织和证券监管机构。

1. 证券发行人

证券市场的发行人主要有以下几类：（1）政府。政府为弥补财政赤字或筹集建设所需资金，可在证券市场上发行政府债券。政府包括中央政府和地方政府，在我国，目前只有中央政府发行政府债券。（2）金融机构。金融机构可以在证券市场上发行金融债券，增加信贷资金来源。这里的金融机构，主要是指商业银行、政策性银行和其他非银行金融机构。（3）有限责任公司。有限责任公司如果符合《证券法》第16条的规定，可以发行公司债券。（4）股份有限公司。股份有限公司发行股票，是筹措资本金的主要形式，其发行的股票，可以通过转让或上市进行流通，股份有限公司也可以通过发行公司债券融资。

2. 证券投资者

证券投资者，是指根据证券发行人的招募要约，已认购或购买证券或者将认购或购买证券的个人或组织。按照投资者身份，证券投资者分为个人投资者和机构投资者，机构投资者又可再分为金融机构、基金组织、企业组织或其他机构，如国有资产管理局。在国外证券市场，机构投资者往往是投资者的主要存在形式，但我国目前个人投资者数量相当庞大。

3. 证券服务中介机构

证券服务中介机构，通常是指为证券发行与交易提供服务的各种中介机构，一般包括证券交易所、证券登记结算机构、证券公司、证券服务机构。证券交易所，是指为证券发行和交易提供场所和设施服务的机构，通常依法兼有部分证券监管职责。证券登记结算机构，是指为证券发行和交易提供登记、保管、结算、过户等服务的中介机构。证券公司，是指为证券交易提供代理服务的中介机构。证券服务机构，是指为证券发行、交易提供各种其他服务的中介机构，一般包括投资咨询机构、财务顾问机构、资信评级机构、资产评估机构、会计师事务所、律师事务所等。

三、证券市场的结构

1. 层次结构

按顺序关系划分，证券市场的构成可分为证券发行市场和证券交易市场。证券发行市场又称"一级市场"或"初级市场"，是指发行人以筹集资金为目的，按照一定的法律规定和发行程序，向投资者出售新证券所形成的市场。证券交易市场又称"二级市场"或"次级市场"，是指已发行的证券通过买卖交易实现流通转让的市场。

2. 品种结构

证券市场按品种关系的构成主要有股票市场、债券市场、基金市场等。股票市场交易的对象是股票，股票的市场价格除了与股份公司的经营状况和盈利水平有关外，还受到政治、社会、经济等多方面因素的综合影响，因此，股票价格经常处于波动之中。债券因有固定的票面利率和期限，因此，相对于股票价格而言，市场价格比较稳定。封闭式基金在证券交易所挂牌交易，开放式基金则通过投资者向基金管理公司申购和赎回实现流通转让。

3. 交易场所结构

按交易活动是否在固定场所进行，证券市场可分为有形市场和无形市场。有形市场也称为"场内市场"，是指有固定场所的证券交易所市场。有形市场的诞生是证券市场走向集中化的重要标志之一。无形市场也称为"场外市场"，是指没有固定交易场所的市场。

四、证券市场与一般商品市场的区别

证券市场与一般商品市场的主要区别为：

（1）交易对象不同。一般商品市场的交易对象是各种具有不同使用价值、能满足人们某种特定需求的商品。而证券市场的交易对象是作为经济权益凭证的股票、债券、投资基金券等有价证券。

（2）交易目的不同。证券交易的目的是实现投资收益，或筹集资金。而购买一般商品的目的主要是满足某种消费的需要。

（3）交易对象的价格决定因素不同。一般商品市场的价格，其实质是商品价值的货币表现，取决于生产商品的社会必要劳动时间的长短。而证券市场的证券价格实质是利润的分割，是预期收益的市场表现，与市场利率关系密切。

（4）市场风险不同。一般商品市场由于实行的是等价交换原则，价格波动较小，市场前景的可预测性较强，因而风险较小。而证券市场的影响因素复杂多变，价格波动大且具有不可预测性，投资者的投资能否取得预期收益具有较大的不确定性，所以风险较大。

第四节 证券法的概念与特征

一、证券法的概念

证券法是指调整证券市场的参与者在证券的募集、发行、交易、服务、监督管理过程中所发生的社会经济关系的法律规范的总称。

我国于1998年第九届全国人民代表大会常务委员会第六次会议通过了《证券法》，并于2004年、2005年、2014年和2019年进行了修订。

我国的《证券法》是调整证券发行、交易、监督管理及其他相关活动的基本法，是证券市场主体必须遵守的基本规范。

二、证券法的特征

（1）强制性。证券法的规范以强制性为主，如强制发行人公开披露信息，禁止从事内幕交易、操纵市场、欺诈客户、虚假陈述等欺诈行为。证券法的强制性还体现在严格的法律责任上。违反证券法的法律责任，不仅有民事责任，还有行政责任和刑事责任。

（2）技术性。证券的发行和交易必须遵守一定的规则，才能保证证券发行和交易的公平、安全、快捷、有效。证券法中包含了大量的技术性操作规则，如证券交易集中竞价规则、持股信息披露规则、上市公司要约收购规则等，均具有较强的技术性。

（3）兼容性。证券法既调整证券发行人、证券承销商、证券交易所、投资者之间的平等主体关系，又调整国家证券管理机构与证券市场参与者之间隶属性质的监督管理关系，因而兼有公法与私法的属性。

（4）国际性。金融国际化促进了国际证券业的相互合作，证券法的诸多基本概念和基本模式在世界各国大体相同，各国的证券法亦开始兼顾国际上的通行做法。我国的证券立法也在逐步与国际惯例接轨，并呈现出一定的国际性。

第五节　证券法的基本原则

一、公开原则

公开原则也称信息公开原则，是指证券发行者在证券发行前或发行后，根据法定的要求和程序，向证券监督管理机构和证券投资者提供符合规定的、有可能影响证券价格走势的资料和信息。

公开原则是证券发行和交易活动应遵循的基本原则，也是对证券市场进行监管的有效手段。证券法的公开原则所包含的内容是多方面的，凡是与证券和证券市场有关的一切活动与信息都应当公开。根据证券法的公开原则，要求公司和有关单位等信息披露义务人所公开的信息必须达到真实、准确、完整、充分、及时和可利用，不得有任何虚假记载、误导性陈述或重大遗漏。

二、公平原则

公平原则是指在证券发行和证券交易中，双方当事人的法律地位平等、法律待遇平等、法律保护平等，所有市场参与者的机会平等。

证券市场应建立起公平竞争的市场秩序和价格形成机制，建立起透明、公开和合理的交易规则，使证券法律关系主体参加证券市场活动的机会均等，参与证券活动的主体在权利、义务的享有和承担上对等。不论是投资者还是证券商，不论是个人投资者还是机构投资者，不论投资数额的多少和交易量的大小，一律在平等、自愿的基础上按照等价有偿的原则进行交易。

三、公正原则

公正原则是指证券的发行和交易适用统一规范。在执法与监管上，对证券市场参与者一视同仁，对其合法权益同等保护，对违法者同等制裁。监管者依法监管、严肃执法，不搞差别待遇，不搞差别歧视，更不搞权钱交易。

公正原则旨在保护正当的市场运作，禁止人为操纵市场，禁止通过各种欺诈手段影响市场、从中渔利。为了保障证券交易的公正性，证券市场的监管人员、证券公司的管理人员和从业人员以及其他有关人员必须依法实施监管行为和从事经营活动，严格遵守交易规则和操作程序。

四、诚信原则

诚信原则也称诚实信用原则，是指民事主体在从事民事活动时，应讲诚实、守信用，以善意的方式履行其义务，不得滥用权利及规避法律或合同规定的义务。它是民商法的基本原则，也是证券法应当遵循的最基本原则之一。

根据《证券法》第 4 条规定，证券发行、交易活动的当事人具有平等的法律地位，应当遵守自愿、有偿、诚实信用的原则。这一讲诚实、守信用的规定要求证券当事人在证券发行和交易活动中不欺不诈，以最大的善意从事证券活动，从而确立了诚信原则在我国证券法上的基本原则地位。

五、合法原则

《证券法》第 5 条规定："证券的发行、交易活动，必须遵守法律、行政法规；禁止欺诈、内幕交易和操纵证券市场的行为。"该规定既可以概括为证券活动依法进行原则，又因其内容上的丰富性，被称为守法原则、遵守法律和禁止欺诈的原则。

证券活动必须依照法律、行政法规规定的条件、程序、场所、范围进行，才能发生法律效力，否则就是无效的，并将受到法律的制裁。

六、分业经营与管理原则

《证券法》第 6 条规定："证券业和银行业、信托业、保险业实行分业经营、分业管理。证券公司与银行、保险业务机构分别设立。国家另有规定的除外。"这一规定确立了我国证券业与其他金融业分业经营、分业管理的原则。

为确保经济的健康发展和维护社会安定，有必要以立法的形式，在不同的金融领域之间建立一道"防火墙"，对证券业、银行业、信托业和保险业实行分业经营、分业管理，对其相互投资参股、业务交叉和资金渗透等情形实行严格限制。

七、集中统管与自律管理原则

《证券法》第 7 条规定："国务院证券监督管理机构依法对全国证券市场实行集中统一

监督管理。国务院证券监督管理机构根据需要可以设立派出机构，按照授权履行监督管理职责。"第8条规定："国家审计机关依法对证券交易场所、证券公司、证券登记结算机构、证券监督管理机构进行审计监督。"

证券市场实行集中统一监管，有利于贯彻落实有关证券发行、交易及相关活动的法律法规，提高法律实施的统一性和实效性。行业自律管理是在集中统一监管原则下的补充性监管，居于辅助地位。

第六节　证券商的概念与分类

证券商是指经批准设立并从事证券经营业务的企业法人机构。

从业务专业化的角度来看，证券商可分为证券专营机构和证券兼营机构。证券专营机构，是指专门从事与证券经营有关的各项业务的证券公司。证券兼营机构，是指那些除了经营其他金融业务还兼营证券业务的机构，主要包括信托投资公司、信托咨询公司、综合性商业银行等。

从业务内容来看，证券商可分为证券承销商、证券自营商、证券经纪商。这三类证券商并非完全互相隔离，随着金融自由化趋势的出现和发展，许多证券商往往身兼两职或三职，可称为综合证券商。作为综合证券商，不仅从事承销、经纪、自营业务，而且还拓展了其他许多领域，如代客户保管有价证券、向客户提供咨询、为企业收购与兼并服务等。

一、证券承销商

证券承销商是指依照规定有权包销或代销有价证券的证券经营机构，是证券一级市场上发行人与投资者之间的媒介。其作用是受发行人的委托，寻找潜在的投资者，并通过广泛的公关活动，将潜在投资者引导成为真正的投资者，从而使发行人募集到所需要的资金。

证券承销商具有顾问、购买、分销及保护等功能，可协助企业在发行市场筹募所需资金，担任资金供给者与需求者间的桥梁。

二、证券自营商

证券自营商是指自行买卖证券，从中获取差价收益，并独立承担风险的证券经营机构。它们可以从证券发行机构或筹资单位购买证券，也可以以交易所会员资格在证券交易所自行买卖，还可以兼营证券的零散交易，通过证券买卖差价赚取利润。

三、证券经纪商

证券经纪商是指接受客户委托，代客买卖证券并收取佣金的中间人。证券经纪商以代理人的身份从事证券交易，与客户是委托代理关系。证券经纪商必须遵照客户发出的委托指令进行证券买卖，并尽可能以最有利的价格使委托指令得以执行；但证券经纪商并不承担交易中的价格风险。证券经纪商向客户提供服务，以收取佣金作为报酬。目前，我国具有法人资格的证券经纪商主要是指在证券交易中代理买卖证券、从事证券经纪业务的证券公司。

✦ 小 结

我国的证券法仅指《证券法》，它是调整证券发行、交易、监督管理及其他相关活动的基本法，是证券市场主体必须遵守的基本规范。证券法的规范既有强制性的，也有任意性的，证券的发行和交易必须遵守一定的规则，才能保证证券发行和交易的公平、安全、快捷、有效。证券法既调整证券发行人、证券承销商、证券交易所、投资者之间的平等主体关系，又调整国家证券管理机构与证券市场参与者之间隶属性质的监督管理关系，因而兼有公法与私法的属性。我国的证券立法正在逐步与国际惯例接轨，并呈现出一定的国际性。证券法上的证券是指发行人为筹集资本而发行的，表示持有人对发行人享有股权或债权的书面凭证，包括股票、债券、投资基金和金融衍生工具等。证券市场的主体包括证券发行主体、证券投资主体、证券服务中介机构、证券业自律组织和证券监管机构。我国的《证券法》规范证券发行、交易、监督管理及其他相关活动。

✦ 知识点

股票、债券、基金

✦ 复习思考

一、简答

1.我国证券法调整的证券有哪些典型类型？
2.试析证券法中的公开、公平、公正原则。
3.简述证券法调整的证券范围。

二、案例分析

随着某市经济水平的提高，民间金融市场非常活跃。泰康证券有限公司在当地是一家业绩良好的公司，为了抢占金融市场，泰康证券有限公司决定通过发行理财产品吸收一部分公众存款。正当公司推出营销计划时，当地监管部门叫停了其拟扩展的业务。泰康证券有限公司是一家证券公司，按照分业经营的原则，只能经营证券类业务，其业务范围亦必须符合证券法。吸收公众存款和理财类业务，属于商业银行的经营范围，因此泰康证券有限公司的业务拓展计划被监管部门叫停是符合证券法规定的。

问：(1)有权发行理财产品的主体有哪些？
(2)分业经营原则的具体要求是什么？

三、课后作业

谈谈你对分业经营、分业管理原则的理解。

第十九章　证券的发行和承销

> 【导语】广义的证券发行是指符合发行条件的商业组织或政府组织以筹集资金为直接目的，依照法律规定的程序向社会投资人要约出售代表一定权利的资本证券的行为；狭义的证券发行是指发行人以集资或调整股权结构为目的做成证券并交付相对人的法律行为。
>
> 【重点】证券发行的概念与类型、证券发行的审核、新设与新股发行、公司债券的发行、证券承销的概念与方式、保荐人制度

第一节　证券发行概述

一、证券发行的概念与类型

证券发行是指证券发行人为募集资金或调整股权结构，依法向投资者以同一条件招募和出售证券的一系列行为，是一个包括证券募集、证券分派、缴纳资金及交付证券等相互关联环节的完整过程。

依照《证券法》规定的证券类型，证券发行主要分为股票发行和公司债券发行。

股票发行是指股份公司以筹集资金为直接目的，依照法定程序向社会投资人要约出售代表一定股东权利的股票的行为。

公司债券发行是指债券发行人发行普通公司债券和可转换公司债券的行为，一般不包括金融债券和政府债券的发行。依照《公司法》的规定，公司债券发行主体包括股份公司、国有独资公司和两个以上国有投资主体设立的有限公司。

二、证券发行方式

1. 公开发行和非公开发行

公开发行，是指发行人以同一条件向不特定的社会公众投资者发售其证券的行为。

非公开发行，又称为内部发行，是指发行人将其证券发售给少数特定投资者的行为，在我国主要是指对公司职工的内部发行。《证券法》主要规范公开发行。

2. 直接发行和间接发行

直接发行即直接向投资者推销、出售证券的发行。这种发行方式可以节省向中介机构缴纳的手续费，降低发行成本。这种方式只适用于既定发行对象或发行人知名度较高、发行数量少、风险低的证券。

间接发行是由发行公司委托证券公司等证券中介机构代理出售证券的发行。间接发行是最基本、最常见的方式，公开发行大多采用间接发行；而非公开发行则以直接发行为主。

3. 设立发行和增资发行

设立发行即原始发行，是指股份有限公司在设立时发行股票，目的是募足公司得以成立的资本。

根据《公司法》的规定，公司设立可以采取发起设立和募集设立两种方式，设立发行又可分为发起设立的发行和募集设立的发行。

增资发行，是指股份有限公司成立后，依照法律规定和股东大会决议，为增加资本而继续发行股份的行为。包括向原股东配售股票、派送股票以及向社会公众发售新股等。

4. 平价发行、溢价发行和折价发行

平价发行也称为等额发行或面额发行，是指发行人以票面金额作为发行价格。

溢价发行，是指发行人按高于面额的价格发行股票，因此可使公司用较少的股份筹集到较多的资金，同时还可以降低筹资成本。溢价发行又可以分为时价发行和中间价发行两种方式。时价发行也称市价发行，是指以同种或相关股票的流通价格为基础来确定股票发行价格，股票公开发行通常采用这种方式。中间价发行是指以介于面额和时价之间的价格来发行股票。

折价发行是指以低于面额的价格出售新股，即按面额打一定折扣后发行股票。

证券发行分类如图 19-1 所示。

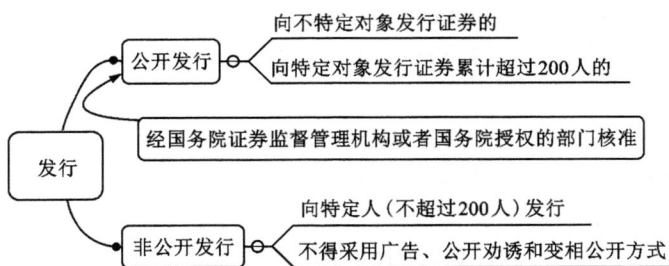

图 19-1　证券发行

第二节　证券发行审核制度

证券发行审核是建立正常的市场秩序、维护证券市场稳定的重要措施之一，是指证券主管机关通过审核发行申请人提供的资料，依法作出是否准予发行决定的行为。

目前，世界上证券发行的审核制度主要有两种：注册制和核准制。采用哪一种制度与该国的证券管理体制有关。

一、注册制

注册制也称申报制或登记制，是指发行人在公开发行前，按法律规定向证券发行主管机关提交与发行有关的文件，在一定的期限内，主管机关未提出异议的，其证券发行注册即发生效力的一种证券发行审核制度。

证券发行注册制实行公开管理原则，实质上是一种发行公司的财务公开制度。它要求发行人提供关于证券发行本身以及与证券发行有关的所有信息。证券发行相关材料报证券主管机关后，一般会有一个生效等待期，在这段时间内，由主管机关对相关文件进行形式审查。注册生效等待期满后，如果证券主管部门未对相关申报书提出任何异议，证券发行注册生效，发行人即可发行证券。

二、核准制

核准制是指证券主管部门对证券发行既要进行形式审查，又要进行实质审查，除审查发行人所提交文件的完整性及真实性外，还要审查该证券是否符合法律、法规规定的实质条件，方可获准发行。

证券发行人申请发行证券，不仅要公开披露与发行证券有关的信息并符合公司法和证券法所规定的条件，而且要求发行人将发行申请报请证券监管机构批准。证券发行人不仅要以真实状况的充分公开为条件，而且必须获得证券监管机构的批准，方可在证券市场上发行证券。实行核准制的目的在于使证券监管机构能履行法律赋予的职能，使发行的证券符合公众利益和证券市场未来发展的需要。

相对而言，注册制比较符合效率原则，核准制比较符合安全原则。注册制促进了证券发行的市场化，核准制加强了监管部门的监管。目前，多数国家和地区都采用注册制，如美国、英国、日本、德国、法国、意大利、澳大利亚、加拿大、荷兰、巴西、新加坡等国均采用注册制，其中美国是典型代表。新西兰、瑞典、瑞士等国则带有相当程度的核准制特点。但作为一种发展趋势，越来越多的国家已改用注册制，许多国家和地区也在证券发行审核制度改革方案中拟采用注册制。

随着我国市场经济的发展，尤其是证券市场的发展，我国证券发行审核制度经历了从计划模式的审批制到市场化的核准制的演变。1998 年《证券法》改变了我国实施多年的审批制，转而根据发行证券的种类分别采用核准制与审批制的双轨制。2005 年《证券法》颁布实施后，我国证券发行审核制度转变为较为市场化的核准制，并将核准制统一适用于公司股票与公司债券。

第三节　证券发行条件

一、股票发行条件

1. 首次公开发行股票的条件

首次公开发行股票，是指特定的股份有限公司初次向社会公众投资者公开发行股票，并在较短时间内申请股票上市交易的行为。

《证券法》规定，设立股份有限公司公开发行股票，应当符合《公司法》规定的条件和经国务院批准的国务院证券监督管理机构规定的其他条件。

中国证监会于 2006 年 5 月 1 7 日颁布的《首次公开发行股票并上市管理办法》，较为系统地规定了首次公开发行股票应当符合的条件：首次公开发行的发行人应当是依法设立且合法存续的股份有限公司；持续经营时间应当在 3 年以上；注册资本已足额缴纳；生产经营合法；最近 3 年内主营业务、高级管理人员、实际控制人没有发生重大变化；股权清晰。发行人应资产完整、人员独立、财务独立、机构独立、业务独立，规范运行。

2.上市公司公开发行新股的条件

发行新股，是指已上市的公司再次发行股票，包括向社会公众公开发售股票(增发)和向原股东配售股票(配股)。

根据《证券法》第 13 条规定，公司公开发行新股，应当报送募股申请和下列文件：(1)公司营业执照；(2)公司章程；(3)股东大会决议；(4)招股说明书或者其他公开发行募集文件；(5)财务会计报告；(6)代收股款银行的名称及地址。依照本法规定聘请保荐人的，还应当报送保荐人出具的发行保荐书。依照本法规定实行承销的，还应当报送承销机构名称及相关协议。

根据《证券法》第 14 条规定，公司对公开发行股票所募集资金，必须按照招股说明书或者其他公开发行募集文件所列资金用途使用；改变资金用途，必须经股东大会作出决议。擅自改变用途，未作纠正的，或者未经股东大会认可的，不得公开发行新股。

二、公司债券的发行条件

股份有限公司、国有独资公司和两个以上的国有企业或者其他两个以上的国有投资主体投资设立的有限责任公司，为筹集生产经营资金，可以依法发行公司债券。

根据《证券法》第 15 条规定，公开发行公司债券，应当符合下列条件：(1)具备健全且运行良好的组织机构；(2)最近三年平均可分配利润足以支付公司债券一年的利息；(3)国务院规定的其他条件。

公开发行公司债券筹集的资金，必须按照公司债券募集办法所列资金用途使用；改变资金用途，必须经债券持有人会议作出决议。公开发行公司债券筹集的资金，不得用于弥补亏损和非生产性支出。

上市公司发行可转换为股票的公司债券，除应当符合第一款规定的条件外，还应当遵守本法第十二条第二款的规定。但是，按照公司债券募集办法，上市公司通过收购本公司股份的方式进行公司债券转换的除外。

同时，根据《证券法》第 17 条规定，有下列情形之一的，不得再次公开发行公司债券：(1)对已公开发行的公司债券或者其他债务有违约或者延迟支付本息的事实，仍处于继续状态；(2)违反本法规定，改变公开发行公司债券所募资金的用途。

第四节　证券承销概述

一、证券承销的概念

证券承销是指证券公司接受发行人委托，向证券市场上不特定的投资人公开销售股票、债券及其他投资证券的活动。

根据《证券法》第26条的规定，发行人向不特定对象发行的证券，法律、行政法规规定应当由证券公司承销的，发行人应当同证券公司签订承销协议。

证券承销业务采取代销或者包销方式。证券代销是指证券公司代发行人发售证券，在承销期结束时，将未售出的证券全部退还给发行人的承销方式。证券包销是指证券公司将发行人的证券按照协议全部购入，或者在承销期结束时将剩余证券全部自行购入的承销方式。

在我国，凡向社会公开发行的证券一般均需委托证券公司承销。证券发行人有权依法自主选择承销的证券公司，证券发行人应当与证券公司签署证券承销协议，确定双方在证券承销关系中的具体权利义务。由于证券承销属于具有委托内容的特殊合同关系，承销协议的签署和履行过程中，要同时遵守《证券法》和《民法典》的有关规定。

二、证券承销协议

证券承销协议是指证券发行人与证券公司之间签署的，旨在规范和调整证券承销关系以及承销行为的法律文件。

证券承销协议具有以下特点：一是签署证券承销协议的证券公司必须具有证券监管机构特别许可和授予的承销业务资格；二是证券承销协议是要式合同；三是证券承销协议是证券发行送审文件的组成部分；四是证券承销协议不得违反国家强制性法律的规定。

股票承销协议是证券承销协议的主要形式。依照《证券法》及实践做法，股票承销协议主要包括以下内容和条款：(1)协议当事人的基本情况；(2)背景条款，主要描述双方当事人的签约背景；(3)定义条款，即解释承销协议使用的特定概念；(4)标的条款，即指明承销股票的种类和数量；(5)承销方式条款，承销协议应明确承销是包销还是代销，并就证券发行人和证券公司的具体责任作出约定；(6)发行价格条款；(7)股票分销条款；(8)承销日期条款，应指明承销期的起止日期；(9)承销费用条款，具体规定承销费用计算标准和支付方法；(10)承销付款条款，规定承销商收取认购款项后，向证券发行人付款的时间和方式；(11)股票推介和发售限制条款；(12)保证条款；(13)不可抗力条款；(14)违约条款；(15)证券监管机构规定的其他条款。

分销协议是指承销团各成员根据承销协议相关条款协商达成的、在承销团内部各证券公司间分配待发行股票或公司债券的协议。承销团成员中，与证券发行人签署承销协议并承担承销风险的证券公司，称为"主承销商"。承销团其他成员必须是具有证券分销业务资格的证券公司，实践中多称为"分销商"。

分销协议具有以下特点：(1)拟公开发行股票的面值总额超过人民币3000万元或者预

期销售总额超过人民币 5000 万元的，应组织承销团进行承销；（2）分销协议以承销协议为生效要件；（3）分销协议对承销团成员具有合同约束力。

分销协议的主要条款与承销协议有相似之处，但应特别就各成员分销的股票种类、数量、协作条件、分销费用、分销保证等事项作出明确约定。

第五节 证券承销方式

按照证券发行人与证券公司之间约定的风险分担规则，证券承销分为证券代销和证券包销两种方式。

一、证券代销

证券代销是指承销商接受证券发行人委托代理发售证券，并于发售期结束后，将未销售部分证券退还发行人的承销方式。发行人与承销商之间建立的是一种委托代理关系，在代销过程中，未售出证券的所有权属于发行人，承销商仅受委托办理证券销售事务。

在选择证券代销方式时，应当特别注意证券代销的风险承担及其适用范围。承销商作为发行人的代理人，不垫付资金，对未能售出的证券不承担责任，证券发行的风险基本上由发行人自行承担。在选定采取证券代销形式时，证券发行人为了最大限度地减少未售出证券数量、降低发行风险，往往会在证券代销协议中规定证券公司的代销义务，特别是规定证券公司采取所有必要的促销措施，以获得最大的认购数量。

以代销方式发行证券时，承销商不能保证发行人及时全部获得所需款项。选择代销方式的证券发行人通常是信誉良好或发行成功率较高的公司，或者承销的证券公司拥有良好的客户群。代销方式通常只有那些知名度或信用等级高、市场信息充分且相信证券能在短期内顺利销售的发行人才会选择。在我国，证券代销主要用于公司债券的发行，股票公开发行则很少采用代销方式。

二、证券包销

证券包销是指证券公司将发行的证券按照协议全部购入，或者在承销期结束时将销售剩余部分证券全部自行购入的承销方式。

在证券包销中，承销商与发行人商定发行底价并签订包销协议，然后组织力量在证券市场上以特定方式进行包销。采用这种方式，当实际募集额达不到预定发行额时，剩余部分由承销商全部承购，并由承销商承担证券发行风险。由于证券包销能够将证券发行的主要风险转移给承销商，从而最大限度地降低发行人的发行风险，因而该承销方式已成为各国证券市场上公开发行证券时使用最广的证券承销方式。

根据我国《证券法》的规定，证券包销分为全额包销和余额包销两种方式。

1. 全额包销

全额包销是指承销商以自有资金一次性全额购买发行人所发行的全部证券，然后再以自己的名义向投资者出售其所购证券的承销方式。发行人与承销商之间属于买卖关系。全额包销的承销商承担全部发行风险，可以保证发行人及时得到所需资金，且发行人不必承担市场风险。

2. 余额包销

余额包销是指发行人委托承销机构在约定期限内发行证券，到销售截止日期，未售出的余额由承销商按协议价格认购的一种包销方式。发行人与承销商之间先是建立委托代理关系，在承销期满后，才可能转换为证券买卖关系。承销商承担一定的风险，即当承销期内未能全部售出证券时，剩余证券由承销商包销。

三、承销团承销

承销团承销，又称联合承销，是指两个以上的证券承销商共同接受发行人的委托，向投资者发售某一证券的承销方式。

承销团至少由两个承销商组成，适用于数量特别巨大的证券发行，例如国债或者大宗股票的发行。我国《证券法》第 30 条规定，向不特定对象发行证券聘请承销团承销的，承销团应当由主承销和参与承销的证券公司组成。此时，由于单个承销商往往不愿意或不能单独承担发行风险，通常会组织数个承销商作为主承销商，联合多个金融机构组成承销团，共同完成发行任务，分担发行风险并分摊发行费用。

第六节　保荐人制度概述

保荐人制度是指由保荐人（券商）负责发行人的上市推荐和辅导，核实公司发行文件中所载资料的真实、准确和完整，协助发行人建立严格的信息披露制度，不仅承担上市后持续督导的责任，还将责任落实到个人。

保荐人制度约束的对象主要是具有证券经营牌照的证券交易商，服务的对象主要是上市企业，监管机构负责监管保荐人。

保荐人制度主要包括任职资格、主要职责、工作内容和程序、责任与监管等几个部分。

一、证券保荐制度的主要内容

依照中国证监会于 2003 年公布的《证券发行上市保荐制度暂行办法》，我国证券保荐制度要求保荐人负责证券发行人的发行上市辅导和发行上市推荐，具体职责包括核实公司发行文件与上市文件中所载资料的真实性、准确性与完整性，协助发行人建立严格的信息披露制度并承担风险防范责任；公司上市后的法定期间内，保荐人还应协助公司建立规范的法人治理结构，督促公司遵守上市规定，并对上市公司的信息披露承担连带责任。

保荐人的保荐责任期包括发行上市的全过程以及上市后的持续督导期。首次公开发行股票的，持续督导期为证券上市当年剩余时间及其后两个完整会计年度；上市公司发行新股、可转换公司债券的，持续督导期为证券上市当年剩余时间及其后一个完整会计年度。持续督导的期间自证券上市之日起计算。

1. 发行上市阶段

保荐人在该阶段的核心职责是推荐拟发行的证券发行上市，可以概括为"尽职推荐"。为了完成尽职推荐的职责，保荐人需要履行尽职调查和审慎核查的义务，根据调查和核查的结果决定是否出具推荐文件。保荐人在出具推荐书之前还应对保荐对象进行辅导。

2. 持续督导阶段

被保荐公司的股票发行上市后，保荐人的保荐责任主要包括两方面：一是持续督导上市公司规范运作，防范重大风险；二是敦促上市公司定期信息披露和重大事件信息披露，负责进行审阅与建议，对上市公司的公开披露资料在公开披露之前履行尽职核查义务，确保其符合真实性、准确性和完整性要求。

二、证券保荐制度的功能定位

保荐人是由券商担任的证券市场特殊中介机构。这一制度设立的目的是通过保荐人在投资者和融资者之间发挥桥梁作用，增强投融资双方的诚信度，缓解证券市场信息不对称所导致的逆向选择和道德风险，从而保护投资者的利益，提高融资与监管效率。

保荐制度在本质上是对保荐人所应担负的总把关责任进行明确化、具体化、责权利对称化的一种证券市场监管制度安排，其总体目标是提高上市公司质量，保护投资者的权益，增强市场信心，其具体功能则包括以下两个层面的定位：

1. 建立市场约束机制

证券保荐制度将公司发行及上市后的持续诚信表现与保荐人的执业质量考核紧密联系起来。通过声誉激励机制和连带责任惩罚约束机制形成投资银行优胜劣汰的竞争格局，通过落实证券公司等中介机构及其从业人员的责任，加强市场诚信建设，提高上市公司的质量。

保荐机构作为中介机构牵头人，协调各中介机构在各自的职责范围内勤勉尽责、诚实守信，本着对证券市场负责、对投资者负责的态度推荐优质公司发行上市，由此推动各中介机构执业水准的整体提高，培育市场主体，强化市场约束机制。

2. 推动证券发行制度从核准制向注册制转变

保荐制度是一种证券发行上市制度，依托于证券发行市场的制度环境。在券商对于发行公司质量把关意识和把关水平提高后，监管部门在发行环节的实质性审核就可以逐步减少，最终最大限度地退出实质性审核，让市场的价格机制来引导发行市场的资源配置。随着证券市场的不断发展和市场供求关系的基本平衡，发行制度最终将由现行的核准制转变为注册制。

证券发行审核制度是证券市场的基础性制度之一，是发行制度的核心。我国的证券市场处于"新兴加转轨"的时期，经历了独具特色的发行审批阶段，正处于从核准制向注册制过渡的过程中。保荐制度作为推动证券监管市场化的一种机制，其有效运行依赖于市场化的声誉激励机制。声誉激励机制是指保荐人的职责履行直接为其建立相应的市场声誉，并对其市场竞争产生相应的影响。作为保荐人的券商职责履行得越好，其市场声誉就会越高，其在市场竞争中就越处于优势地位，从而形成良性循环。

小　结

股票发行是指股份公司以筹集资金为直接目的，依照法定程序向社会投资人要约出售代表一定股东权利的股票的行为。公司债券发行是指债券发行人发行普通公司债券和可转换公司债券的行为。证券代销是指承销商接受证券发行人委托代理发售证券，并于发售期结束后，将未售出部分证券退还发行人的承销方式。证券包销是指证券公司将所发行证券按照协议全部购入，或者在承销期结束时将剩余部分证券全部自行购入的承销方式。

知识点

证券发行、证券承销、保荐人制度

复习思考

一、简答

1. 试析不同证券发行审核制度的特点。
2. 简述股票和公司债券的发行条件。
3. 试析证券代销商与证券包销商的不同义务。

二、案例分析

1. 为了弥补经营亏损，盛达股份有限公司（简称盛达公司）拟通过商业银行公开发行公司债券。盛达公司净资产为人民币 3200 万元，本次发行累计债券余额为人民币 1000 万元，债券利率低于国务院规定的利率水平。但证券发行核准部门指出，盛达公司的做法不符合《证券法》的相关规定。盛达公司净资产虽然高于人民币 3000 万元，累计债券余额也没有超过公司净资产的 40%，但是公司公开发行债券所筹集的资金，不得用于弥补亏损和非生产性支出。

问：(1) 发行公司债券应该满足哪些条件？

(2) 盛达公司的做法是否合法？

2. 鸿业股份有限公司（简称鸿业公司）为了扩大生产经营规模，拟公开发行股票来筹集所需的资金，发行总额为 2 亿元。为了减少发行成本，公司决定选任博远证券有限责任公司为其独家承销商，并与其签订了包销协议。但证券市场监管部门指出，鸿业公司的做法不符合《证券法》的相关规定。

问：(1) 股票承销商应该履行哪些义务？

(2) 鸿业公司的做法为什么不合法？

三、课后作业

建立健全保荐人制度有什么意义？

第二十章　证券交易的类型与规则

【导语】广义的证券交易泛指一切以证券为交易对象的行为,包括一级市场上证券发行人与证券认购人之间的认购行为和证券投资者在二级市场上的所有买卖行为。狭义的证券交易仅指在二级市场上的买卖行为。证券交易主要包括股票交易、债券交易、基金交易、债券回购交易、可转换债券交易、权证交易、期货交易与期权交易等类型。

【重点】证券交易的概念与特点、证券交易的原则、证券交易的类型、证券交易所的概念、证券交易的规则

第一节　证券交易的概念与特点

一、证券交易的概念

证券交易即证券买卖,是指已发行的证券在证券交易市场上买卖或转让的活动。证券交易是证券转让的一种,除证券交易外,证券转让还包括赠与、继承、抵押、质押以及因企业合并而发生的证券所有权的转移。

我们所说的证券交易通常是指在二级市场上的买卖行为,主要包括股票交易、债券交易、基金交易、债券回购交易、可转换债券交易、权证交易、期货交易与期权交易等类型。

二、证券交易的特点

(1)证券交易是一种特殊的证券转让行为。证券交易是指证券持有人依转让意思及法定程序,将证券所有权转移给其他投资者的行为,其基本形式是证券买卖,也就是依照转让证券权利的意思而发生的转让行为。

(2)证券交易是反映证券流通性的基本形式。证券发行完毕后,证券即成为投资者的投资对象和投资工具,具有流通性和变现能力,可使证券投资者便利地进入或者退出证券市场。

(3)证券交易完全依赖证券交易场所完成。证券交易场所是依法设立、进行证券交易

的场所，包括进行集中交易的证券交易所以及依照协议完成交易的无形交易场所。

（4）证券交易必须遵守法律法规制定的交易规则。为确保证券交易的安全与快捷，维护资本市场的稳定与发展，我国制定和颁布了一系列法律法规。如《证券法》《公司法》《民法典》《银行法》《保险法》《刑法》都直接或间接地调整证券交易关系。

第二节　证券交易的原则与类型

一、证券交易的原则

证券交易的原则是反映证券交易宗旨的一般法则，贯穿于证券交易的全过程：

（1）公开原则。公开原则又称信息公开原则，指证券交易是一种面向社会的、公开的交易活动，其核心要求是实现市场信息的公开化。根据这一原则的要求，证券交易参与各方应依法及时、真实、准确、完整地向社会公布自己的有关信息。

（2）公平原则。公平原则指参与交易的各方应当获得平等的机会。它要求证券交易活动中的所有参与者都有平等的法律地位，各自的合法权益都能得到公平保护。

（3）公正原则。公正原则指应当公正地对待证券交易的参与各方，以及公正地处理证券交易事务。

二、证券交易的类型

（一）股票交易

股票是一种有价证券，它是股份有限公司发行的、用以证明投资者的股东身份和权益，并据以获取股息和红利的凭证。股票交易就是以股票为对象进行的流通转让活动。股票交易的方式分为上市交易和柜台交易。交易场所在股票交易中接受报价的方式主要有口头报价、书面报价和电脑报价。目前，我国通过证券交易所进行的股票交易均采用电脑报价方式。

（二）债券交易

债券交易就是以债券为对象进行的流通转让活动。债券交易方式有现货交易和回购交易等。而从交易价格的组成看，债券交易标价有下述两种方式：一是全价交易。全价交易是指买卖债券时以含有债券应计利息的价格报价，且按该全价进行清算交割。二是净价交易。净价交易是指买卖债券时以不含有自然增长的票面利息的价格报价，但以全价价格作为最后清算交割价格。依照财政部、中国人民银行和中国证券监督管理委员会《关于试行国债净价交易有关事宜的通知》的规定，我国的债券交易从 2002 年开始采用净价交易方式。

（三）基金交易

基金交易是指以基金证券为对象进行的流通转让活动。基金有封闭式与开放式之分。

封闭式基金在成立后，基金管理公司即可申请其基金证券在证券交易所上市。投资者就可以像买卖股票、债券一样，在二级市场上买卖基金证券。其竞价原则和买卖程序与买卖股票、债券一样。开放式基金成立后的转让，是通过基金管理公司和委托商业银行、证券公司等的柜台，采取基金证券的申购和赎回的方式进行的。开放式基金证券的申购价格和赎回价格，是通过对某一时点上基金证券实际代表的价值即基金资产净值进行估值，在基金资产净值的基础上再加一定的手续费而确定的。

(四)债券回购交易

债券回购交易，是指债券买卖双方在成交的同时，约定在未来某一时间以某一价格双方再进行反向交易的行为。债券回购交易涉及债券持有者和资金供应者。从性质上看，它可以归属于货币市场。

(五)可转换债券交易

可转换债券具有债权和期权的双重特性。一方面，可转换债券在发行时是一种债券，债券持有者拥有债权，持有期间可以获得利息，如果持有债券至期满还可以收回本金；另一方面，可转换债券持有者也可以在规定的转换期间内选择有利时机，要求发行公司按规定的价格和比例，将可转换债券转换为股票。其中，期权又称选择权，是指其持有者能在规定的期限内按交易双方商定的价格购买或出售一定数量的基础工具的权利。

(六)权证交易

权证是标的证券发行人或其以外的第三人发行的，约定持有人在规定期间内或特定到期日，有权按约定的价格向发行人购买或出售标的证券，或以现金结算方式收取结算差价的有价证券。从内容上看，权证具有期权的性质。在证券交易市场上，因为权证具有一定的权利，故也有交易的价值。

(七)期货交易与期权交易

期货交易是在现货交易的基础上派生出来的，是指买卖双方约定在未来某日按成交时所约定的价格买卖一定数量标的物的交易。金融期权交易，是指以金融期权合约为对象进行的流通转让活动。金融期权合约是由交易双方订立的、以金融期权为标的物的标准化合约。其中，期货又分为商品期货和金融期货。金融期货合约是由交易双方订立的、约定在未来某日按成交时所约定的价格交割一定数量金融商品的标准化契约。

第三节　证券交易所与证券交易规则

一、证券交易所的概念

证券交易所是指依照《证券交易所管理办法》(以下简称《管理办法》)规定的条件设立的，不以营利为目的，为证券的集中和有组织交易提供场所、设施，履行国家有关法律、法规、规章、政策规定的职责，实行自律性管理的法人。

设立证券交易所，应由中国证监会审核并报国务院批准。

证券交易所作为进行证券交易的场所，其本身不持有证券，也不进行证券的买卖，当然更不能决定证券交易的价格。证券交易所应当创造公开、公平、公正的市场环境，保证证券市场的正常运行。

《管理办法》具体规定了证券交易所的职能，如提供证券交易的场所和设施，制定证券交易所的业务规则，接受上市申请、安排证券上市，组织、监督证券交易，对会员进行监管，对上市公司进行监管，设立证券登记结算机构，管理和公布市场信息以及证监会许可的其他职能。

证券交易所的组织形式有会员制和公司制两种。我国上海证券交易所和深圳证券交易所都采用会员制，设会员大会、理事会和专门委员会。理事会是证券交易所的决策机构，理事会下面可以设立其他专门委员会。证券交易所设总经理，负责日常事务。

二、证券交易规则

（一）证券交易的合法性原则

根据《证券法》第 35 条规定，证券交易当事人依法买卖的证券，必须是依法发行并交付的证券。非依法发行的证券，不得买卖。这是关于证券合法性的原则规定，也是现行法律关于证券发行条件及程序规定的延伸。作为证券交易场所交易的标的，证券显然应当具有合法性。合法证券的识别标准有三个，即依法发行、实际交付与合法形式。

（二）证券转让的期限规定

根据《证券法》第 36 条规定，依法发行的证券，《公司法》和其他法律对其转让期限有限制性规定的，在限定的期限内不得转让。此条款属于对证券转让期限的限制性规定。结合相关法律法规，证券转让期限的限制主要包括：

（1）发起人股份的转让限制。根据《公司法》的规定，发起人持有的本公司股份，自公司成立之日起 1 年内不得转让。公司公开发行股份前已发行的股份，自公司股票在证券交易所上市交易之日起 1 年内不得转让。

（2）公司高级管理人员股份的转让限制。根据《公司法》的规定，公司董事、监事、高级管理人员应当向公司申报所持有的本公司的股份及其变动情况，在任职期间每年转让的股份不得超过其所持有本公司股份总数的 25%；所持本公司股份自公司股票上市交易之日起 1 年内不得转让。上述人员离职后半年内，不得转让其所持有的本公司股份。

（3）大股东买卖股票的期限限制。根据《证券法》第 44 条规定，上市公司、股票在国务院批准的其他全国性证券交易场所交易的公司，持有 5% 以上股份的股东、董事、监事、高级管理人员，将其持有的该公司的股票或者其他具有股权性质的证券在买入后 6 个月内卖出，或者在卖出后 6 个月内又买入，由此所得收益归该公司所有，公司董事会应当收回其所得收益。但是，证券公司因购入销售后剩余股票而持有 5% 以上股份，以及国务院证券监督管理机构规定的其他情形除外。

(三)专业机构及人员股票买卖的限制规则

鉴于专业机构及人员是内幕信息知情人员,为了防止知晓内幕信息的机构和人员利用该信息买卖股票,损害投资者利益,《证券法》对专业机构及其人员买卖股票作了限制性规定。根据《证券法》第 40 条规定,证券交易场所、证券公司和证券登记结算机构的从业人员,证券监督管理机构的工作人员以及法律、行政法规规定禁止参与股票交易的其他人员,在任期或者法定限期内,不得直接或者以化名、借他人名义持有、买卖股票或者其他具有股权性质的证券,也不得收受他人赠送的股票或者其他具有股权性质的证券。

根据《证券法》第 42 条规定,为证券发行出具审计报告或者法律意见书等文件的证券服务机构和人员,在该证券承销期内和期满后 6 个月内,不得买卖该证券。除前款规定外,为发行人及其控股股东、实际控制人,或者收购人、重大资产交易方出具审计报告或者法律意见书等文件的证券服务机构和人员,自接受委托之日起至上述文件公开后 5 日内,不得买卖该证券。实际开展上述有关工作之日早于接受委托之日的,自实际开展上述有关工作之日起至上述文件公开后 5 日内,不得买卖该证券。

(四)现货交易规则

依据《证券法》的规定,证券交易以现货和国务院规定的其他方式进行。根据此条款,我国目前不允许进行期货及期权等远期信用交易。限制远期信用交易是与我国证券法律制度建设起步时期相适应的,将有助于维持我国证券市场的稳定性。在实践中,应按交易性质判定是否属于现货交易或信用交易。

现货交易与信用交易的主要区别是证券成交与交割间隔时间的长短。在现货交易中,证券成交与交割的间隔往往比较短暂。依证券交易所规则,现货交易时间间隔通常不超过 5 个交易日。根据"T+1"交割规则,当日买入的股票,只能在下一个营业日完成交割。信用交易意味着,证券成交与交割的时间间隔超过现货交易的时间间隔,如超过 5 个交易日或 1 个营业日。

(五)集中竞价规则

集中竞价是针对场内交易而言的,场外交易无须遵守集中竞价规则。证券集中竞价,是指若干证券买方和若干证券卖方,依照证券交易所的交易价格确定规则,确定证券交易价格的方式。

按照国内目前的做法,集中竞价主要包括集合竞价和连续竞价两种方式。集中竞价,是指在每一营业日正式开市前半小时开始,至正式开市前一瞬间,对于每一证券的买卖信息,由证券交易所电脑系统接受委托买卖指令但不成交,电脑系统根据输入的所有买卖指令撮合而产生开盘价,继而将能够成交的委托,依照所有买卖指令全部撮合成交的处理过程。集合竞价的目的在于确定某营业日的开盘价,故不等于集中竞价。在集合竞价后,随即进入连续竞价,即每笔买卖委托输入电脑系统后,当即判断并进行不同处理,能成交者成交,不能成交者等待机会成交。连续竞价在竞价成交原则上,采取价格优先和时间优先原则。所谓价格优先,是指买进价格较高者优先于买进价格较低者获得申报,市价买卖申报优先于限价买卖申报的规则。所谓时间优先,是指同价位申报,依照申报时间顺序决定优先次序，在电脑申报竞价时，按计算机接收的时间顺序排列。

（六）场内交易规则

根据《证券法》第37条的规定，公开发行的证券，应当在依法设立的证券交易所上市交易或者在国务院批准的其他全国性证券交易场所交易。非公开发行的证券，可以在证券交易所、国务院批准的其他全国性证券交易场所、按照国务院规定设立的区域性股权市场转让。

我国证券市场处于初期发展阶段，强调场内交易，对稳定证券交易市场秩序，尽快建立证券市场法律体系，保障证券交易安全、快捷，具有十分重要的意义。在证券交易所内从事证券交易的人员，违反证券交易所有关交易规则的，由证券交易所给予纪律处分；对情节严重的，撤销其资格，禁止其入场进行证券交易。

（七）客户账户保密规则

根据《证券法》第41条的规定，证券交易场所、证券公司、证券登记结算机构、证券服务机构及其工作人员应当依法为投资者的信息保密，不得非法买卖、提供或者公开投资者的信息。证券交易场所、证券公司、证券登记结算机构、证券服务机构及其工作人员不得泄露所知悉的商业秘密。

证券交易所、证券公司及证券登记结算机构与证券投资者之间，或者具有代理关系，或者具有代保管关系。基于这些关系所包含的诚信义务及法定义务内容，与银行向储户承担保密义务相似，此类机构也应承担保密义务。但为防止投资者利用证券账户或资金账户从事违法行为，或者利用证券、资金账户逃避债务，人民法院、检察机关和公安机关及证券监管机构依法行使职权时，证券交易所、证券公司及证券登记结算机构有义务予以协助，不得以履行保密义务为借口，推卸依法承担的协助义务。

（八）合理收费规则

证券交易收费，是指具有收费权的机构依照法律、行政法规及有关机构依法制定的收费规则，向证券交易参与者收取费用。

根据《证券法》第43条的规定，证券交易的收费必须合理，并公开收费项目、收费标准和管理办法。证券交易的收费项目、收费标准和管理办法由国务院有关主管部门统一规定。

✦ 小 结

证券交易是指已发行的证券在证券交易市场上买卖或转让的活动，还包括赠与、继承、抵押、质押以及因企业合并而发生的证券所有权的转移。证券交易的类型包括股票交易、债券交易、基金交易、债券回购交易、可转换债券交易、权证交易、期货交易与期权交易等。证券交易主要依赖证券交易场所完成。证券交易场所是依法设立、进行证券交易的场所，包括进行集中交易的证券交易所以及依照协议完成交易的无形交易场所。证券交易所提供证券交易的场所和设施，具备制定业务规则、接受上市申请、安排证券上市、组织监督证券交易、对会员和上市公司进行监管、设立证券登记结算机构、管理和公布市场信息等职能。

✦ ## 知识点

证券交易、证券交易所、证券交易规则

✦ ## 复习思考

一、简答

1. 证券交易的主要类型有哪些？
2. 试析证券转让期限的限制。

二、案例分析

1. 钱某为上市公司——瀚宇股份有限公司的董事。2024 年 5 月 10 日，钱某以每股 16 元的价格买入了瀚宇股份 1 万股。同年 9 月 20 日，钱某将 1 万股瀚宇股票以每股 26 元的价格卖出，获利 10 万元。韩某也持有瀚宇公司的股票，得知钱某卖出股票获利，韩某颇为不平，于是要求瀚宇公司董事会收回钱某的获利，董事会碍于情面没有执行。30 天后，韩某以自己的名义向法院起诉，要求钱某将获利的 10 万元归入瀚宇公司。钱某作为上市公司的董事，买入上市公司股票后又在 6 个月内卖出，属于证券法中的董事短线交易获利，收益应该收归公司所有，公司的归入权可由股东提起派生诉讼来行使。

问：在本案中，韩某提起的派生诉讼，代表公司行使权利，其做法能否得到《证券法》相关规定的支持？

2. 2024 年 3 月至 4 月，某证券公司分析师林某连续发布了多篇关于某制药公司的研究报告。林某的报告发布后，该制药公司股价出现异动并先后多次发布澄清公告。经监管机构调查，林某通过本人的证券账户在 2 月至 3 月期间参与了该制药公司的股票交易。证券公司的从业人员，在任期或者法定限期内，不得直接或者以化名、借他人名义持有、买卖股票。林某利用职务之便，通过发布研究报告影响公司股价，同时自己参与交易谋取利益的行为，违反了法律的禁止性规定。

问：在本案中，林某违反了哪些具体的禁止性规定？

三、课后作业

哪些特定证券服务机构和人员受买卖股票的限制？

第二十一章　证券上市和信息披露

【导语】证券上市是已发行证券进入证券交易所进行交易的前提。证券上市制度在于筛选出适合特定证券交易所上市条件的证券，并为其提供实现证券流通性的场所。广义上的证券上市是指证券在场外市场取得交易资格的过程。由于我国场外交易市场不发达，证券上市通常是指在场内市场挂牌交易，即狭义上的证券上市。证券上市主要包括债券上市和股票上市。

【重点】证券上市的概念与类型、证券上市的条件和程序、信息披露制度的概念、信息披露的形式与内容、信息披露的方式及规则、信息的发布与监督

第一节　证券上市的概念与类型

一、证券上市的概念

证券上市是指发行人已发行的有价证券经交易所审核或政府决定，在证券交易所的市场上自由、公开地买卖，即某种证券获准成为证券交易所交易对象的过程。证券一旦获准在证券交易所上市交易，称为上市证券；相应的证券发行人称为上市公司。

证券上市是确立证券交易所与发行公司之间自律监管关系的基础。证券上市是通过公司与证券交易所之间签署上市协议完成的，签署上市协议意味着公司自愿接受证券交易所监管。这种监管在性质上属于政府监管以外的自律监管，公司必须遵守证券交易所颁布的证券交易和信息披露规则。公司违反证券交易所规则时，证券交易所有权终止其上市。

二、证券上市的类型

证券上市按照上市程序，分为授权上市与认可上市；按照证券种类，可分为股票上市与公司债券上市；按照上市与证券发行的关系，可分为普通上市与首次发行上市；按照上市地点，可分为第一上市与第二上市。

1. 授权上市与认可上市

授权上市也称核准上市，是指证券交易所根据证券发行人申请，依照规定程序核准的证券上市。上市申请人主要为股份公司，同时还包括有限责任公司和国有独资公司；上市证券主要是公司证券，如股票和公司债券。

认可上市，是指经证券交易所认可后，证券即可进入证券交易所上市交易的上市方式，主要适用于各种政府证券，如各种国家债券。我国现行法律所称证券上市，均属核准上市。核准上市的审查权不仅来自证券交易所，更来自证券监管部门；审查权不仅及于形式审查，且更偏重实质审查。

2. 普通上市与首次发行上市

普通上市，是指证券发行人于股票或公司债券发行后，另择日期申请并获准上市。通常的做法是在招募文件中仅就股票或公司债券的未来上市可能性作出说明，在证券发行成功后，由公司股东大会或董事会另行决定股票及公司债券的上市事宜。

首次发行上市，是指公司发行人在公开发行股票或者公司债券的同时，已确定近期上市计划，并于发行成功后的合理时间内申请股票或公司债券上市交易。在首次发行上市中，证券发行仍是证券上市的前提，但证券发行与上市同步进行，或者在某一时间段分段实施。我国虽有普通上市，但仍以首次发行上市为主。

3. 第一上市与第二上市

第一上市，是指发行人将所发行证券在某一证券交易所上市交易。在我国上海或者深圳证券交易所挂牌上市股票或者债券的，都属于第一上市。

第二上市，是指发行人在某一证券交易所上市某种股票或者债券后，同时在另一证券市场挂牌交易。

4. 股票上市与公司债券上市

股票上市依照股票种类，可分为股票境内上市和股票境外上市。股票境内上市的条件因股票种类不同而有所差别，可分为 A 股股票上市和 B 股股票上市。而股票境外上市则因上市地不同而应遵守不同的上市条件及审查程序。例如，H 股股票上市指在香港联合证券交易所上市，N 股股票上市则指在纽约证券交易所上市。无论境内上市还是境外上市，都必须遵守我国现行法律法规的规定。

公司债券上市，在我国分为普通公司债券上市及可转换公司债券上市两种基本形式，应同时符合《公司法》及《证券法》的有关规定。

第二节　证券上市的条件

证券上市条件也称证券上市标准，是指由证券交易所制定的、发行申请人获得上市资格的基本条件。

我国的证券上市标准主要由法律、法规及证券监管部门制定和颁布，证券交易所在确定证券上市标准时可以通过与上市公司签署上市协议反映其采纳的特殊条件。因此，我国证券上市条件具有法定性与自律性相结合的特点。

一、股票上市交易的条件

根据《证券法》第47条规定，申请证券上市交易，应当符合证券交易所上市规则规定的上市条件。证券交易所上市规则规定的上市条件，应当对发行人的经营年限、财务状况、最低公开发行比例和公司治理、诚信记录等提出要求。证券交易所可以规定高于前款规定的上市条件，并报国务院证券监督管理机构批准。国家鼓励符合产业政策并符合上市条件的公司股票上市交易。

根据《证券法》第48条和第49条的规定，上市交易的证券，有证券交易所规定的终止上市情形的，由证券交易所按照业务规则终止其上市交易。证券交易所决定终止证券上市交易的，应当及时公告，并报国务院证券监督管理机构备案。对证券交易所作出的不予上市交易、终止上市交易决定不服的，可以向证券交易所设立的复核机构申请复核。

二、公司债券上市交易的条件

公司债券上市，是指公司债券在证券交易所登记注册并挂牌买卖的过程。公司债券上市不仅有利于提高债券的流动性并促进新债券的发行，而且有利于提高发行债券的公司的市场地位和信誉，促进证券市场的健康发展。

根据《证券法》的相关规定，公司债券可以上市。公司申请其债券上市交易，应当向证券交易所提出申请，由证券交易所依法审核同意。

根据《证券法》第47条规定，申请证券上市交易，应当符合证券交易所上市规则规定的上市条件。证券交易所上市规则规定的上市条件，应当对发行人的经营年限、财务状况、最低公开发行比例和公司治理、诚信记录等提出要求。

根据《证券法》和《可转换公司债券管理暂行办法》的相关规定，上市公司申请可转换公司债券上市交易的，应符合以下条件：(1)公司债券的期限为1年以上；(2)公司债券实际发行额不少于人民币5000万元；(3)最近3年连续盈利，且最近3年净资产利润率平均在10%以上，属于能源、原材料、基础设施类的公司可以略低，但是不得低于7%；(4)累计债券余额不超过公司净资产额的40%；(5)募集资金的投向符合国家产业政策；(6)可转换公司债券的利率不超过银行同期存款利率水平；(7)可转换公司债券的发行额不少于人民币1亿元；(8)证券管理部门规定的其他条件。

根据《证券法》第48条和第49条的规定，上市交易的证券，有证券交易所规定的终止上市情形的，由证券交易所按照业务规则终止其上市交易。证券交易所决定终止证券上市交易的，应当及时公告，并报国务院证券监督管理机构备案。对证券交易所作出的不予上市交易、终止上市交易决定不服的，可以向证券交易所设立的复核机构申请复核。

三、证券投资基金上市的条件

依照《证券投资基金法》的规定，封闭式基金的基金份额，经基金管理人申请，国务院证券监督管理机构核准，可以在证券交易所上市交易，国务院证券监督管理机构可以授权证券交易所依照法定条件和程序核准基金份额上市交易。

申请上市的基金，必须符合下列条件：(1)基金的募集符合《证券投资基金法》的规定；(2)基金合同期限为5年以上；(3)基金募集金额不低于2亿元人民币；(4)基金持有人不少于 1000 人；（5）基金份额上市交易规则规定的其他条件。

基金上市期间，出现下列情形之一的，将暂时停止上市：（1）发生重大变更而不再符合上市条件；（2）违反国家法律、法规，国务院证券监督管理机构决定暂停上市；（3）严重违反投资基金上市规则；（4）国务院证券监督管理机构和证券交易所认为须暂停上市的其他情形。

基金上市期间，有下列情形之一的，将被终止上市：（1）不再具备《证券投资基金法》规定的上市交易条件；（2）基金合同期限届满；（3）基金份额持有人大会决定提前终止上市交易；（4）基金合同约定的或者基金份额上市交易规则规定的终止上市交易的其他情形。

开放式基金在销售机构的营业场所销售及赎回，不上市交易。开放式基金单位的认购、申购和赎回业务，可以由基金管理人直接办理，也可以由基金管理人委托经国务院证券监督管理机构认定的其他机构代为办理。

基金管理人应当在每个工作日办理基金申购、赎回业务；基金合同另有约定的，按照其约定办理。投资人申购基金时，必须全额交付申购款项。款项一经交付，申购申请即为有效。基金管理人应当于收到基金投资人申购、赎回申请之日起 3 个工作日内，对该交易的有效性进行确认。除不可抗力等特殊情况外，基金管理人不得拒绝接受基金投资人的赎回申请。

第三节　证券上市的程序

一、证券上市的核准机构

根据《证券法》第 46 条规定，申请证券上市交易，应当向证券交易所提出申请，由证券交易所依法审核同意，并由双方签订上市协议。证券交易所根据国务院授权部门的决定安排政府债券上市交易。证券上市核准流程如图 21-1 所示。据此，证券上市的核准机构包括：

（1）国务院证券监督管理机构。国务院证券监督管理机构即中国证监会，是证券上市申请的法定核准机构，它不仅负责核准证券发行申请，也负责核准证券上市申请。

（2）证券交易所。证券交易所在获得中国证监会授权后，也可依法核准证券上市申请，此属被授权核准机构。我国现有的证券交易所有上海证券交易所和深圳证券交易所两家。

二、证券上市的申请

1.股票上市的申请

股票上市申请人是依法设立的股份有限公司。股票发行人在股票依法公开发行后，应当召开股东大会并完成公司登记程序，股份有限公司合法设立后发行人可以提出股票上市交易申请。根据《证券法》的相关规定，申请股票上市交易，应当向证券交易所报送下列文件：（1）上市报告书；（2）申请股票上市的股东大会决议；（3）公司章程；（4）公司营业执照；（5）依法经会计师事务所审计的公司最近三年的财务会计报告；（6）法律意见书和上市

发行核准		上市审批	
发行人	上报发行材料	发行人	上报上市材料
发改委	审核发行材料	交易所	初审上市申请
证监会、央行	会签	证监会	备案
发改签	下达发行批文	交易所	下达上市批文
发行人	实施债券发行	发行人	挂牌上市

主管部门	监管内容	监管阶段
国家发改委财金司	• 发行方案	• 发行核准阶段
中国人民银行货制政策司	• 利率定价方案 • 最终发行利率	• 发行核准阶段
证监会	• 审核承销团承销资格 • 会签	• 发行核准阶段
银行间债券市场或交易所	• 债券上市核准 • 信息披露及持续性义务	• 上市阶段

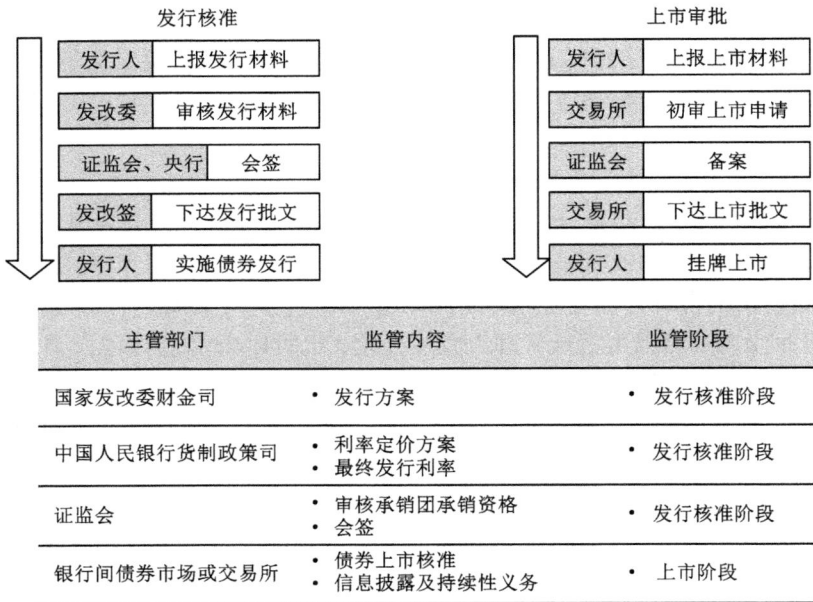

图 21-1 证券上市核准流程

保荐书；(7)最近一次的招股说明书；(8)证券交易所上市规则规定的其他文件。股票上市交易申请经证券交易所审核同意后，签订上市协议的公司应当在规定的期限内公告股票上市的有关文件，并将该文件置备于指定场所供公众查阅。

2. 公司债券上市申请

公司债券上市申请人，应当是依法设立并依法发行公司债券的股份公司、国有独资公司和两个以上国有企业或者其他两个以上国有投资主体投资设立的有限责任公司。根据《证券法》第 58 条的规定，申请公司债券上市交易，应当向证券交易所报送下列文件：(1)上市报告书；(2)申请公司债券上市的董事会决议；(3)公司章程；(4)公司营业执照；(5)公司债券募集办法；(6)公司债券的实际发行数额；(7)证券交易所上市规则规定的其他文件。申请可转换为股票的公司债券上市交易，还应当报送保荐人出具的上市保荐书。公司债券上市交易申请经证券交易所审核同意后，签订上市协议的公司应当在规定的期限内公告公司债券上市文件及有关文件，并将其申请文件置备于指定场所供公众查阅。

三、证券交易所同意

根据《证券法》第 53 条的规定，股票上市交易申请经证券交易所审核同意后，签订上市协议的公司应当在规定的期限内公告股票上市的有关文件，并将该文件置备于指定场所供公众查阅。

根据《证券法》第 59 条的规定，公司债券上市交易申请经证券交易所审核同意后，签订上市协议的公司应当在规定的期限内公告公司债券上市文件及有关文件，并将其申请文件置备于指定场所供公众查阅。

四、上市协议

上市申请人收到证券交易所签发的上市通知后，应当与证券交易所签订上市协议。上市协议又称为上市合同，是由证券交易所依据法律规定预先制作，具有固定格式，报经主管机关核准，明确证券交易所和上市公司权利义务关系的协议。

上市协议是证券进入证券交易所交易的基础和前提，上市协议应当包括以下内容：(1)证券上市费用及其缴纳方式；(2)证券交易所为公司证券发行和上市提供的技术服务；(3)要求公司指定专人负责证券事务；(4)上市公司定期、临时报告的程序以及对证券交易所质询的回复等的具体规定；(5)证券停牌事宜；(6)对违反上市协议的处理；(7)仲裁条款。

五、上市公告

上市公告，是指证券发行人向社会公众告知所发行证券获准上市交易的一系列行为的总和，也是证券上市交易的重要程序。证券发行人在收到证券交易所发出的上市通知书后，应安排已定稿的上市公告书及其他文件的公告。

第四节　信息披露制度与形式

一、信息披露制度

信息披露也称持续信息公开，是对证券市场进行监管的有效手段，也是贯彻公开原则的具体体现。信息披露制度，是指发行人在公开发行证券时，根据法律、法规的规定，公开与证券发行有关的重大事实的一种法律制度。

根据《证券法》的相关规定，发行人、上市公司依法公开的信息，必须真实、准确、完整，不得有虚假记载、误导性陈述或者重大遗漏。经国务院证券监督管理机构核准依法公开发行股票，或者经国务院授权的部门核准依法公开发行公司债券，应当公告招股说明书、公司债券募集办法。依法发行新股或者公司债券的，还应当公告财务会计报告。从信息公开环节上看，一般包括三方面的要求：一是证券发行要进行信息披露；二是证券上市交易要进行信息披露；三是与证券发行、上市交易有关的信息要披露。

证券市场发行信息披露又称一级市场信息披露，是指证券发行人在首次发行证券时，依法完全公开关于发行人及所发行证券的所有相关信息。

证券交易市场信息披露又称持续性信息披露或二级市场信息披露，是指证券在证券交易所或场外交易市场依法交易时应予公开披露的信息，即证券进入交易市场依法进行上市交易期间，证券发行人或上市公司应定期或不定期地公开披露与其发行证券相关的影响证券交易的所有重要信息。

与证券发行、上市交易有关的信息披露，是指在任何公共传媒中出现的消息可能对上市公司股票的市场价格产生误导性影响时，该公司知悉后应立即在至少相同范围内对消息作出澄清，并立即将有关情况通知证券监督机构和证券交易所。

二、持续信息披露

依照《证券法》的规定，我国证券交易市场持续性信息披露的主要文件有上市相关文件、定期报告、临时报告等。

1.上市相关文件

根据我国《证券法》的相关规定，证券上市交易申请经审核同意后，上市公司应公开披露上市报告书、申请股票上市的股东大会决议或申请公司债券上市的董事会决议、公司章程、依法经会计师事务所审计的公司最近三年的财务会计报告、法律意见书和上市保荐书、最近一次的招股说明书或公司债券募集办法等。

2.定期报告

(1)中期报告。中期报告是上市公司和债券上市交易的公司在每一会计年度上半年结束之日起2个月内，向证券监督机构提交的，并向社会公众公告的定期报告。根据我国《证券法》的相关规定，股票或者债券上市交易的公司，应当在每一会计年度的上半年结束之日起2个月内，向国务院证券监督管理机构和证券交易所提交中期报告，并予以公告。

(2)年度报告。年度报告是上市公司和公司债券上市交易的公司在每个会计年度结束后，向证券监督机构提交的，并向社会公众公告的定期报告。根据我国《证券法》的相关规定，股票或者债券上市交易的公司，应当在每一会计年度结束之日起4个月内，向国务院证券监督管理机构和证券交易所提交年度报告，并予以公告。

3.临时报告

(1)重大事件公告。上市公司在发生可能对公司上市股票交易价格产生较大影响，而投资人尚未得知的重大事件时，上市公司应当立即将有关该重大事件的情况向国务院证券监督管理机构和证券交易所提交临时报告，并向社会公布，说明事件的起因、目前的状态和可能产生的法律后果。重大事件的范围由法律法规确定。

(2)收购报告。收购报告是投资者通过证券交易所的证券交易，持有一个上市公司的股份达到一定数额或公开收购一个上市公司时，按照《证券法》和证券监督管理机构的要求，就有关事宜向社会公众公布的文件。

第五节　信息披露的方式及规则

信息披露是指借助一定的媒介发表或公布他人尚未得知的信息的行为。

信息披露形式必须是法定的，通常指将披露文件或相关材料在指定的报刊上公布、在指定的地方公开摆放、向投资者和证券商寄送、通过新闻发布会公布等。

一、信息披露的方式

1.报刊登载

报刊登载是目前使用最普遍、投资者最容易接受的信息披露方式。依照法律、行政法规规定必须作出的公告，应当在国家有关部门规定的报刊上或者在专项出版的公报上刊登。上市公司应在法定期限内，将应披露的中期报告、年度报告及重大事件等刊登在规定的报刊或公报上。

2.备置文件

备置文件系制作完成并进行报刊登载的披露文件，存放于公司所在地和证券交易所，以供公众查阅的信息披露方式。根据现行规定，上市公司在履行信息披露义务过程中，不能只采取备置文件方式进行披露，所有备置文件必须同时以报刊登载方式进行披露。

3.文件备案

根据以往信息披露规则，对报刊披露的信息，上市公司应将披露文件或其副本报证监会和证券交易所备案。

4.答复询问

依照证监会《公开发行股票公司信息披露实施细则》的规定，上市公司应指定专人负责信息披露事务，包括与证监会、证券交易所、有关证券公司、新闻机构等的联系，并回答社会公众提出的问题。

二、信息披露的规则

证券市场信息披露应该遵守"真实性、完整性、准确性、及时性"的基本原则。这些原则正是证券市场公开原则的进一步体现。

1.公告前保密义务

证券监督管理机构、证券交易所、承销的证券公司及有关人员，对公司依照法律、行政法规规定必须作出的公告，在公告前不得泄露其内容。

2.接受证监会监督

国务院证券监督管理机构对上市公司的中期报告、年度报告、重大事件及公告情况，以及分派或者配售新股的情况进行监督。

3.民事责任规则

发行人公布的中期报告、年度报告及重大事件中存在虚假记载、误导性陈述或重大遗漏，致使投资者在证券交易中遭受损失的，发行人应承担赔偿责任。

小　结

证券上市是指发行人已发行的有价证券经交易所审核或政府决定在证券交易所的市场上自由、公开地买卖的过程。证券上市是确立证券交易所与发行公司之间自律监管关系的基础。证券上市通过公司与证券交易所签署上市协议完成。签署协议之后，公司自愿接受证券交易所监管，且必须遵守证券交易所颁布、执行的证券交易和信息披露规则。

知识点

股票上市、公司债券上市、证券投资基金上市、信息披露

✦ 复习思考

一、简答

1. 简述证券上市的主要类型。
2. 上市协议应当包括哪些内容？

二、案例分析

2016 年 3 月，某资产评估事务所接受弘发公司委托，并根据弘发公司要求对某财务资产评估服务所于 2015 年 11 月出具的资产评估报告书作出修改，补充部分不动产价值，致使该资产评估报告书中的总资产增加。对上述改动，该资产评估事务所未向证券监管部门和投资人作出说明，仍以原资产评估报告书的文号和时间向证券监管部门报送已修改过的资产评估报告书。资产评估事务所的行为属于证券欺诈行为中的虚假陈述行为。按《证券法》的相关规定，禁止任何单位或者个人对证券发行、交易及其相关活动的事实、性质、前景、法律等事项，作出严重误导或者含有重大遗漏的、任何形式的虚假陈述，或者诱导、致使投资者在不了解事实真相的情况下作出证券投资决定。

问：本案中的弘发公司要不要对资产评估事务所的违规行为承担连带责任？

三、课后作业

我国证券交易市场持续性信息披露包含哪些主要文件？

第二十二章　上市公司收购与证券监管

> **【导语】** 上市公司收购是公司并购或者公司控制权交易的一种形式，对于提高公司经营效率、减少代理成本、促进资本的自由流转和产权交易具有重要意义。上市公司收购本质上即为证券买卖，具有证券交易的性质。公司收购通常涉及三方利益关系人，即收购人、出售人及目标公司或上市公司。
>
> **【重点】** 上市公司收购的概念与特征、一般收购与继续收购的特点、协议收购的特点与规则、我国证券市场监管的特点、国务院证券监管机构的设置与职责、证券业协会的性质与职责、证券违法行为的种类与责任

第一节　上市公司收购的概念与特征

一、上市公司收购的概念

上市公司收购是指投资者通过证券交易场所，单独或者共同购买某上市公司股份，以取得对该上市公司的管理权或者控制权，进而实现对上市公司的兼并或实现其他产权交易的行为。

上市公司收购的主要法律依据是《证券法》以及中国证监会 2014 年发布的《上市公司收购管理办法》。

上市公司收购制度，是指旨在保护社会公众投资者利益，规范大股东买卖上市公司股票的特殊规则体系。大股东买卖上市公司股票的行为无论是否构成对上市公司的控制权，均受到这一规则体系的限制与规范。

二、上市公司收购的特征

（1）上市公司收购是以获取被收购公司的控制权为目的的收购。这种控制权在法律上体现为收购人对被收购公司（目标公司）的控股或兼并。《证券法》第 65 条规定："通过证券交易所的证券交易，投资者持有或者通过协议、其他安排与他人共同持有一个上市公司已发行的有表决权股份达到百分之三十时，继续进行收购的，应当依法向该上市公司所有

股东发出收购上市公司全部或者部分股份的要约。收购上市公司部分股份的要约应当约定，被收购公司股东承诺出售的股份数额超过预定收购的股份数额的，收购人按比例收购。"因此，我国确定对目标公司控制权的标准是30%。

（2）上市公司收购的对象是依法公开发行并上市交易的股份有限公司。对非上市公司的收购，包括对股份有限公司或者有限责任公司的收购，不属于上市公司收购范围，也不纳入《证券法》的调整范围。

（3）上市公司的收购主体是证券投资者，包括自然人和法人。我国《公司法》规定，一般情况下，公司不得收购本公司股票，即上市公司及其发起人不得成为自己的收购人。

（4）上市公司收购方式有要约收购、协议收购，还可以在公开市场（如证券交易所）收购股票等。我国《公司法》规定，投资者可以采取要约收购、协议收购及其他合法方式收购上市公司。

第二节　上市公司收购的主体

公司收购是收购人与公司股东之间的股票交易行为，收购人和公司股东是股票交易的双方当事人。公司收购会涉及上市公司控制权的转移，也会影响到其他主体的实际利益，因此，公司收购的直接主体为收购人与公司股东，间接主体为其他各种利益主体。

一、收购人

收购人，是指向上市公司股东购买所持股票或发出股票收购要约，并向其支付收购价款的投资者。

为了合理规范投资者大规模购买股票的行为，依照《证券法》的规定，投资者必须具备以下条件：（1）投资者应当是公司股票持有人。尚未持有公司股票的货币持有人，原则上不受上市公司收购制度约束。（2）投资者应当是已持有或依照协议将持有公司已发行股份5%以上的投资者。如果投资者仅持有或购买公司发行的少量股票，其持有或购买的股份低于公司已发行股份的5%时，不受公司收购制度的约束。

二、受要约人

受要约人是上市公司股东，在《证券法》中泛指在一般收购和继续收购两种情形下的上市公司股东。受要约人有场内交易受要约人与场外交易受要约人之分。

依照《证券法》的规定，经依法核准的上市股票、公司债券及其他证券，应当在证券交易所挂牌交易。证券交易所是社会公众股的唯一流通场所，收购人可以通过证券交易所的交易系统，向其他股东收购其所持社会公众股。在证券交易所交易中，唯有社会公众股股东才可充当受要约人。收购人不得通过场外交易市场，向社会公众股股东收购其所持流通股。

上市公司的法人股和国家股不得进入证券交易所进行交易，但依照《公司法》的规定可通过协议方式进行转让，并应通过证券交易所的登记结算机构办理过户登记。因此，国家股和法人股的合法持有人，也可充当场外交易的受要约人。另外，依照《公司法》及《证券法》的规定，发起人所持股份在股份有限公司成立后一年内不得转让；公司董事、监事和高级管理人员等在任职期间，不得转让其所持股份。

三、上市公司

依照《证券法》的规定，持有公司5%以上股份的股东，其持有股份情况发生较大变化的，上市公司应当立即将有关重大事件的情况向国务院证券监管机构和证券交易所提交临时报告，并公告，说明事件的实质。因此，上市公司在公司收购过程中，承担法定信息披露义务和说明义务。

四、上市公司股东

依照《证券法》的规定，收购人持有公司30%以上股份的，应向公司所有股东发出收购要约；收购人持有公司90%以上股份的，其余仍持有公司股份的股东，有权向收购人以收购要约的同等条件出售其股票，收购人应当收购。

五、上市公司高级管理者

为保持公司经营决策的连续性和稳定性，消除公司收购对公司长远利益的不良影响，依照《公司法》的规定，董事在任期届满前，股东大会不得无故解除其职务。如果收购人已得到公司高级管理者的事先认可和协助，不仅会使收购变得更顺利，还可能避免对公司管理造成不良影响。

第三节 上市公司收购的分类

上市公司收购可按不同标准进行分类，不同类型的公司收购在收购成本、难易程度、法律规则和法律后果等方面，存在明显差异。

一、要约收购、协议收购与集中竞价收购

（1）要约收购，又称公开要约收购或公开收购，指在公开市场外，收购人公开向目标公司股东发出要约，以收购目标公司一定数量的股权，从而获得该公司的控制权的行为。

（2）协议收购，指收购人在场外与目标公司的管理部门或持股量较大的股东依照意思自治原则，以订立收购协议的方式收购目标公司发行在外的股份的行为。

（3）集中竞价收购，指收购人通过证券交易所的集中竞价交易系统，以正常的竞买价格收购目标公司的上市股票，以实现控制目标公司为目的的收购行为。

二、部分收购与全面收购

（1）部分收购，指投资者收购一家上市公司少于100%股份而获得该公司控制权的行为。

（2）全面收购，指投资者收购上市公司100%股份或投票权的行为，可由收购人自愿进行，但当收购人持有目标公司股份达到一定比例时，法律则强制要求其履行法定全面收

购义务。

三、自愿收购与强制收购

（1）自愿收购，指由收购人依据自己的意愿，在选定时间按照自己确定的收购计划依法进行的收购。

（2）强制收购，指在特定情况下，由法律强制要求收购人采取必要手段收购目标公司股份的收购行为。

四、善意收购与敌意收购

（1）善意收购，指收购人在得到目标公司管理部门同意的情况下实施的收购。

（2）敌意收购，指在遭到目标公司管理部门抵制的情况下进行的公司收购。

五、现金收购与换股收购

（1）现金收购，指收购人完全以现金支付达到收购目标的收购行为。

（2）换股收购，指收购人以自身公司的股份为对价来交换目标公司的股份的收购行为。

六、单独收购与共同收购

（1）单独收购，指一个收购人仅凭自己的财力而实施的收购。

（2）共同收购，指两个或者两个以上的收购人出于共同利益，以正式或非正式协议的方式相互协调，联手收购目标公司股份的行为。

七、横向收购、纵向收购和混合收购

（1）横向收购，指收购公司与目标公司处于同一行业、产品属于同一市场的收购。

（2）纵向收购，指收购公司与目标公司在生产过程或经营环节中相互衔接，或者具有纵向协作关系的收购。

（3）混合收购，指横向收购和纵向收购相结合的收购。

第四节　一般收购

一、一般收购的概念

一般收购是指已持有公司发行在外5%以上股票的投资者，继续购买该上市公司发行在外股票的行为。

根据《证券法》的相关规定，通过证券交易所的证券交易，投资者持有或者通过协议、其他安排与他人共同持有一个上市公司已发行的股份达到5%时，应当在该事实发生之日起3日内，向国务院证券监督管理机构、证券交易所作出书面报告，通知该上市公司，并予以公告；在上述期限内，不得再行买卖该上市公司的股票。

二、一般收购的特点

（1）收购方持有上市公司已发行的5%以上股份。收购方是指持有或潜在持有上市公司已发行5%以上股份的投资者，无论其所持有或潜在持有的股份是否为流通股，该投资者均构成收购方，应遵守一般收购规则。

（2）一般收购无须发出收购要约。一般收购可依照证券交易所制定的一般交易规则实施和完成。就委托买卖而言，投资者可以作出股票委托买卖指令，证券经纪公司接受委托并执行该指令后，即可按照价格优先和时间优先等交易规则办理收购事宜。就自营买卖而言，证券公司可以凭借自己的股票账户与资金账户直接下单，完成一般收购。

（3）一般收购以收购上市股份的5%~30%为限。只有通过证券交易所持有上市股份5%以上的投资者，才受一般收购规则的约束。若投资者持有股份数量低于上市公司已发行股份的5%，则视为一般投资行为，不受收购规则的约束。如果投资者通过证券交易所持有上市公司30%股份后，继续购买股份的，则属于继续收购，应遵守关于继续收购的特殊规则。

第五节　继续收购

一、继续收购的概念

继续收购，是指已持有上市公司30%以上股份的投资者，继续收购该上市公司上市股份或非上市股份的行为。

根据《证券法》的相关规定，通过证券交易所的证券交易，投资者持有或者通过协议、其他安排与他人共同持有一个上市公司已发行的股份达到30%时，如要继续进行收购的，应当依法向该上市公司所有股东发出收购其全部或者部分股份的要约。收购上市公司部分股份的收购要约应当约定，被收购公司股东承诺出售的股份数额超过预定收购的股份数额的，收购人应按比例收购。

二、继续收购的特点

1. 继续收购是特定投资者实施的股份收购行为

凡是通过拟实施的收购行为，将累计持有公司发行在外30%以上股份的投资者，无论此前是否已持有该公司股份，也无论所持股份为流通股还是非流通股，均受到继续收购制度的约束。

2. 继续收购是收购人与上市公司股东之间的特殊交易行为

继续收购应当遵守权益公开规则，但无须在增持公司股份达到5%时暂停收购，可在收购要约发出后持续进行收购。继续收购依据收购人在收购要约中提出的收购价格和条件成交，不受集中竞价规则的约束。

3. 继续收购是采取收购要约形式进行的收购

继续收购中，应依法采取收购要约形式进行，收购要约是继续收购的核心和关键。

4.继续收购是在法律强制性规定约束下实施的收购

继续收购须采取收购要约形式进行，收购要约必须载明法定内容，继续收购前必须履行信息披露义务，收购人须按照收购要约内容进行收购。

三、继续收购的性质

依照《证券法》的相关规定，继续收购具有自愿收购的性质。按照对该条款的合理解释，即使投资者通过证券交易，其所持股份数量超过公司股本的30%，投资者仍有权决定是否实施继续收购。

如果投资者决定继续收购的，则须发出收购要约进行收购；投资者也可不继续收购，从而避免继续收购规则的适用。

四、继续收购的实施

收购人采取继续收购方式时，应严格依照收购要约规定的期限、条件和内容执行，不得在收购要约期限内擅自变更收购要约的内容，也不得采取与收购要约不同的方式进行收购，或者与被收购公司股东另行达成收购协议。

继续收购必须通过证券交易所进行。在此过程中，应遵循证券交易所制定和执行的大宗证券交易程序。因此，被收购公司的股东在收购要约期限内，可按照收购要约规定的条件，向收购人出售其所持有的股份。收购人则必须保证其资金账户内拥有足额资金，用以一次性支付收购股份时的应付款项。

五、继续收购的终止

继续收购在以下两种情况下终止：（1）收购要约有效期限届满。有效期限届满，收购人即不再受其所发出的收购要约的约束。（2）收购数量已达到预定的股份数量。因公司股东踊跃出售，收购人在有效期限届满前已收购到预定数量的股份，继续收购亦自动终止。

第六节　协议收购

一、协议收购的概念

协议收购，是指收购人通过与被收购的上市公司股东达成书面协议，并按照协议所规定的收购价格、收购数量、收购期限等收购条件购买该种股票的收购方式。

狭义上的协议收购是与一般收购及继续收购并列的上市公司收购方式，即持有上市公司30%以上股份的收购人，以协议方式收购非流通股票的行为。

广义上的协议收购，泛指投资者以协议方式向上市公司股票持有人购买其所持股票并累计达到上市公司5%以上股票的行为。

协议收购的标的是公司发行在外的非流通股票。非流通股票虽可依法转让，但不能进入证券交易所以集中竞价方式买卖，故不具流通性，只能通过协议方式转让。

二、协议收购的种类

参照上市股票收购的分类标准，可将协议收购分为以下三类：

一是一般转让。当投资者以协议方式购买公司发行在外5%以下的非流通股时，可视为一般转让。

二是一般收购。投资者协议购买非流通股票，且累计持股数量超过上市公司已发行股票的5%时，应确定为一般收购。

三是继续收购。收购人持有上市公司发行在外的30%以上股票，并决定继续以协议方式收购其他股东所持股票的，应遵守继续收购规则，并可申请豁免要约收购。

三、协议收购的特点

1.协议收购是转让非流通股票的特殊形态

收购人若具有大量持有上市公司股份的意图并形成对上市公司的收购，除须遵循股份转让一般规则外，还应遵循《证券法》的相关规定。

2.协议收购具有场外交易的部分属性

非流通股票不采取竞价交易方式买卖，无须遵守证券交易所的一般交易规则，而应依场外交易或场内大宗交易规则进行交易，故应采取特殊监管方式。

3.协议收购采取个别协议方式

协议收购采取个别协议方式，即收购人通过与非流通股票持有人个别协商确定收购数量、价格及其他交易条件，可对不同股东采取不同的收购价格和交易条件。

四、协议收购的基本规则

1.协议收购的成立

协议收购是收购人与公司股东就非流通股票转让达成的协议行为。

根据《证券法》的相关规定，采取协议收购方式的，收购人可以依照法律、行政法规的规定同被收购公司的股东以协议方式进行股份转让。协议收购以双方当事人之间达成收购协议作为成立标志。

2.协议收购的报告和公告

根据《证券法》的相关规定，以协议方式收购上市公司时，达成协议后，收购人必须在3日内将该收购协议向国务院证券监督管理机构及证券交易所作出书面报告，并予以公告。在公告前不得履行收购协议。

3.收购协议的履行

收购协议须在办理公告手续后履行。

依照《证券法》的相关规定，采取协议收购方式的，协议双方可以临时委托证券登记结算机构保管协议转让的股票，并将资金存放于指定的银行。

第七节　证券市场监管概述

一、证券市场监管的概念

证券市场监管，也称证券监管，是指监管机构根据证券法规，对证券发行、交易和服务活动实施监督与管理。

证券监管制度就是关于证券监管机构对证券发行、交易与服务活动实施监督管理的一系列规范的总称。

证券市场监管的对象：(1)对证券市场主体的监管。证券市场主体分为证券发行人和证券投资者(个人与机构投资者)。(2)对证券市场客体的监管。对股票、债券等有价证券的发行与流通进行审查。(3)对证券中介机构的监管。对证券公司以及从事证券业务的律师事务所、会计师事务所、资产评估机构、证券投资咨询机构、证券信用评级机构等的监管。

二、证券市场监管的基本原则

1.依法监管原则

证券监管机构开展监管工作必须严格限定在法律规定的范围。首先，证券监管机构的监管行为必须有法律的授权，受法律的保障，监管行为才能具有实效性和权威性。其次，监管机构及其监管行为必须受法律的约束。

2.效率原则

效率原则要求证券价格对信息的反映程度是全面而充分的，具体有两方面的含义：一是监管工作要以证券市场的高效率运转为目标，二是证券监管工作本身要高效率地进行。

3.公平原则

在证券市场上，公平是指市场交易主体的法律地位平等、市场机会均等、交易等价有偿，要平等地享有权利，平等地履行义务。同时，还要以市场信息的公开、对监管对象的公正对待为实现的手段。

第八节　国务院证券监管机构

一、国务院证券监管机构的设置与职责

证券监督管理机构，是指代表国家对证券的发行和交易行为以及与证券的发行和交易有关的个人、组织进行管理的执法机关。

依照《证券法》的规定，国务院证券监督管理机构依法对全国证券市场实行集中统一监督管理，维护证券市场秩序，保障其合法运行。根据我国目前监管体制的运行状况，国务院证券监管机构即为证监会。

根据《证券法》的相关规定，国务院证券监督管理机构在对证券市场实施监督管理中履行下列职责：(1)依法制定有关证券市场监督管理的规章、规则，并依法行使审批或者核准权；(2)依法对证券的发行、上市、交易、登记、存管、结算，进行监督管理；(3)依法对证券发行人、上市公司、证券交易所、证券公司、证券登记结算机构、证券投资基金管理公司、证券服务机构的证券业务活动，进行监督管理；(4)依法制定从事证券业务人员的资格标准和行为准则，并监督实施；(5)依法监督检查证券发行、上市和交易的信息公开情况；(6)依法对证券业协会的活动进行指导和监督；(7)依法对违反证券市场监督管理法律、行政法规的行为进行查处；(8)法律、行政法规规定的其他职责。

国务院证券监督管理机构可以和其他国家或者地区的证券监督管理机构建立监督管理合作机制，实施跨境监督管理。

二、国务院证券监管机构的执法措施

根据《证券法》的相关规定，国务院证券监督管理机构依法履行职责，有权采取下列措施：(1)对证券发行人、上市公司、证券公司、证券投资基金管理公司、证券服务机构、证券交易所、证券登记结算机构进行现场检查；(2)进入涉嫌违法行为发生场所调查取证；(3)询问当事人和与被调查事件有关的单位和个人，要求其对与被调查事件有关的事项作出说明；(4)查阅、复制与被调查事件有关的财产权登记、通讯记录等资料；(5)查阅、复制当事人和与被调查事件有关的单位和个人的证券交易记录、登记过户记录、财务会计资料及其他相关文件和资料；对可能被转移、隐匿或者毁损的文件和资料，可以予以封存；(6)查询当事人和与被调查事件有关的单位和个人的资金账户、证券账户和银行账户；对有证据证明已经或者可能转移或者隐匿违法资金、证券等涉案财产或者隐匿、伪造、毁损重要证据的，经国务院证券监督管理机构主要负责人批准，可以冻结或者查封；(7)在调查操纵证券市场、内幕交易等重大证券违法行为时，经国务院证券监督管理机构主要负责人批准，可以限制被调查事件当事人的证券买卖，但限制的期限不得超过15个交易日；案情复杂的，可以延长15个交易日。

根据《证券法》的规定，国务院证券监督管理机构依法履行职责，被检查、调查的单位和个人应当配合，如实提供有关文件和资料，不得拒绝、阻碍和隐瞒。

第九节　证券业协会

一、证券业协会的概念与性质

证券业协会，是指由证券经营机构组成的，全国证券行业自律性监管组织，具有法人资格。

根据职责的不同，证券业协会可分为两种：

一是具有自律监管职责的行业协会，即证券行业自律组织，如美国证券业协会(NASD)、加拿大证券业协会(IDA)。

二是没有自律监管职责的行业协会，其主要职能是负责行业内的沟通和交流，并代

表行业向政府提供建议等，如一些国家和地区（英国、法国以及我国香港特别行政区）的证券业协会。

我国现已设立中国证券业协会。我国《证券法》采取"证券业协会"的称谓，并在第174条中明确"证券业协会是证券业的自律性组织，是社会团体法人"。

证券业协会作为社会团体法人，具有以下属性：

（1）证券业协会具有法人资格，具有民事权利能力和民事行为能力，以自己独立财产承担民事责任，其会员对证券业协会的民事行为不承担连带责任；

（2）证券业协会是由具有特定资格的会员所组成，相当于大陆法系国家所称的"社团"，属于人的组合，而非财产集合；

（3）证券业协会是非营利性组织，旨在对协会会员提供有关服务，协调会员之间的关系，不得从事营业性或经营性活动，收取的费用和收入不得向会员进行分配。

二、证券业协会的职责

根据《证券法》和《中国证券业协会章程》的有关规定，协会行使下列职责：（1）教育和组织会员遵守证券法律、行政法规；（2）依法维护会员的合法权益，向证券监督管理机构反映会员的建议和要求；（3）收集整理证券信息，为会员提供服务；（4）制定会员应遵守的规则，组织会员单位的从业人员的业务培训，开展会员间的业务交流；（5）对会员之间、会员与客户之间发生的证券业务纠纷进行调解；（6）组织会员就证券业的发展、运作及有关内容进行研究；（7）监督、检查会员行为，对违反法律、行政法规或者协会章程的，按照规定给予纪律处分；（8）证券业协会章程规定的其他职责。

中国证券业协会的主要职责在于充分发挥自律组织的协助、权益维护、服务、传导、沟通和和解功能，并对证券一级市场以及场外交易进行监督管理和服务。

第十节　证券违法行为

一、证券违法行为的概念与种类

证券违法行为，是指行为人违反证券法律、法规的行为。具体来说，是指股票、公司债券，以及国务院依法认定的其他证券发行与交易过程中的各类违法和犯罪行为。

证券违法行为主要具有以下几个特点：一是违法行为人一般是专业人员；二是受害人数量众多；三是违法金额较大。

证券违法行为的法律责任主要有以下几种：

（1）证券违法行为的刑事责任。

根据《证券法》的相关规定，证券违法行为构成犯罪的，应依法追究刑事责任的情况主要有：①证券发行中的犯罪行为；②证券发行和交易中弄虚作假，进行欺诈的犯罪行为；③操纵证券市场行情，从中牟取不正当利益或转嫁风险的行为；④证券内幕交易，违反证券法"三公"原则的犯罪行为。

（2）证券违法行为的行政责任。

构成证券行政违法行为的主要情形有：①法律、行政法规规定禁止参与股票交易的人员，违反规定从事股票买卖；②法人以个人名义买卖证券，对其主管人员和直接责任人的违法行为，应依法追究行政责任；③国家工作人员故意提供虚假资料，伪造、变造或者销毁交易记录，或者存在信息误导等违法行为，未构成犯罪的，应追究其行政责任，给予停业、吊销营业执照和资格证书等行政处分；④证券经营机构，未严格履行法定职责，应依法追究其行政责任。

（3）证券违法行为的民事责任。

构成证券民事违法行为，应承担民事责任的情形主要有：①在证券发行、交易中，证券发行人、承销的证券公司弄虚作假进行欺骗，给投资者造成损失的违法行为；②证券公司违背客户意愿买卖证券，造成损失的。

二、违反证券法的几种主要法律责任

1. 内幕交易的法律责任

内幕交易是指内幕信息的知情人利用内幕信息进行的证券买卖行为。

《证券法》第50条规定："禁止证券交易内幕信息的知情人和非法获取内幕信息的人利用内幕信息从事证券交易活动。"内幕交易主要有以下情形：（1）内幕人员利用内幕信息买卖证券或根据内幕信息建议他人买卖证券；（2）内幕人员向他人泄露内幕信息，使他人利用该信息进行内幕交易；（3）非内幕人员通过不正当手段或者其他途径获得内幕信息，并根据该信息买卖证券或者建议他人买卖证券；（4）其他内幕交易行为。

2. 操纵证券市场行为的法律责任

操纵市场是指意图造成不真实或足以令人误解其买卖处于活跃状态，或者抬高或压低证券价格，以诱使他人购买或出售该证券，损害投资者利益，扰乱证券市场秩序的行为。

操纵证券市场行为主要包括：（1）通过合谋或者集中资金操纵证券市场价格；（2）以散布谣言等手段影响证券发行、交易；（3）为制造证券的虚假价格，与他人串通，进行不转移证券所有权的虚买虚卖；（4）出售或者要约出售其并不持有的证券，扰乱证券市场秩序；（5）以抬高或者压低证券交易价格为目的，连续交易某种证券；（6）利用职务便利，人为地压低或者抬高证券价格；（7）以其他方式操纵证券交易价格。

3. 证券公司及其从业人员欺诈客户的法律责任

证券公司及其从业人员损害客户利益的欺诈行为主要有：（1）违背客户的委托为其买卖证券；（2）不在规定时间内向客户提供交易的书面确认文件；（3）挪用客户所委托买卖的证券或者客户账户上的资金；（4）未经客户的委托，擅自为客户买卖证券，或者假借客户的名义买卖证券；（5）为牟取佣金收入，诱使客户进行不必要的证券买卖；（6）利用传播媒介或者其他方式提供、传播虚假或者误导投资者的信息；（7）其他违背客户真实意思表示，损害客户利益的行为。

✦ 小 结

上市公司收购是指投资者通过证券交易场所，单独或者共同购买某上市公司股份，以取得对该上市公司的管理权或者控制权，进而实现对上市公司的兼并或实现其他产权性交易的行为，收购人和公司股东是股票交易的双方当事人。上市公司收购是以获取被收购公司的控制权为目的的收购。我国确定对目标公司拥有控制权的标准是30%的股份。上市公司收购的对象是依法公开发行并上市交易的公司股份。上市公司收购主体是证券投资者，包括自然人和法人。上市公司收购方式有要约收购、协议收购，以及在公开市场（如证券交易所）收购股份。一般收购是指已持有公司已发行5%以上股份的投资者，继续购买该上市公司已发行股份的行为。继续收购是指已持有上市公司30%以上股份的投资者，继续收购上市公司上市股份或非上市股份的行为。协议收购的标的是公司已发行的非流通股票。证券违法行为是指股票、公司债券，以及国务院依法认定的其他证券发行与交易过程中的各类违法行为。

知识点

公司收购、一般收购、继续购买、协议收购

复习思考

一、简答

1. 简述上市公司收购的主要类型。
2. 简述继续收购和协议收购的具体规则。
3. 简述国务院证券监管机构的执法措施。

二、案例分析

1. 张某系具备完全民事行为能力的成年公民，2009年与朋友一起开办公司，但因经营不善，公司欠下巨额债务。2010年4月，公司因未依法申请年检被吊销营业执照，2013年3月法院判决张某等人对公司债权人承担连带清偿责任，负债额高达1.5亿元。2015年3月，张某通过借款1亿元在二级市场上增持某股份有限公司股份，在收购达到16%的时候，张某决定继续增持该股份公司股份，以便在合适的时候转手，以偿还其银行债务。张某个人负有数额较大的债务，到期不能清偿且呈现持续状态，且其公司曾经因违法而被吊销营业执照，自执照被吊销之日起未逾3年，不具备收购上市公司的主体资格。根据上市公司收购信息披露的持股预警临界点为"拥有权益的股份达到一个上市公司已发行股份的5%"。

问：本案中的张某在持股首次达到5%，以及其后每增持达5%的情况下，是否应当依法停止收购，履行信息披露义务？

2. 甲证券公司是一家经批准可以从事融资融券业务的公司，近期，该公司接受乙客户的委托买卖股票，进行了如下几单业务：（1）客户乙要求买入某种股票1万股时，每股17.8元人民币，但客户乙的开户账户上只有10万元人民币。为了保证客户乙能及时买到股票，甲公司决定暂时借给客户乙8万元人民币。（2）客户乙要求甲公司为其在该公司开立的账户保密，甲公司认为乙的要求过分，其有权公开账户号码。(3)某交易日，客户乙所持有的 A 股价格猛烈上涨，虽然乙只有 1000 股，但甲公司为了更好地吸引客户，决定再借给乙该种股票 1000 股供其抛售。(4)甲证券公司在接受乙的委托之后，根据委托协议向乙收取一定的费用。甲证券公司所从事的各项业务中，第 2 项业务是违法的，违背了客户的真实意思表示；第 1 项业务为融资业务、第 3 项业务为融券业务，属于信用交易，现行《证券法》已经允许，在获得融资融券资格后，甲公司可以正常开展此类业务；第 4 项业务属双方真实意思表示且合法。

问：在本案中，对于甲证券公司所从事各项业务是否合法的判断是否正确？

三、课后作业

违反证券法的主要法律责任有哪几种？

第五编

票据法

第二十三章　票据与票据法

> **【导语】**广义的票据，泛指各种有价证券，一切体现商事权利或具有财产价值的书面凭证都为广义上的票据，如债券、股票、仓单、提货单、国库券、汇票、本票、支票等。狭义的票据，指出票人依票据法签发，无条件支付一定金额或委托他人无条件支付一定金额给收款人或持票人的有价证券，即票据法所规定的汇票、本票和支票。
>
> **【重点】**票据行为与票据权利、票据的伪造与变造、票据的抗辩、票据的丧失与救济、票据利益偿还请求权

第一节　票据概述

一、票据的概念

票据有广义和狭义之分。广义的票据，泛指各种有价证券，一切体现商事权利或具有财产价值的书面凭证都为广义上的票据，如债券、股票、仓单、提货单、国库券、汇票、本票、支票等。狭义的票据，指出票人依票据法签发，无条件支付一定金额或委托他人无条件支付一定金额给收款人或持票人的有价证券，即票据法所规定的汇票、本票和支票。

我国《票据法》第 2 条第 2 款规定："本法所称票据，是指汇票、本票和支票。"可见，我国《票据法》所指的票据系狭义上的票据。

二、票据的法律特征

（1）票据是文义证券。所谓文义证券，是指票据所创设的一切权利义务，完全以票据上所记载的文义为准，不得进行任意解释或者根据票据以外的其他文件确定。即使该记载内容与实际不符，也不能否定票据上记载内容的效力。票据的文义性，有利于保护票据流通过程中善意受让人的利益，提高票据在商事应用中的信用。

（2）票据是设权证券。所谓设权证券，是指票据权利的发生必须首先作成证券。票据权利是在票据作成的同时产生的，没有票据，也就没有票据上的权利。设权证券是与证权

证券相对应的。票据权利是票据行为新创设的一个权利，是随票据的作成而发生的，因而是一种设权证券。

（3）票据是完全有价证券。所谓完全有价证券，是指票据权利与票据的占有不可分离，票据权利的产生、转移与行使都必须以票据的存在为必要。如票据权利的产生以票据的作成为必要，票据权利的行使应出示票据。票据权利的发生、行使及转移与票据紧密结合，持有票据的，通常可推定为拥有票据权利。因而，票据是一种完全有价证券。

（4）票据是无因证券。所谓无因证券，是指票据只要具备票据法上的条件，票据权利就成立，而不需要考虑票据权利发生的原因或基础。票据权利往往基于某种基础关系而产生，如基于买卖、运输、承揽等交易关系而签发或转让票据。但票据的签发、背书、承兑、保证等都独立于这些基础关系，基础关系的存在与否及效力问题，原则上不影响票据的效力。

（5）票据是要式证券。所谓要式证券，是指票据的制作必须依据票据法规定的格式进行，而且票据上所记载的事项也必须严格遵守票据法的规定。我国《票据法》第108条规定："汇票、本票、支票的格式应当统一。票据凭证的格式和印制管理办法，由中国人民银行规定。"

（6）票据是流通证券。所谓流通证券，是指流通性是票据的基本特征之一。票据上的权利，经背书或者单纯交付即可转让于他人，而无须依民法有关债权让与的规定转让。其流通方式更为灵活简便，从而方便交易，以鼓励人们使用票据，促进交易。

（7）票据是金钱债权证券。所谓金钱债权证券，是指票据权利以请求给付一定数量的金钱为内容。持票人对票据债务人享有一种以给付一定金额为标的的债权，债务人有义务在见票时或在指定日期无条件支付票据上载明的金额。因此，票据是一种金钱债权证券。

三、票据的分类

1. 自付票据与委付票据

根据出票人是否同时是付款人，可以将票据分为自付票据和委付票据。

出票人约定自己在一定时间内支付票据金额的票据，即为自付票据，如本票。

委托他人支付票据金额，而不是以自己为付款人的票据，为委付票据，如汇票、支票。

2. 支付票据与信用票据

根据票据经济功能的不同，可以将票据分为支付票据和信用票据。

支付票据，是指其功能仅限于见票即付，并且只能由银行或其他金融机构充当付款人的票据。支票通常为见票即付，其功能重在支付，为支付票据。

信用票据，是指基于出票人的信用签发的，票据金额在发票日后的指定到期日才能支付的票据。汇票、本票为指定到期日支付，突出的主要是信用功能，为信用票据。

3. 记名式票据、无记名式票据与指示式票据

根据对票据权利人的记载方式的不同，可将票据分为记名式票据、无记名式票据和指示式票据。

记名式票据，是指在票据上记明特定的人为权利人的票据，即出票人在出票时须依法在票据上明确记载票据收款人。根据我国《票据法》的规定，我国的汇票和本票只能为记名式票据。

无记名式票据，是指票据上不记载权利人的姓名，即依法不记载票据收款人，或者将权利人记作持票人的票据。只要持有票据，就可以享有和行使票据权利，如支票可以无记名发行。

指示式票据，是指出票人在出票时依法在票据上记载权利人为特定人或指定人的票据。

四、票据的功能

(一)汇兑功能

汇兑功能是票据的最初功能。例如，现代商事交易中，交易当事人可以将款项交给当地银行，由银行开出汇票，委托该银行在另一地的分支机构或者代理机构付款，因而能安全地汇兑货币。

(二)支付功能

支付功能是票据的一个基本功能。票据的支付功能一般体现在支票上。汇票和本票在体现汇兑功能时，也起到支付的作用。

商事交易中离不开支付，以票据作为支付手段，能避免现金付款中因现金保管、清点、运输等带来的风险与困难，从而简化支付手续，方便交易，这使票据成为现代商业贸易活动中重要的支付工具。

(三)流通功能

票据可以通过背书或交付的方式转让。

大多数国家都在票据法中设立了票据抗辩限制制度，以保证票据的流通性。票据的生命力在于其流通性，票据的这种流通功能能加快资金周转速度，促进经济发展。

(四)信用功能

票据的信用功能主要通过汇票、本票来实现。在商事交易活动中，出票人基于信用签发票据，约定一定期限付款，持票人取得票据权利并获得了一种信用期待权，该信用期待权最终实现为现金利益，充分体现了票据的信用功能。

票据到期之前，持票人可以向银行办理票据贴现，票据权利得以提前实现的基础也是信用。票据的信用功能还体现在票据的背书制度上。背书人都对票据持有人负有担保付款义务，背书次数越多，承担票据责任的债务人就越多，票据的信用功能也就越强。

(五)融资功能

票据的融资，是指筹集、融通或调度资金。持票人可以将未到期的票据以买卖方式让与他人。

票据的融资功能主要是通过票据的贴现、转贴现和再贴现来实现的。票据的融资功能实际上是与信用功能相结合的，二者使票据的优越性得以充分体现。

第二节　票据法概述

一、票据法的概念

票据法是指调整票据关系以及与票据关系有关的其他法律关系的法律规范的总称。

票据关系，是指票据当事人之间因票据行为而产生的票据权利义务关系，如出票人和收款人之间的权利义务关系等。除了票据关系，票据法还涉及与票据有关的非票据关系，如出票人和最初持票人之间的票据原因关系等。

票据法有广义和狭义之分。广义的票据法，是指所有法律部门中有关票据规定的总和，即除了以"票据"命名的专门立法外，还包括民法、刑法、诉讼法、破产法等法律法规中关于票据的一切规范。狭义的票据法，则是指专门以"票据"命名的法律。一般所说的票据法，主要是指狭义的票据法。

我国于1995年第八届全国人大常委会第十三次会议通过了《票据法》，自1996年1月1日起施行。中国人民银行于1997年颁布了《票据管理实施办法》和《支票结算办法》，对票据实务起着重要的作用。为了便于票据案件的审理，最高人民法院于2000年通过《关于审理票据纠纷案件若干问题的规定》，对人民法院审理票据纠纷案件的若干问题作出了解释。2004年第十届全国人大常委会第十一次会议根据新的情况对《票据法》进行了修订。

二、票据法的特征

(一) 强制性，即票据法内容具有强制性

在票据法中，票据的种类、票据的格式、票据行为的方式以及有关当事人权利义务的享有和承担等规定，大多属于强制性规范，当事人不能随意加以变更，其自由选择余地比较小。

例如，《票据法》规定的票据仅包括汇票、本票和支票三种，任何银行、单位或个人都不能创设新的票据种类。又如，票据的记载必须符合法律的规定，对票据欺诈行为要依法追究刑事责任等，都体现了票据的强制性特征。

(二) 技术性，即票据法规范具有技术性

票据法的主要内容侧重于规定票据的使用、流通和票据权利保全，将票据行为、票据运作等纳入严谨有序的轨道，确保票据安全地流通与使用，强调的是票据的可操作性与技术性。

如票据法中关于票据之文义性、无因性的规定，以及背书行为、票据抗辩、追索权之行使等规定，都是票据法技术性的体现。

(三) 国际统一性，即票据立法具有国际统一性趋势

票据具有极大的流动性，跨国票据流通经常发生。为保障票据的顺利流通，促进贸易

的发展，不同国家、不同地区的票据法日趋统一。因此，票据法虽属国内法，但同时也兼有国际统一性。

随着国际贸易的不断发展，票据作为各国通用的信用和支付工具在国际经济领域中的作用日趋重要，票据法的国际统一性还将进一步强化。

第三节　票据行为

一、票据行为的概念

票据行为即票据法律行为，有广义和狭义之分。狭义的票据行为，是指以发生票据上的债务为目的的法律行为。一般认为，狭义的票据行为包括出票、背书、承兑、参加承兑、保证、保付等六种行为。其中出票、背书和保证行为为汇票、本票和支票所共有，承兑和参加承兑行为仅限于汇票，保付仅限于支票。广义的票据行为，是指一切能够引起票据关系产生、变更或消灭的法律行为或准法律行为。它不仅包括狭义的票据行为，而且包括准票据行为，即由法律直接规定其法律效力的行为。

我们所说的票据行为，主要指狭义的票据行为。根据我国《票据法》的规定，我国狭义的票据行为仅包括出票、背书、承兑和保证四种行为。

二、票据行为的特征

(一)要式性

票据行为是典型的要式行为，票据法明确规定和限制了设立、变更和消灭票据关系的方式。

票据行为的要式性具体表现在：（1）票据行为是书面行为，任何一种票据行为都必须以书面形式作成，而不能以口头方式进行；（2）行为人必须签章，票据行为的生效以行为人在票据上真实有效的签章为要件；（3）票据行为有法定的格式或款式，即票据行为的内容和记载方式必须符合法律的规定。另外，票据行为的内容必须以票据上记载的各项文字为准。即使该文字记载的内容与实际不符，也应以记载的文义为准。根据我国《票据法》第4条的规定，出票人及其他票据债务人应按照票据所记载的事项承担票据责任。

(二)无因性

票据是无因证券，票据行为只要具备法定的形式即可产生效力，原因关系不影响票据行为的效力。即票据行为与票据的基础关系是相分离的，票据行为的效力取决于自身的要件。票据行为的无因性具体表现在票据的抗辩上，票据债务人不得以自己与出票人之间的抗辩事由或自己与持票人前手之间的抗辩事由对抗持票人。

(三)独立性

票据行为的独立性，是指在同一票据上若有数个票据行为，则每一行为各依其在票据上所载的文义分别独立发生效力，一行为无效，不影响其他行为的效力。

票据行为的独立性在我国《票据法》上的具体体现是：（1）无民事行为能力人或者限制行为能力人在票据上签章的，其签章无效，但是不影响其他签章的效力。（2）票据上有伪造或变造签章的，不影响其他真实签章的效力。（3）除被保证人的债务是因汇票记载事项欠缺而无效外，即使被保证的票据债务无效，保证人仍应对合法取得汇票的持票人承担保证责任。

三、票据行为的要件

票据行为的有效要件，包括实质要件和形式要件两个方面。实质要件是一般民事法律行为所共同具备的要件，形式要件是票据行为作为一种特殊的民事法律行为所特别具备的要件。

（一）票据行为的实质要件

票据行为的实质要件包括行为人的票据能力、行为人的意思表示以及行为的合法性三个方面。

（1）票据行为人的票据能力。票据能力包括票据权利能力和票据行为能力。票据权利能力，是指可以享有票据权利和承担票据义务的资格或能力。票据行为能力，是指能够独立以法律行为取得票据权利或承担票据义务的资格或能力。根据《票据法》第 6 条的规定，无民事行为能力人或者限制行为能力人在票据上签章的，其签章无效。而《票据法》第 7 条关于法人和其他使用票据单位的签章的规定，体现了我国对法人和其他单位的票据行为主体资格的确认。

（2）票据行为人的意思表示。票据行为是一种民事法律行为，因而民法中关于意思表示真实、合法的规定也适用于票据行为。但基于票据行为的文义性和无因性，票据行为只要在形式上符合票据法的规定，就属于有效的票据行为，行为人就要承担票据义务，而不论该意思表示是否是行为人的真实意思表示。

（3）票据行为的合法性。票据行为的合法性包括形式合法和内容合法两个方面。其中形式不合法，必然导致票据行为无效。内容不合法主要涉及基于违反社会公共利益的合同而为的票据行为，还有涉及违反法律、法规强制性规定的票据行为，如果因为票据行为内容违法而导致其无效，则可能会损害善意持票人的利益。

（二）票据行为的形式要件

除了一般民事法律行为的实质要件外，票据行为还需具备票据法规定的特别要件，包括书面形式、签章、记载事项和交付四项。

（1）书面形式。票据应使用书面形式，以口头形式所为的票据行为无效。票据是文义证券，票据上的权利义务只能以文字记载于票据上。我国《票据法》第 108 条规定："汇票、本票、支票的格式应当统一。票据凭证的格式和印制管理办法，由中国人民银行规定。"《票据管理实施办法》和《支付结算办法》进一步具体规定了票据行为的书面要求，包括票据的格式、联次、颜色、规格、防伪技术要求以及印制等均由中国人民银行规定，同时还明确指出支票签发必须使用碳素墨水或墨汁填写。

（2）签章。签章是所有票据行为共同的强制性要求，签章的目的在于识别行为人，辨别行为人的真伪，并确定行为人的票据责任。我国《票据法》第4条规定，在票据上签章的出票人和其他票据债务人，必须按照票据所记载的事项承担票据责任。对于签章的形式，我国《票据法》第7条规定："票据上的签章，为签名、盖章或者签名加盖章。法人和其他使用票据的单位在票据上的签章，为该法人或者该单位的盖章加其法定代表人或者其授权的代理人的签章。在票据上的签名，应当为该当事人的本名。"

（3）记载事项。票据的记载事项即票据上记载的内容，根据记载事项的不同效力，可将其分为必要记载事项、任意记载事项、不得记载事项和不发生票据法上效力的事项。必要记载事项，是指依票据法必须记载的事项，分为绝对必要记载事项和相对必要记载事项。绝对必要记载事项，是指必须在票据上记载，如不记载，票据即无效。相对必要记载事项，是指票据法规定应记载，但若不记载，法律另有补充规定的，票据不因此而无效的事项。任意记载事项，是指事项记载与否由当事人自主决定，但一经记载，即发生票据法上的效力，若不记载，亦不会影响票据效力的事项。不得记载事项，是指票据法禁止记载的事项，若将这类事项记载于票据上，该记载本身无效或使票据无效。不产生票据法上效力的记载事项，是指某些事项行为人可以在票据上自由记载，但该事项不发生票据法上的效力。

（4）交付。票据的交付，是指票据行为人将票据实际交给相对人持有。有效的票据行为，除了行为人以书面方式在票据上记载法定事项并签章外，还需要将票据交付给相对人。我国《票据法》第20条规定："出票是指出票人签发票据并将其交付给收款人的票据行为。"第27条第3款规定，持票人行使该条第1款规定的权利时，应当背书并交付汇票。

第四节　票据权利

一、票据权利的概念和特征

票据权利，是指持票人向票据债务人请求支付票据金额的权利，包括付款请求权和追索权。我国《票据法》第4条第4款对此作出了明确规定。

票据权利主要具有以下特征：

(一)票据权利是一种金钱债权

票据权利以取得票据金额为目的，本质上是一种金钱债权，即请求他人支付一定数额金钱的权利。首先，票据权利是一种债权。持票人对票据债务人享有的是一种请求权，即请求债务人给付一定数额的金钱以实现自己的票据权利。其次，票据权利的客体是一定数额的货币，体现为金钱上的利益。持票人持有票据，享有的是一种信用期待权，这种期待权最终因票据债务人的付款而实现为金钱利益。

(二)票据权利是一种证券化权利

证券化权利，是指权利通过证券而存在，是一种表现在证券上的权利。证券上的权利表现为持券人对证券的所有权和由证券的内容所体现的权利。票据是完全有价证券，票据权利与票据所有权是统一的，因而票据是一种证券化权利。

二、票据权利的种类

(一)付款请求权

付款请求权，是指持票人依法要求票据的主债务人按票据上所记载的金额付款的权利。这是票据法规定的最基本权利，又称为票据的第一次权利。这里的持票人可能是收款人，也可能是最后被背书人，还可能是汇票、本票中付款后的参加付款人。主债务人主要包括汇票的承兑人、本票的出票人、保付支票的付款人等。

(二)追索权

追索权，是指持票人行使付款请求权遭到拒绝或有其他法定原因时，向其前手请求支付票据金额以及其他必要款项的权利，也称第二次请求权。这里的持票人可能是最后持票人，也可能是被追索人或某一被追索人的背书人。负担偿还义务的人主要包括出票人、背书人、保证人、承兑人和参加承兑人。

三、票据权利的取得方式

(一)原始取得

原始取得，是指持票人不是从其前手处受让票据权利，而是最初取得票据权利。原始取得又可以分为出票取得和善意取得。

(1)出票取得。出票取得是指票据的出票人在作成票据，并将票据交付给持票人时，持票人取得票据权利。出票是创设票据权利的票据行为，当出票人签发票据并交给持票人时，持票人就原始地实现了对票据的占有，取得了票据权利。

(2)善意取得。善意取得是指票据的受让人善意或无重大过失，从无权利人手中受让票据，从而取得票据权利。一般认为，票据权利的善意取得应当具备如下几个要件：①受让人必须是从无处分权人处取得票据；②受让人必须依票据法规定的权利转让方式取得票据；③受让人取得票据时主观上须为善意；④受让人必须给付相应的对价。具体如图23-1所示。

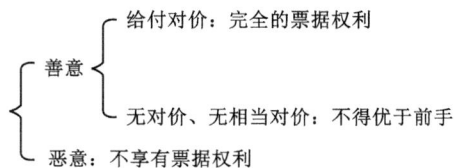

图 23-1　票据权利善意取得

(二)继受取得

继受取得,是指持票人从有权处分票据权利的前手那里,依背书交付或单纯交付的方式,受让票据权利。

票据法上的继受取得,主要是以背书转让、贴现、质押、保证、付款等方式继受取得票据权利,这些是票据法所明确规定的。票据具有流通性,票据权利的转让比较频繁,因此票据权利多以这种方式取得。

此外,被追索人因清偿债务、保证人因履行保证义务等取得票据权利的,也属于票据权利的继受取得。

非票据法上的继受取得,也称民法上的继受取得,指依继承、公司合并等普通债权转让方式取得票据权利。非票据法上的继受取得只能由民法调整和保障,不能适用票据法上的特别规定。

四、票据权利的行使和保全

(一)票据权利行使和保全的概念

票据权利的行使,是指票据权利人向票据债务人出示票据,请求其履行票据债务的行为,如行使承兑请求权请求承兑、行使付款请求权请求付款、行使追索权请求偿还等。

票据权利的保全,是指票据权利人为防止票据权利丧失而作出的行为,如以提起诉讼或向债务人提示票据等方式中断时效以保全付款请求权和追索权,在付款请求权不能实现时请求作成拒绝证书或其他有关证明以保全追索权等。

(二)票据权利行使和保全的方法

票据行为是要式行为,票据法对票据权利行使和保全的方法作了统一的规定,通常包括按期提示票据、作成拒绝证书和中断时效三种方法:

(1)按期提示票据。按期提示票据是指票据权利人向票据债务人出示票据,主张权利。按期提示票据是票据权利行使和保全的最基本方式。我国《票据法》第4条第2款规定:"持票人行使票据权利,应当按照法定程序在票据上签章,并出示票据。"

(2)作成拒绝证书。作成拒绝证书是指持票人向承兑人或付款人请求承兑或付款而遭到拒绝时,请拒绝之人出具拒绝承兑或拒绝付款的书面证明。我国《票据法》第62条第1款规定:"持票人行使追索权时,应当提供被拒绝承兑或者被拒绝付款的有关证明。"

(3)中断时效。我国《票据法》第17条规定了票据权利的消灭时效制度。中断时效的方法能防止票据权利因时效而消灭,以保全票据权利。

(三)票据权利行使和保全的时间与地点

票据权利行使和保全地点是票据当事人的营业场所;若无营业场所,则以当事人住所作为票据权利行使和保全场所。票据权利行使和保全应当在票据当事人的营业时间内进行,如果期限最后一日为非营业日,则以非营业日之后的第一个营业日为最后期限日。

我国《票据法》第16条规定:"持票人对票据债务人行使票据权利,或者保全票据权利，应当在票据当事人的营业场所和营业时间内进行，票据当事人无营业场所的，应当在其住所进行。"

五、票据权利的消灭

票据权利的消灭，是指因一定法律事实的出现而使票据上的付款请求权或追索权不复存在。

票据权利消灭的情形有下述两种：

(一)履行付款义务

付款是指付款人支付票据金额以消灭票据关系的行为。我国《票据法》第60条规定："付款人依法足额付款后，全体汇票债务人的责任解除。"在正常情况下，票据债务人经持票人在到期时的提示而向持票人付款，从而票据关系终止，票据权利绝对消灭。

(二)票据时效届满

票据权利受时效的限制，票据权利人若未在规定的期限内行使票据权利，票据权利即归于消灭。我国《票据法》第17条规定，票据权利在下列期限内不行使而消灭：(1)持票人对票据的出票人和承兑人的权利，自票据到期日起2年。见票即付的汇票、本票，自出票日起2年；(2)持票人对支票出票人的权利，自出票日起6个月；(3)持票人对前手的追索权，自被拒绝承兑或者被拒绝付款之日起6个月；(4)持票人对前手的再追索权，自清偿日或者被提起诉讼之日起3个月。

第五节　票据的伪造和变造

一、票据的伪造

票据的伪造，是指以行使票据权利为目的，假借他人或者虚构他人的名义在票据上签章的行为。

票据伪造的构成要件：①伪造者所为的行为在形式上符合票据行为的要件。②伪造者假冒他人名义在票据上签章。③伪造者主观上是故意的，且有非法牟利的目的。

票据伪造的法律后果主要包括以下几个方面：

(1)被伪造者的责任。票据行为成立的有效要件是当事人必须在票据上签章，而被伪造者自己并没有真正在票据上签章，因而被伪造者不负票据法上的责任。

(2)伪造者的责任。由于伪造者在票据上是以他人的名义伪造签章，并没有签自己的姓名或名称，从外观上看不出伪造者与票据上的权利义务有任何关系，因而伪造者不负票据法上的责任。

(3)其他真正签章人的责任。基于票据行为的独立性和文义性，票据伪造行为不影响真正签章人所为票据行为的效力。

(4)持票人的责任。对于持票人而言，若所持票据上有真实签章人，则只能向真实签章人行使票据权利，若无，则只能依据民法规定向伪造人主张民事赔偿。

（5）付款人的责任。对于付款人而言，若其没能辨认出票据的真伪而向合法持票人付款的，该付款行为有效，付款人由此遭受的损失只能寻求民法上的救济。

二、票据的变造

票据的变造，是指对票据记载内容无变更权的人，对除票据签章以外的其他记载事项进行变更的行为。例如变更票据金额、票据到期日、票据付款地等。

票据变造的构成要件：

（1）必须是无变更权的人所为的变更行为。我国《票据法》第9条第2、3款规定："票据金额、日期、收款人名称不得更改，更改的票据无效。对票据上的其他记载事项，原记载人可以更改，更改时应当由原记载人签章证明。"

（2）变更的内容是除签章以外的记载事项。在票据变造的情况下，行为人更改的是票据文义所表示的票据权利义务。例如，将票据金额加大、更改付款人名称等。

（3）必须是以行使票据权利或履行票据义务为目的的变更。

票据变造的法律后果主要依据《票据法》第14条的规定："票据上其他记载事项被变造，在变造之前签章的人，对原记载事项负责；在变造之后签章的人，对变造之后的记载事项负责；不能辨别是在票据被变造之前或者之后签章的，视同在变造之前签章。"

第六节 票据的抗辩和丧失

一、票据抗辩

票据抗辩，是指票据债务人对于票据权利人提出的请求，提出相应的事实或理由加以拒绝的行为，是票据债务人的一种自我保护方法。票据抗辩所依据的事实和理由，称为抗辩原因；票据债务人享有的对票据债权人拒绝履行义务的权利，称为抗辩权。

我国《票据法》第13条第3款规定："本法所称抗辩，是指票据债务人根据本法规定对票据债权人拒绝履行义务的行为。"根据不同的抗辩原因，可以将票据抗辩分为对物抗辩和对人抗辩两大类。

（1）对物抗辩。对物抗辩，是指因票据本身所存在的事由而发生的抗辩。对物抗辩以抗辩人的范围不同，又可分为两类：①任何票据债务人可以对一切票据债权人行使的抗辩。②特定票据债务人对抗一切票据债权人的抗辩。

（2）对人抗辩。对人抗辩，是指基于持票人自身或票据债务人与特定持票人之间的关系而产生的抗辩。根据行使抗辩权的债务人的不同，对人抗辩也可分为两类：①一切票据债务人可以对特定的票据债权人行使的抗辩。②特定票据债务人可以向特定票据债权人行使的抗辩。这里的特定债权人和特定债务人是指双方具有直接当事人之间的关系。

由于票据法重在保护票据权利人实现票据利益，以维护票据的流通性，因此，各国票据法对票据债务人行使票据抗辩权有严格的限制。我国《票据法》第13条第1款规定："票据债务人不得以自己与出票人或者与持票人的前手之间的抗辩事由，对抗持票人。但是，持票人明知存在抗辩事由而取得票据的除外。"

这一条款明确了我国票据抗辩限制的主要内容：

（1）票据债务人不得以自己与出票人之间的抗辩事由对抗持票人。比如，票据债务人不得以自己与出票人之间存在资金关系或交易关系所产生的抗辩事由，对抗持票人。

（2）票据债务人不得以自己与持票人的前手之间的抗辩事由对抗持票人。例如，甲将汇票背书给乙，乙持汇票到丙处提示承兑并于到期后向其提示付款，丙不得以自己与甲之间的抗辩事由对抗乙而拒绝付款。

票据抗辩限制的例外，即对票据抗辩限制不予适用的情形，在这些情形下，票据债务人可依自己与持票人的前手之间的抗辩事由对抗持票人。

具体包括：

（1）间接恶意抗辩。《票据法》第12条规定，持票人明知有以欺诈、偷盗或胁迫等手段取得票据的情形，仍出于恶意取得票据的，不得享有票据权利。

（2）无对价抗辩。《票据法》第11条规定，无对价取得票据的持票人不得享有优于其前手的权利。

（3）知情抗辩。如果持票人明知票据债务人与出票人或自己的前手之间存在抗辩事由仍取得票据，票据债务人即可基于与出票人或持票人前手之间存在的抗辩事由对抗持票人。

二、票据丧失的补救

票据丧失，是指持票人并非出于自己的本意而丧失对票据的实际占有。

票据丧失的补救方法包括挂失止付、公示催告、提起诉讼。

（1）挂失止付。挂失止付，是指持票人丢失票据后，依照票据法规定的程序通知票据上记载的付款人暂时停止支付票款的行为。根据《票据法》第15条的规定，票据丧失时，失票人可以及时通知票据的付款人挂失止付，但未记载付款人或无法确定付款人及其代理付款人的票据除外。付款人收到挂失止付通知时，如果票款尚未支付，付款人有义务暂时停止付款，否则应承担赔偿责任。若在付款人收到挂失止付通知前，票款已经支付，则付款人不负责任，损失由票据权利人承担。根据《票据法》第15条第3款的规定，挂失止付仅仅是一种临时性措施，并非申请公示催告或提起诉讼的必经程序，失票人可以不经挂失止付，而直接向人民法院申请公示催告或提起诉讼。

（2）公示催告。公示催告，是指人民法院根据失票人的申请，以公示的方式，告知并催促利害关系人在法定期限内向人民法院主张权利，如无人主张权利，依法作出除权判决的一种特别诉讼程序。《民事诉讼法》第229条规定，按照规定可以背书转让的票据持有人，因票据被盗、遗失或者灭失，可以向票据支付地的基层人民法院申请公示催告。

（3）提起诉讼。失票人在丧失票据后，可以直接向人民法院提起民事诉讼，请求法院判令票据债务人向其支付票据金额。根据《最高人民法院关于审理票据纠纷案件若干问题的规定》，失票人向人民法院提起诉讼的，除向人民法院说明曾经持有票据及丧失票据的情形外，还应当提供担保，担保的数额相当于票据载明的金额。在票据权利时效届满以前，失票人在提供相应担保的情况下，可以请求出票人补发票据或者请求债务人付款。此外，失票人为行使票据所有权，有权向非法持票人提起诉讼，请求返还票据。

小　结

票据是指出票人依票据法签发的无条件支付一定金额或委托他人无条件支付一定金额给收款人或持票人的有价证券，即汇票、本票和支票。票据法调整票据关系以及与票据关系有关的其他法律关系。票据行为主要包括出票、背书、承兑、参加承兑、保证、保付等六种行为。票据权利包括付款请求权和追索权。票据债务人享有拒绝履行义务的抗辩权。票据关系是指票据当事人之间因票据行为而产生的票据权利义务关系，票据法是指调整票据关系以及与票据关系有关的其他法律关系的法律规范的总称。票据的种类、票据的格式、票据行为的方式以及有关当事人权利义务的享有和承担等规定，大多属于强制性规范。票据法的规范具有技术性，票据法中关于票据文义性、无因性的规定以及背书行为、票据抗辩、追索权行使等规定，都是票据法技术性的体现。

知识点

汇票、本票、支票、出票、背书、承兑、保证、保付

复习思考

一、简答

1. 简述票据的分类与功能。
2. 试述票据行为的要件。
3. 票据伪造和变造分别有哪些特征？

二、案例分析

甲公司于 2016 年 6 月给乙公司开出一张 20 万元的银行承兑汇票用于支付货款，乙公司将该汇票背书转让给丙公司。事后不久，乙公司发现丙公司根本无货可供，便马上通知付款人停止向丙公司支付票款。丙公司获此票据后，并未向付款人请求支付票款，而是将该汇票又背书转让给了丁公司，以支付其所欠的工程款。丁公司获此汇票时对上述状况不知情，即于 2016 年 7 月向付款人请求付款。付款人在对该汇票进行审查之后拒绝付款，并作成退票理由书交付丁公司。付款人认为丁公司不享有票据权利是错误的。因为尽管丙公司没有票据权利，属于无处分权人，但丁公司不知道丙公司无票据权利，其受让该汇票是基于丙公司偿付其工程款，且是通过背书方式获得该汇票，这意味着丁公司取得汇票时主观上是善意的，同时是以票据法规定的权利转让方法取得该汇票，而且给付了相应的对价，所以丁公司受让该汇票符合票据善意取得的构成要件，理应享有票据权利。

问：在本案中，付款人拒绝付款的行为是否合法？

三、课后作业

阐述票据抗辩的种类。

第二十四章　汇票

【导语】汇票是一种委付票据，由出票人签发并委托付款人在见票时或者在指定日期无条件支付确定的金额给收款人或者持票人。我国《票据法》规定了见票即付、定日、见票后定期、出票后定期四种汇票的付款方式。

【重点】汇票的概念与种类、汇票的出票与背书、汇票的承兑与保证、汇票的付款与追索权

第一节　汇票的概念和种类

一、汇票的概念

根据我国《票据法》第 19 条第 1 款的规定，汇票是出票人签发的，委托付款人在见票时或者在指定日期无条件支付确定的金额给收款人或者持票人的票据。

汇票具有以下特征：

(1)汇票是委付票据。汇票的出票人为签发票据的人，但不是票据的付款人，出票人必须委托他人支付票据金额。

(2)汇票是无条件支付的票据。汇票的支付不受限制，也不附带任何条件。

(3)汇票的到期日即汇票的付款日。《票据法》规定了四种确定汇票到期日付款的方式，即见票即付、定日付款、见票后定期付款、出票后定期付款。

二、汇票的种类

(一)银行汇票和商业汇票

依照我国《票据法》的规定，汇票分为银行汇票和商业汇票。

根据中国人民银行《支付结算办法》第 53 条的规定，银行汇票是出票银行签发的，由其在见票时按照实际结算金额无条件支付给收款人或持票人的票据。银行汇票的出票银行为银行汇票的付款人。银行汇票根据其用途又可以分为现金银行汇票和转账银行汇票。

商业汇票是由银行以外的其他主体签发的汇票。根据中国人民银行《支付结算办法》第 73 条的规定，商业汇票可以分为银行承兑汇票和商业承兑汇票。银行承兑汇票是由银行作为承兑人，商业承兑汇票是由银行以外的付款人作为承兑人。我国对商业汇票的使用限制比较严格，只有在银行开立存款账户的法人和其他组织之间，才能使用商业汇票。

(二)即期汇票和远期汇票

根据付款日期的不同，可以将汇票分为即期汇票和远期汇票。

即期汇票是由出票人开出的，要求付款人在见票的当天或提示的当时，向收款人或持票人无条件支付一定金额的汇票。

远期汇票是由出票人开出的，要求付款人在一定期限内或指定日期，向收款人或持票人无条件支付一定金额的汇票。

远期汇票又可以分为三类：(1)定期汇票，又称定日付款汇票，是指出票人出票时在票面上明确记载确定的到期日的汇票。(2)计期汇票，又称出票后定期付款汇票，是指在出票日后一定日期付款的汇票。付款日期自出票日起开始计算，经过一定的期间后汇票到期。(3)注期汇票，又称见票后定期付款汇票，是指出票人记载该汇票在见票日后一定日期付款的汇票。

(三)一般汇票和变式汇票

根据汇票当事人的身份是否兼任，可以将汇票分为一般汇票和变式汇票。

一般汇票是指分别由不同的人担任汇票的出票人、付款人和收款人，互不兼任。

变式汇票是指汇票当事人中的一方当事人同时充任两个以上汇票当事人资格。

根据兼任的资格不同，变式汇票有三种形式：(1)指己汇票，又称己受汇票，是指出票人指定自己为收款人的汇票，即汇票的出票人兼为收款人。(2)对己汇票，又称己付汇票，是指出票人以自己为付款人的汇票，即汇票的出票人和付款人由同一人兼任。(3)付受汇票，是指以付款人为收款人的汇票，即汇票的付款人同时兼为收款人。

(四)记名汇票、指示汇票和无记名汇票

根据汇票记载权利人的方式不同，可以将汇票分成记名汇票、指示汇票和无记名汇票。

记名汇票是指出票人在票面上明确记载收款人姓名或名称的汇票。

指示汇票是指出票人不仅明确记载收款人的姓名或名称，而且附加"或其指定的人"的字样的汇票。

无记名汇票是指出票人没有记载收款人的姓名或名称，或只记载"付来人"字样的汇票。

依据《票据法》的规定，我国只承认记名汇票，无记名汇票和指示汇票都不发生法律效力。

第二节　汇票的出票

一、出票的概念

汇票的出票，又称汇票的签发或汇票的发行。我国《票据法》第 20 条规定："出票是指出票人签发票据并将其交付收款人的票据行为。"

汇票的出票包括两个内容：一是作成汇票并在汇票上签章，二是将汇票交付给收款人。

根据我国《票据法》第 21 条的规定，汇票的出票应符合一定的原因关系和资金关系，即汇票的出票人必须与付款人具有真实的委托付款关系，并且具有支付汇票金额的可靠资金来源。不得签发无对价的汇票用以骗取银行或者其他票据当事人的资金。

二、汇票的记载事项

（一）绝对必要记载事项

根据我国《票据法》第 22 条规定，汇票必须记载下列事项：（1）表明"汇票"的字样。根据汇票的种类，出票时应当在其正面分别记载"银行汇票"或"商业汇票"的字样。（2）无条件支付的委托。在我国实践中，无条件支付委托的文句已经统一印制在汇票上，如"本汇票请你行承兑，到期无条件付款"。（3）确定的金额。我国《票据法》第 8 条规定，票据金额以中文大写和数码同时记载，二者必须一致，若不一致，则票据无效。（4）付款人名称。付款人对汇票承兑后，其就成为汇票的主债务人，到期必须无条件付款。因此，汇票上必须载明付款人的名称。（5）收款人名称。我国只承认记名汇票，因而必须载明收款人的名称，而且必须使用全称，不得使用简称或企业代号。（6）出票日期。出票日期，是指记载在汇票上的签发汇票的日期，出票日期是汇票到期日的确定标准。（7）出票人签章。签章是出票人负担票据责任的表示，所以出票人签章是绝对必要记载事项。

（二）相对必要记载事项

根据我国《票据法》第 23 条规定，汇票的相对必要记载事项包括付款日期、付款地、出票地等事项，这些事项应当记载清楚、明确。汇票上未记载付款日期的，为见票即付。汇票上未记载付款地的，付款人的营业场所、住所或者经常居住地为付款地。汇票上未记载出票地的，出票人的营业场所、住所或者经常居住地为出票地。

（三）任意记载事项

我国《票据法》第 27 条第 2 款规定："出票人在汇票上记载'不得转让'字样的，汇票不得转让。"若出票人在汇票上记载了"不得转让"字样，该汇票不能转让，若没有记载该字样，亦不影响汇票的效力。

(四)不产生效力与不得记载事项

《票据法》第 24 条规定:"汇票上可以记载本法规定事项以外的其他出票事项,但是该记载事项不具有汇票上的效力。"

不得记载事项,是指该记载本身无效或使票据无效的事项。

汇票的记载事项如表 24-1 所示。

表 24-1 汇票的记载事项

记载事项	记载内容
绝对记载事项	保证文句和保证人签章
相对记载事项	(1)被保证人名称。如果未记载该事项,已承兑的汇票,承兑人为被保证人。未承兑的汇票,出票人为被保证人
	(2)保证日期,如果不记载这一内容,出票日期为保证日期
	(3)保证人的住所。如果不记载这一内容,可以推定为保证人的营业场所或住所
不得记载事项	保证不得附有条件,附有条件的,不影响对汇票的保证责任。即保证附有条件的,所附条件无效,保证本身仍然具有效力,保证人应向持票人承担保证责任

三、汇票出票的效力

(一)对出票人的效力

《票据法》第 26 条规定,出票人签发汇票后,即承担保证该汇票承兑和付款的责任。出票人在汇票得不到承兑或者付款时,应当向持票人清偿《票据法》第 70 条、第 71 条规定的金额和费用。

(二)对收款人的效力

汇票一经出票人依法签发,收款人便取得汇票权利,包括付款请求权和追索权。付款人拒绝承兑或付款的,收款人在符合票据法规定的情形下,可以行使追索权。

(三)对付款人的效力

付款人可基于汇票上的记载,对汇票进行承兑,从而承担付款义务。但是,付款人拒绝承兑的,不负付款义务。

第三节　汇票的背书

一、背书的概念与特征

背书是指持票人在票据背面或者粘单上记载有关事项，以转让汇票权利或授予他人一定汇票权利的票据行为。

我国《票据法》第 27 条第 4 款规定："背书是指在票据背面或者粘单上记载有关事项并签章的票据行为。"

背书具有以下特征：(1)背书是一种附属票据行为。汇票的背书，以出票人的出票行为为前提，行为人只能对已经签发的汇票作背书行为。(2)背书是持票人的票据行为。持票人可以以背书的方式转让汇票、设立质权或委托他人付款等。(3)背书的目的是转让汇票权利或授予他人一定的汇票权利。根据我国《票据法》第 27 条的规定，持票人可以将汇票权利转让给他人或者将一定的汇票权利授予他人行使，并且这种权利的行使应当背书并交付汇票。(4)背书是要式法律行为。背书人在发生背书行为时，须按法定的方式在汇票背面或粘单上记载有关事项并签章，然后交付给被背书人。(5)背书的记载应符合法定的形式。

汇票的背书必须记载被背书人名称；背书不得附有条件，若附有条件的，所附条件视为未记载；不能将汇票金额的一部分背书转让或者将汇票金额分别转让给两人以上，否则背书无效。

二、背书的种类

(一)转让背书

转让背书是指持票人以将汇票权利转让给他人为目的的背书。转让背书是基本的背书，我们通常所说的背书是指转让背书。转让背书包括完全背书和空白背书。

(1)完全背书。完全背书，是指背书人在汇票背面或粘单上记载背书意思、被背书人的名称并签章的背书，又称记名背书。背书作为要式行为，必须记载一定的事项。根据《票据法》的规定，完全背书的必要记载事项包括三项：背书人的签章、被背书人的名称和背书的日期。其中背书日期属于相对记载事项，因为《票据法》第 29 条第 2 款规定："背书未记载日期的，视为在汇票到期日前背书。"而背书人的签章和被背书人的名称则属于绝对必要记载事项，欠缺其中任何一项，背书行为均无效。另外，为了促进汇票流通，《最高人民法院关于审理票据纠纷案件若干问题的规定》第 49 条规定："背书人未记载被背书人名称即将票据交付给他人的，持票人在票据被背书人栏内记载自己的名称与背书记载具有同等法律效力。"根据《票据法》第 34 条的规定，背书人在汇票上记载"不得转让"字样，其后手再背书转让的，原背书人对后手的被背书人不承担保证责任。这里"不得转让"的记载，即属于任意记载事项。根据《票据法》第 33 条的规定，背书不得附条件，否则所附条件不具有汇票上的效力；同时，将汇票金额的一部分转让的背书或者将汇票金额分别转让给两人以上的背书无效。据此，背书行为具有无条件性和不可分性。上述内容均属于背书不得记载的事项。

（2）空白背书。空白背书，是指背书人在背书中未指定被背书人，而在被背书人记载处留有空白。根据《票据法》第30条的规定，被背书人的名称属于绝对必要记载事项，如有欠缺，背书行为应属无效，因而《票据法》并不承认空白背书。但如前文所述，我国司法实践承认了空白背书的存在和效力。

（二）非转让背书

非转让背书，是指持票人以将一定的票据权利授予他人行使为目的的背书，其属于特殊意义上的背书。非转让背书包括委托收款背书和质押背书。

（1）委托收款背书。委托收款背书，是指以委托他人代替自己行使票据权利，收取票据金额为目的而为的背书。《票据法》第35条第1款规定，委托收款背书不仅要有背书人的签章，而且还要有"委托收款"的字样。由于委托收款背书不发生权利转移效力，所以背书人仍然享有票据权利，被背书人仅仅取得代理权，代理背书人行使汇票上除转让之外的其他权利。

（2）质押背书。质押背书，是指以设定质权、提供债权担保为目的的背书。《票据法》第35条第2款规定，汇票可以设定质押。设定质押时，背书人不仅应当在汇票上签章，而且必须记载"质押"或"设质"等字样。被背书人依法实现其质权时，可以行使汇票权利。如果出质人只在汇票上记载"出质"字样但并未签章，或者出质人另行签订质押合同或条款而未在汇票上记载"质押"字样，都不构成汇票质押。

三、背书的连续性

背书连续是指在票据转让中，转让汇票的背书人与受让汇票的被背书人在汇票上的签章依次前后衔接。

我国《票据法》第31条规定："以背书转让的汇票，背书应当连续。持票人以背书的连续，证明其汇票权利；非经背书转让，而以其他合法方式取得汇票的，依法举证，证明其汇票权利。"

背书连续的效力：

（1）票据权利证明的效力。无论哪一种背书，只要在形式上具有连续性，都具有权利证明效力。背书连续，在转让背书中，能证明持票人享有票据权利；在委托背书中，能证明持票人享有代理他人行使票据权利的代理权；在质押背书中，能证明持票人就该票据享有质权。

（2）付款人免责的效力。根据我国《票据法》第57条的规定，除了恶意或重大过失外，只要付款时背书连续，付款人或代理付款人付款后不再承担责任，即使持票人实质上并不是真正票据权利人。

连续背书如图24-1所示。

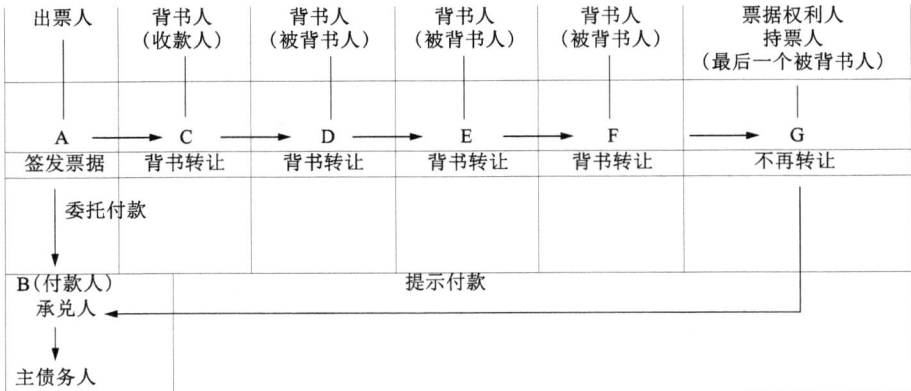

图 24-1　连续背书示意图

第四节　汇票的承兑与保证

一、承兑的概念与特征

我国票据法所称的承兑是指汇票付款人承诺在汇票到期日支付汇票金额的票据行为。汇票承兑的意义在于确定汇票上的权利义务关系。

汇票的承兑具有以下特征：

（1）承兑是一种附属票据行为，必须以存在有效的出票行为为前提。

（2）承兑是远期汇票付款人所为的汇票行为，见票即付汇票、本票以及支票都不需要承兑。

（3）承兑的内容是承诺在到期日无条件支付汇票金额，并由此承担付款责任。我国《票据法》第 43 条规定："付款人承兑汇票，不得附有条件；承兑附有条件的，视为拒绝承兑。"

（4）承兑是汇票特有的制度，即承兑是汇票付款人在汇票上所为的要式票据行为。《票据法》规定，付款人承兑汇票的，应当在汇票正面记载"承兑"字样和承兑日期并签章。

二、汇票承兑的程序

（一）持票人提示承兑

提示承兑是指持票人依照票据法规定的期限，向付款人出示汇票，并要求付款人承诺付款的行为。

提示承兑是付款人发生承兑行为的前提，但提示承兑本身并不是票据行为。

根据我国《票据法》第 39 条、40 条的规定，定日付款和出票后定期付款的汇票，持票人应当在汇票到期日前向付款人提示承兑；见票后定期付款的汇票，持票人应当自出票日起 1 个月内向付款人提示承兑；见票即付的汇票无须提示承兑。

(二)付款人承兑或拒绝承兑

（1）承兑的期间。我国《票据法》第 41 条规定，付款人对向其提示承兑的汇票，应当自收到提示承兑的汇票之日起 3 日内承兑或者拒绝承兑。

（2）承兑的方式。我国《票据法》第 42 条规定，付款人承兑汇票的，应当在汇票正面记载"承兑"字样和承兑日期并签章；见票后定期付款的汇票，应当在承兑时记载付款日期。汇票上未记载承兑日期的，以前条第 1 款规定期限的最后一日为承兑日期。

（3）拒绝承兑。出票人虽然在汇票上记载委托付款人付款，但付款人并没有必须承兑的义务，根据承兑自由原则，付款人可以拒绝承兑。此外，根据我国《票据法》第 43 条的规定，承兑附有条件的，视为拒绝承兑。

(三)汇票的回单与交还

持票人提示承兑时，应将汇票临时交给付款人，付款人须签发汇票的回单给持票人。

我国《票据法》第 41 条第 2 款规定："付款人收到持票人提示承兑的汇票时，应当向持票人签发收到汇票的回单。回单上应当记明汇票提示承兑日期并签章。"付款人发生承兑行为或拒绝承兑后，应将汇票交还给承兑人。

三、汇票保证的概念和效力

汇票保证是指汇票债务人以外的第三人，以担保特定票据债务人票据债务的履行为目的而为的附属票据行为。我国《票据法》第 45 条规定："汇票的债务可以由保证人承担保证责任。保证人由汇票债务人以外的他人担当。"

汇票保证的效力主要体现为对保证人的效力，包括保证人的责任和保证人的权利。

（1）保证人的责任。

①保证人与被保证人对票据债务承担连带责任。我国《票据法》第 50 条规定："被保证的汇票，保证人应当与被保证人对持票人承担连带责任。汇票到期后得不到付款的，持票人有权向保证人请求付款，保证人应当足额付款。"

②共同保证中保证人之间承担连带责任。这种连带责任的规定有助于增强保证的效力。

③保证人保证责任的独立性。我国《票据法》第 49 条规定："保证人对合法取得汇票的持票人所享有的汇票权利，承担保证责任。但是，被保证人的债务因汇票记载事项欠缺而无效的除外。"除了被保证人的债务因欠缺形式要件而无效外，保证人的保证责任依然有效。

（2）保证人的权利。

保证人履行保证义务后，便取得汇票上的权利，可以持票人的身份对有关债务人行使追索权。我国《票据法》第 52 条规定："保证人清偿汇票债务后，可以行使持票人对被保证人及其前手的追索权。"

第五节　汇票的付款与追索

一、付款的概念和程序

付款是指汇票上的付款人或代理付款人依据汇票文义支付汇票金额，以消灭汇票的债权债务关系的行为，付款不包括被追索人偿还汇票金额的行为。

（一）提示付款

提示付款是指持票人向付款人或代理付款人出示汇票并要求支付汇票金额的行为。

提示付款是实际付款程序的前提，付款人或承兑人无义务主动付款。同时，提示付款被拒绝后，持票人才能依法享有追索权。提示付款的当事人包括提示付款人和被提示付款人。提示付款人包括持票人及其代理人，付款提示一般由持票人向付款人或承兑人进行。

根据我国《票据法》第53条的规定，通过委托收款银行或者通过票据交换系统向付款人提示付款的，视同持票人提示付款。被提示付款人为付款人或代理付款人，汇票已承兑的，付款人或代理付款人即为承兑人。持票人应在法定的期限内提示付款，见票即付的汇票，自出票日起1个月内向付款人提示付款；定日付款、出票后定期付款或者见票后定期付款的汇票，自到期日起10日内向承兑人提示付款。持票人未按法定期限提示付款的，在作出说明后，承兑人或者付款人仍应当继续对持票人承担付款责任。

（二）实际付款

（1）付款的时间和金额。我国《票据法》第54条规定："持票人依照前条规定提示付款的，付款人必须在当日足额付款。"可见，付款人须在持票人提示付款的当日付款，并且须依票据文义足额付款。

（2）付款人的审查。我国《票据法》第57条第1款规定："付款人及其代理付款人付款时，应当审查汇票背书的连续，并审查提示付款人的合法身份证明或者有效证件。"可见，付款人在付款之前，具有两个方面的审查义务：一是审查汇票背书的连续；二是审查提示付款人的合法身份证明或有效证件。此外，依照票据法理论，付款人还须审查汇票的形式要件，如汇票的记载事项是否欠缺、汇票是否为伪造或变造、汇票的到期日等。我国《票据法》第57条第2款规定："付款人及其代理付款人以恶意或者有重大过失付款的，应当自行承担责任。"

（3）委托收款银行和委托付款银行的权利和义务。根据我国《票据法》第56条的规定，持票人委托的收款银行的责任，限于按照汇票上记载事项将汇票金额转入持票人账户；付款人委托的付款银行的责任，限于按照汇票上记载事项从付款人账户支付汇票金额。

（三）持票人签收

持票人获得付款后，应该在汇票上签收，并交回汇票，以消灭汇票上的债权债务关系。我国《票据法》第55条规定："持票人获得付款的，应当在汇票上签收，并将汇票交给付款人。持票人委托银行收款的，受委托的银行将代收的汇票金额转账收入持票人账户，视同签收。"

二、付款的效力

付款人在汇票到期日前付款的，付款人自行承担由此产生的责任。我国《票据法》第58条规定："对定日付款、出票后定期付款或者见票后定期付款的汇票，付款人在到期日前付款的，由付款人自行承担所产生的责任。"

付款人依法足额支付汇票金额后，汇票上的全部法律关系归于消灭，出票人、背书人、保证人等全体汇票债务人不再承担票据责任。我国《票据法》第60条规定："付款人依法足额付款后，全体汇票债务人的责任解除。"

三、汇票追索权的概念

汇票追索权是指持票人在汇票承兑期未获承兑、汇票到期未获付款或有其他法定原因时，在依法行使或保全了汇票权利后，享有的请求其前手偿还汇票金额、利息及其他法定的有关费用的权利。

根据持票人行使追索权的时间不同，可以将追索权分为期前追索权和到期追索权。期前追索权，是指持票人在汇票到期日之前行使的追索权。到期追索权是指持票人在汇票到期后因未获付款而行使的追索权。

根据行使追索权人的不同，可以将追索权分为最初追索权和再追索权。最初追索权，是指付款人拒绝承兑、拒绝付款或有其他法定原因时，最后持票人所行使的追索权。再追索权，是指清偿了最初追索金额后，被追索人所获得并行使的追索权。

四、追索权行使的要件

追索权的行使，应当具备一定的要件，包括实质要件和形式要件两个方面。

（1）实质要件。追索权行使的实质要件，是指持票人得以行使追索权的法定原因。根据我国票据法的规定，追索权得以行使的法定原因包括以下几种：

①汇票到期日后持票人行使追索权的原因。我国《票据法》第61条第1款规定："汇票到期被拒绝付款的，持票人可以对背书人、出票人以及汇票的其他债务人行使追索权。"

②汇票到期日前持票人行使追索权的原因。根据我国《票据法》第61条第2款的规定，汇票到期日前，有下列情形之一的，持票人可以行使追索权：汇票被拒绝承兑的；承兑人或者付款人死亡、逃匿的；承兑人或者付款人被依法宣告破产或者因违法被责令终止业务活动的。

（2）形式要件。追索权行使的形式要件，是指持票人行使追索权时，应以一定的程序进行并须履行法定的手续保全追索权，主要包括以下几个方面：

①提示承兑和提示付款。持票人应该在法定期间依法定的方式提示票据，请求承兑或付款，否则，除在汇票到期日前因法定的客观原因无法提示票据外，持票人丧失对其前手的追索权。

②作成拒绝证明。我国《票据法》第62条第1款规定："持票人行使追索权时，应当提供被拒绝承兑或者被拒绝付款的有关证明。"根据这条规定，作成拒绝证明是持票人保全追

索权的重要程序之一，有关拒绝证明是持票人行使追索权的重要依据。

③拒绝事由的通知。拒绝事由的通知，又称追索通知，指持票人以行使追索权为目的将拒绝事由书面通知其前手。我国《票据法》第66条第1款规定，持票人应当自收到被拒绝承兑或者被拒绝付款的有关证明之日起3日内，将被拒绝事由书面通知其前手；其前手应当自收到通知之日起3日内书面通知其再前手。持票人也可以同时向各汇票债务人发出书面通知。

五、追索权的效力

（一）对追索权人的效力

追索权的行使对追索权人的效力主要体现在：（1）根据我国《票据法》第70条第2款的规定，追索权人债务受清偿后，应当交出汇票和有关拒绝证明，并出具所收到利息和费用的收据。（2）追索权人的票据权利因受清偿而归于消灭。（3）追索权人因延期为拒绝事由通知，给其前手或出票人造成损失的，应承担以汇票金额为限的损失赔偿责任。

（二）对被追索人的效力

追索权的行使对被追索权人的效力主要体现在：（1）追索权人的前手之间对持票人承担连带责任。我国《票据法》第68条第1款规定："汇票的出票人、背书人、承兑人和保证人对持票人承担连带责任。"（2）根据我国《票据法》第68、69条的规定，被追索人清偿债务后，与持票人享有同一权利，即可以向其前手行使再追索权，但持票人为出票人的，对其前手无追索权。持票人为背书人的，对其后手无追索权。（3）被追索人依法向追索权人清偿债务后，其责任解除。另外，追索权的行使对物的效力主要体现为对追索金额所产生的效力，包括最初追索金额的支付和再追索金额的支付。

（三）最初追索金额的支付

最初追索金额，是指持票人行使追索权可以请求被追索人支付的金额和费用。根据我国《票据法》第70条第1款的规定，最初追索金额包括：（1）被拒绝付款的汇票金额；（2）汇票金额自到期日或者提示付款日起至清偿日止，按照中国人民银行规定的利率计算的利息；（3）取得有关拒绝证明和发出通知书的费用。

（四）再追索金额的支付

再追索金额，是指被追索人依法清偿债务后，向其他汇票债务人行使再追索权时请求支付的金额和费用。根据我国《票据法》第71条第1款规定，再追索金额包括：（1）已清偿的全部金额；（2）前项金额自清偿日起至再追索清偿日止，按照中国人民银行规定的利率计算的利息；（3）发出通知书的费用。

小 结

汇票是出票人签发的，委托付款人在见票时或者在指定日期无条件支付确定的金额给收款人或者持票人的票据。汇票是委付票据，汇票的出票人为签发票据的人，但不是票据的付款人，出票人必须委托他人来支付票据金额。汇票是无条件支付的票据，汇票的支付不受限制，也不附带任何条件。汇票的到期日即汇票的付款日，我国《票据法》规定了四种确定汇票到期日付款的方式，即见票即付、定日付款、见票后定期付款、出票后定期付款。

知识点

提示付款、追索权、连续背书

复习思考

一、简答

1. 简述汇票出票的效力。
2. 简述汇票承兑的特征。
3. 简述汇票保证的效力。

二、案例分析

甲公司为支付所欠乙公司货款，于 2016 年 5 月 5 日开出一张 50 万元的商业承兑汇票给乙公司。乙公司用此汇票背书转让给丙公司，以购买一批原材料，背书时注明了"货到后此汇票方生效"。丙公司将该汇票 30 万元的金额背书给丁公司，以支付丁公司的货款，并将剩余 20 万元背书给戊公司，支付其欠戊公司的广告费用。

问：试分析本案中的背书行为是否合法有效。

三、课后作业

阐述行使汇票追索权的要件。

第二十五章　本票与支票

【导语】本票由出票人签发并承诺自己在见票时无条件支付确定的金额给收款人或者持票人，即出票人表示自己承担支付本票金额债务。支票由出票人签发的委托办理支票存款业务的银行或其他金融机构在见票时无条件支付确定的金额给收款人或持票人，即支票的功能在于支付。

【重点】本票的概念与种类、本票的特殊规则、支票的概念和种类、支票的特殊规则

第一节　本票

一、本票的概念与种类

本票，是指由出票人签发的，承诺自己在见票时无条件支付确定的金额给收款人或者持票人的票据。

依出票人的不同，可以将本票分为银行本票和商业本票。银行本票是指由银行作为出票人签发的本票。商业本票是指由银行以外的企事业单位和个人签发的本票。根据《票据法》第73条第2款的规定，我国本票仅指银行本票，而不承认商业本票。

依付款期限的不同，可以将本票分为即期本票和远期本票。即期本票是见票即付的本票，持票人从出票日起可以随时请求出票人付款。远期本票是出票人承诺在将来某一规定日期支付款项的本票，其又可分为定期本票、计期本票和注期本票三种。我国《票据法》第77条所规定的本票为即期本票，《支付结算办法》更明确地规定了"银行本票见票即付"。

依本票上记载权利人的不同，可将本票分为记名本票、指示本票和无记名本票。记名本票是出票人在票面上载明收款人姓名或名称的本票。根据我国《票据法》第75条的规定，本票必须记载收款人名称，否则本票无效，因此我国只承认记名本票。

二、本票的出票

本票的出票，是指出票人表示自己承担支付本票金额债务的票据行为。

对于本票的出票，根据《票据法》第 75 条的规定，本票必须记载的事项包括：表明"本票"字样、无条件支付的承诺、确定的金额、收款人的名称、出票日期、出票人签章。本票上未记载上述规定事项之一的，本票无效。此外，根据《票据法》第 76 条的规定，本票上记载付款地、出票地等事项的，应当清楚、明确，但付款地和出票地是本票的相对必要记载事项。若本票上未记载付款地的，则出票人的营业场所为付款地；若本票上未记载出票地的，则出票人的营业场所为出票地。

本票出票的效力体现为对出票人的效力和对持票人的效力。

（1）对出票人的效力。我国《票据法》第 77 条规定："本票的出票人在持票人提示见票时，必须承担付款的责任。"

（2）对收款人的效力。本票出票后，收款人即享有本票上的权利，本票由出票人在签发时承诺付款，因而本票没有承兑制度，本票一经签发，收款人所获得的是一种现实的权利。

三、本票的见票与付款

本票的见票，是指本票的持票人在法定的期限内向出票人提示本票，出票人为确定见票后定期付款的本票的到期日，在本票上记载"见票"字样、见票日期并签章的行为。本票的见票，是为了确定见票后定期付款本票的到期日，是出票人的行为。

我国票据法只承认见票即付的银行本票，不承认见票后定期付款的本票，因而我国《票据法》第 77、79 条中的提示见票相当于提示付款，并不是票据法学上的本票见票。

（1）提示见票的期限。

持票人应当在法律规定的期限内提示见票。我国《票据法》第 78 条规定，本票自出票日起，付款期限最长不得超过 2 个月。由于我国本票是见票即付的本票，根据这条规定，持票人应当自出票日起 2 个月内提示见票。

（2）提示见票的效力。

我国《票据法》第 77 条规定："本票的出票人在持票人提示见票时，必须承担付款的责任。"持票人提示见票时，出票人就必须承担付款责任，可见，我国票据法中关于本票的提示见票是指提示付款。持票人如未按规定期限提示见票，则丧失对出票人以外的前手的追索权。

四、本票对汇票规则的准用

汇票、本票和支票存在很多共同的规则，为避免重复规定，各国立法一般以汇票为中心进行规定，本票在一定的范围内准用汇票的规则，本票对汇票有关规定的适用是有限制的。

我国《票据法》第 80 条规定，本票的背书、保证、付款行为和追索权的行使，除本章规定外，适用本法第 2 章有关汇票的规定。本票的出票行为，除本章规定外，适用本法第 24 条关于汇票的规定。

（1）出票规则的准用。

本票的出票人以自己为付款人，本票基本当事人之间的权利义务有别于汇票基本当事人，因而票据法对本票的出票作了较多单独规定，对汇票出票的规则适用较少，仅适用《票据法》第 24 条的规定，即可以记载票据法规定事项以外的其他出票事项，但是该记载事项不具有汇票上的效力。

（2）背书、保证、付款行为和追索权行使规则的准用。

本票的背书、保证、付款行为和追索权的行使原则上适用《票据法》第 2 章汇票的相关规定。例外的是，由于本票无承兑制度，汇票中关于承兑的规定不能适用于本票。此外，本票的付款期限自出票日起不得超过 2 个月，不适用汇票有关付款期限的规定。

第二节　支票

一、支票的概念和种类

支票，是指出票人签发的，委托办理支票存款业务的银行或其他金融机构在见票时无条件支付确定的金额给收款人或持票人的票据。支票是支付证券，其主要功能在于支付。

根据支票支付方式的不同，可以将支票分为普通支票、现金支票和转账支票。普通支票是指既可以用于支取现金，又可以用于转账结算的支票；专门用于支取现金的支票为现金支票；专门用于转账的支票为转账支票。我国《票据法》第 83 条规定："支票可以支取现金，也可以转账，用于转账时，应当在支票正面注明。支票中专门用于支取现金的，可以另行制作现金支票，现金支票只能用于支取现金。支票中专门用于转账的，可以另行制作转账支票，转账支票只能用于转账，不得支取现金。"

根据支票出票时是否记载权利人，可以将支票分为记名支票、无记名支票。出票人在支票上记载收款人名称的，是记名支票；出票人没有在支票上记载收款人名称的，是无记名支票。我国《票据法》第 86 条第 1 款规定："支票上未记载收款人名称的，经出票人授权，可以补记。"可见，无记名支票在出票人授权补记的情况下可以使用。

根据支票当事人是否兼任为标准，可以将支票分为一般支票和变式支票。一般支票，是指出票人委托银行或其他金融机构向收款人或持票人付款的支票。变式支票，是指由一人兼任两方当事人资格的支票。我国《票据法》第 86 条第 4 款规定："出票人可以在支票上记载自己为收款人。"

二、支票的出票

支票的出票，是指出票人委托办理支票存款业务的银行或者其他金融机构在见票时无条件支付确定的金额给收款人或者持票人的票据行为。从内容上看，支票的出票与汇票和本票的出票是不同的。

支票在出票时应记载一定的事项，包括绝对必要记载事项和相对必要记载事项。根据我国《票据法》第 84 条的规定，支票必须记载下列事项：①表明"支票"的字样；②无条件支付的委托；③确定的金额；④付款人名称；⑤ 出票日期；⑥ 出票人签章。支票上未记载这些规定事项之一的，支票无效。而支票的相对必要记载事项包括收款人名称、付款地、出票地。根据我国《票据法》第 86 条规定，支票上未记载收款人名称的，经出票人授权，可以补记。此外，支票不得记载付款日期，因为支票限于见票即付，记载付款日期的，该记载无效。

　　支票出票的效力体现为对出票人、付款人及收款人的效力。①对出票人的效力。出票人一经签发支票，便承担保证付款的责任。②对付款人的效力。出票行为只是出票人委托付款人付款，付款人是否付款，取决于一定的条件。③对收款人的效力。出票人签发支票后，收款人取得票据权利，可以行使付款请求权，在被拒绝付款时，可以行使追索权。我国《票据法》第89条第1款规定："出票人必须按照签发的支票金额承担保证向该持票人付款的责任。"此外，根据《票据法》第91条第2款的规定，持票人因超过提示付款期限而付款人拒绝付款的，出票人仍应当对持票人承担票据责任。

三、空头支票

　　空头支票，是指出票人签发的支票金额超过其付款时在付款人处实有的存款金额的支票。根据我国《票据法》第87条的规定，支票的出票人所签发的支票金额不得超过其付款时在付款人处实有的存款金额，禁止签发空头支票。

　　我国《票据法》第89条第2款规定："出票人在付款人处的存款足以支付支票金额时，付款人应当在当日足额付款。"根据这条规定，出票人在付款人处的存款如果不足以支付支票金额时，付款人可以拒绝付款。可见，出票人签发的支票是空头支票时，会导致持票人的付款请求权难以实现。票据法明文禁止签发空头支票，出票人如果签发空头支票，应承担相应的刑事责任、行政责任和民事责任。

四、空白支票

　　空白支票，是指出票人出票时未完全记载支票的必要记载事项，而有待授权他人进行补记的支票。我国票据法所规定的空白支票包括未记载金额的空白支票和未记载收款人的空白支票。

　　《票据法》第85条规定："支票上的金额可以由出票人授权补记，未补记前的支票，不得使用。"该法第86条第1款规定："支票上未记载收款人名称的，经出票人授权，可以补记。"可见，未记载金额或收款人的空白支票，必须经出票人授权补记，才能使用。

　　根据中国人民银行《支付结算办法》第119条的规定，支票的金额、收款人名称未补记前不得背书转让和提示付款。

五、支票的付款

　　（1）提示付款。

　　根据我国《票据法》第91条第1款的规定，支票的持票人应当自出票日起10日内提示付款；异地使用的支票，其提示付款的期限由中国人民银行另行规定。持票人如果超过提示付款期限提示付款被拒绝的，可以依法向出票人行使追索权。

　　（2）付款人付款。

　　支票限为见票即付，付款人同意付款的，应在持票人提示付款的当日足额付款。我国《票据法》第92条规定："付款人依法支付支票金额的，对出票人不再承担受委托付款的责任，对持票人不再承担付款的责任。但是，付款人以恶意或者有重大过失付款的除外。"

六、支票对汇票规则的准用

我国《票据法》第93条规定，支票的背书、付款行为和追索权的行使，除本章规定外，适用《票据法》第2章有关汇票的规定。支票的出票行为，除本章规定外，适用《票据法》第24条、第26条关于汇票的规定。

（1）出票规则的准用。

支票的出票，除了票据法作出的特别规定外，适用《票据法》第24、26条关于汇票的规定，即支票上可以记载本法规定事项以外的其他出票事项，但是该记载事项不具有支票上的效力。出票人签发支票后，即承担保证该支票付款的责任。出票人在支票得不到付款时，应当向持票人清偿票据法规定的追偿金额和费用。

（2）背书、付款行为和追索权行使规则的准用。

由于支票没有承兑制度，汇票的背书、付款和追索权行使中有关承兑的规定不能适用于支票。票据法对支票的提示付款期限和付款人的义务作了单独的规定。除了这些与支票性质不一致的规定外，支票的背书、付款行为和追索权的行使，适用汇票的有关规定。

小　结

本票是指由出票人签发的，承诺自己在见票时无条件支付确定的金额给收款人或者持票人的票据。依出票人的不同，可以将本票分为银行本票和商业本票。银行本票是指由银行作为出票人签发的本票。商业本票是指由银行以外的企事业单位和个人签发的本票。我国《票据法》规定的本票是银行本票，即由银行作为出票人签发的本票。本票的出票是指出票人表示自己承担支付本票金额债务的票据行为。支票是指出票人签发的，委托办理支票存款业务的银行或其他金融机构在见票时无条件支付确定的金额给收款人或持票人的票据。支票是支付证券，既可以支取现金，也可以用于转账。

知识点

银行本票、现金支票、空头支票

复习思考

一、简答

1. 简述本票出票的效力。
2. 简述支票出票的效力。

二、案例分析

甲商店同乙公司签订一份自行车购销合同，由乙公司向甲商店提供电动车20辆，共计货款8万元。3月10日，乙公司将20辆电动车交付甲商店，甲遂向其开户银行A申请签发银行本票。3月15日，A银行遂发出了出票人、付款人为A银行，收款人为乙公司，票面金额8万元，付款期限为6个月的本票。但由于疏忽，银行工作人员未记载出票日期。甲商店将该本票交付给乙公司。后来，乙公司又将该本票背书转让给丙公司。9月20日，丙公司持该本票向A银行提示见票，要求付款。A银行以甲商店存款不足为由拒绝付款。

问：本案中的本票是否有效？

三、课后作业

如何区分空头支票和空白支票？

第六编

保险法

第二十六章　保险与保险法

> **【导语】**保险是一种商业合同行为，广义的保险包括所有经济意义上的保险行为，除了《保险法》上规定的商业保险，还包括社会保险、互助保险等。保险关系包括基于保险合同而产生的各方当事人之间的权利义务关系，以及国家在对保险业进行监督管理过程中产生的各种社会关系。狭义的保险仅限于《保险法》上所规定的商业保险。
>
> **【重点】**保险的特征与分类、保险法的概念与特征、最大诚信原则、保险利益原则、损失补偿原则、近因原则

第一节　保险的概念、特征与分类

一、保险的概念与特征

我国《保险法》第2条规定："本法所称保险，是指投保人根据合同约定，向保险人支付保险费，保险人对于合同约定的可能发生的事故因其发生所造成的财产损失承担赔偿保险金责任，或者当被保险人死亡、伤残、疾病或者达到合同约定的年龄、期限等条件时承担给付保险金责任的商业保险行为。"该条规定是法律意义上的保险概念，体现出保险是一种商业合同行为，以及该保险合同所体现的内容。

保险具有以下主要特征：

1. 保险是一种双务有偿合同法律关系

保险是一种以营利为目的的有偿行为，保险关系的实质是双方当事人基于各自的目的而产生的一种合同关系。它以法律为基础，以合同双方的约定为依据，享受权利和承担义务。投保人依保险合同及时缴纳保险费用，保险人则依法承担相应的赔偿或给付保险金的义务。

2. 保险是一种具有经济补偿和给付性质的法律制度

保险的目的是通过集合多数社会成员的力量建立保险基金，当少数社会成员因约定危险事故或因约定人身事件发生而造成损失时给予经济上的补偿，或当约定的事项发生之后

用货币方式给予约定的补偿。

3. 保险行为以自愿为原则并以约定的危险为对象

保险行为是一种商业行为，是否通过订立合同形成保险合同关系，必须建立在当事人意思自治的基础上。因此，自愿原则是订立保险合同应遵循的基本原则。危险是指不可预料或不可抗拒的事故。保险法上的危险必须是其发生具有不确定性，发生的时间和导致的后果也应具有不确定性；不可能发生或者肯定要发生的危险，不能构成保险的危险。

4. 保险金支付可附条件和附期限

我国《保险法》第 13 条第 3 款规定，依法成立的保险合同，自成立时生效。投保人和保险人可以对合同的效力约定条件或者期限。附条件是指保险金的支付以合同约定的不确定但却可能发生的保险事故现实发生为条件；附期限是指保险金的支付以合同约定的期限到来为前提。在各类不同的保险合同中，保险金的支付条件与期限都有不同的设定，而且是其中最重要的内容之一。

二、保险的分类

(一) 财产保险与人身保险

财产保险是以物质财产及其财产利益为保险标的的保险，其保险事故表现为实物的毁损和利益的灭失。人身保险是以人的生命或健康为保险标的的保险。我国目前开办的财产保险包括家庭财产保险、企业财产保险、机动车辆保险、责任保险、信用保险和海上保险等。人身保险包括人身意外伤害保险、健康保险、老年保险和人寿保险等。

(二) 自愿保险与强制保险

按照保险实施方式的不同，保险可分为自愿保险和强制保险。

自愿保险是投保人与保险人双方通过平等协商，自愿签订保险合同而产生的一种保险。

强制保险是指依据国家法律法规的规定必须进行的保险。

(三) 原保险和再保险

按照保险责任承担次序的不同，保险可分为原保险和再保险。

原保险是指保险人在保险责任范围内直接对被保险人承担赔偿责任的保险。

再保险是原保险人把自己的保险责任的一部分或全部转移给其他保险人的保险。即保险人将保险责任作为保险标的进行投保，投保人为原保险人，保险人为再保险人。再保险的目的主要是分散风险、扩大承保能力、稳定经营。

(四) 单保险和复保险

按照保险人人数的不同，保险可分为单保险和复保险。

单保险是投保人对于同一保险标的、同一保险利益、同一保险事故与一个保险人订立保险合同的行为。

复保险，或称重复保险，是投保人对于同一保险标的、同一保险利益、同一保险事故与数名保险人分别订立数个保险合同的行为。

第二节　保险法的概念与特征

一、保险法的概念

保险法是指以保险关系为调整对象的法律规范的总称。保险关系包括基于保险合同而产生的各方当事人之间的权利义务关系，以及国家在对保险业进行监督管理过程中产生的各种社会关系。

广义的保险法是指一切与保险有关的法律规范的总称，包括保险的法律、行政法规以及其他法律和行政法规中关于保险的规定；狭义的保险法仅指以《保险法》命名的法律。我国于 1995 年第八届全国人民代表大会常务委员会第十四次会议通过了《保险法》，并于 2002 年、2009 年和 2015 年进行了三次修订。

二、保险法的特征

（一）较强的社会性

保险法的社会性主要体现在下述两个方面：一是国家对保险业进行适当的干预，对保险业的经营予以较为严格的行政监督，确保保险行业正常运行，维护国民经济的发展和社会的安定；二是保险法从保护社会公众利益出发，对保险人的主体资格作出了较高的要求，并通过定型化条款明确保险参与者的权利和义务，防止保险人利用其特殊地位损害被保险人的权益。

（二）任意性规范与强制性规范相结合

保险法作为商法的一个组成部分，原则上属于私法的范畴，其规范也多体现为任意性规范。除非有法律的特殊规定，当事人是否订立保险合同、如何订立保险合同由当事人自行决定。同时，为了保护被保险人的利益，维护社会的安定，保险法也较多地体现了国家的强制干预，有许多强制性规范，如关于机动车交通事故责任强制保险（简称"交强险"）的规定就属强制性规范，有关当事人必须遵从。

（三）较强的技术性

保险是以数理计算为基础形成的一种经济补偿制度。保险业应收保险费总额与应付保险金总额不是保险公司主观决策，而是根据大数法则对拟投保的危险进行概率测算，并最终实现收支总体平衡的科学决策的结果。因此保险法中有较多的技术性规定，如保险基金的建立、保险金额的确定、保险费率的计算、保险企业承保危险责任的限制等。

第三节　保险法的基本原则

一、最大诚信原则

所谓诚实信用，是指民商法律关系中的各方当事人，应当基于善意与守信，全面、严格地履行自己的义务，意思表示不得存有欺诈与隐瞒。由于保险行业的特殊性，法律要求保险当事人须最大限度地遵守诚信原则，即互不隐瞒欺诈，以最大诚信全面履行各自的义务。

我国《保险法》第5条规定："保险活动当事人行使权利、履行义务应当遵循诚实信用原则。"此条规定突出了诚实信用原则在保险法中的重要地位。在保险活动中，最大诚信原则具体体现在投保人的如实告知和履行保证上，而保险人遵守该项原则主要体现在说明、弃权和禁止反言上。

(一) 如实告知

投保人的如实告知义务是指投保人在与保险人协商订立保险合同时，应当将与保险标的有关的重要事项如实告知保险人。

告知的范围应当是有关保险标的真实情况，保险存续过程中标的危险程度增加或事故发生的情形，索赔时保险标的的损害后果等。我国《保险法》第16条第1款规定："订立保险合同，保险人就保险标的或者被保险人的有关情况提出询问的，投保人应当如实告知。"

(二) 履行保证

保险法上的保证是指投保人在签订保险合同时向保险人保证履行某种特定义务的承诺。

如果投保人在订立合同时，与保险人之间存在着对某一事项作为或不作为或真实性等的承诺，那么，保险合同成立生效后，投保人应当按约履行这一义务。《保险法》第16条第2款规定："投保人故意或者因重大过失未履行前款规定的如实告知义务，足以影响保险人决定是否同意承保或者提高保险费率的，保险人有权解除合同。"

(三) 明确说明

明确说明是指保险人在与投保人签订保险合同时，对于保险合同中所约定的保险术语、重要条款或关键性条款，应当在保险单上或者其他保险凭证上对其作出明确的提示与正确的解释。

根据《保险法》第17条第2款的规定，对保险合同中免除保险人责任的条款，保险人在订立合同时应当在投保单、保险单或者其他保险凭证上作出足以引起投保人注意的提示，并对该条款的内容以书面或者口头形式向投保人作出明确说明；未作提示或者明确说明的，该条款不产生效力。

(四)弃权和禁止反言

弃权是指在投保人或者被保险人违反告知义务或保证义务的前提下,保险人放弃其应有的合同解除权与抗辩权。禁止反言是指保险人既然已放弃其依法或依约应享有的上述权利,则将来不得反悔再向对方主张已放弃的权利。

我国《保险法》第 16 条第 3 款规定:"前款规定的合同解除权,自保险人知道有解除事由之日起,超过三十日不行使而消灭。自合同成立之日起超过二年的,保险人不得解除合同;发生保险事故的,保险人应当承担赔偿或者给付保险金的责任。"

二、保险利益原则

保险利益,又称可保利益,是指在保险事故发生时,可能遭受的损失或失去的利益。

我国《保险法》第 12 条第 6 款规定:"保险利益是指投保人或被保险人对保险标的具有的法律上承认的利益。"可见,投保人与保险标的之间必须存在利害关系。当保险事故发生时,因保险标的的损毁灭失,投保人必然遭受损失或失去相应利益。这种利益和损失从本质上来说应该是某种经济上的利益和损失,即可以用货币予以计算的利益。这种经济利益既可以是现有的,也可以是可期待的。

保险利益原则是保险法特有的原则,只有具有保险利益的保险行为才具有法律效力。对此,《保险法》第 12 条第 1、2 款规定:"投保人对保险标的应当具有保险利益。投保人对保险标的不具有保险利益的,保险合同无效。"

(一)财产保险的保险利益

财产保险合同中的保险利益,指被保险人对保险标的所具有的某种合法的经济利益。财产保险中享有保险利益的人员主要有财产所有权人、财产保管人、财产合法占有人。最高人民法院的司法解释明确规定,财产保险中,不同投保人就同一保险标的分别投保,保险事故发生后,被保险人在其保险利益范围内有权依据保险合同要求保险人承担赔偿责任。

在财产保险合同中,保险利益的存续时间决定着保险合同的有效延续。投保人在投保时有对保险利益的严格要求,否则,该保险合同就不能有效成立。我国《保险法》第 48 条规定,保险事故发生时,被保险人对保险标的不具有保险利益的,不得向保险人请求赔偿保险金。第 49 条规定,保险标的转让的,保险标的的受让人承继被保险人的权利和义务。

(二)人身保险的保险利益

人身保险合同中的保险利益,是指投保人对于被保险人的寿命和身体所具有的利害关系。我国保险法对人身保险利益是采用列举方式加以明确规定的。《保险法》第 31 条规定,投保人对下列人员具有保险利益:(1)本人;(2)配偶、子女、父母;(3)前项以外与投保人有抚养、赡养或扶养关系的家庭其他成员、近亲属;(4)与投保人有劳动关系的劳动者。除前款规定外,被保险人同意投保人为其订立合同的,视为投保人对被保险人具有保险利益。

人身保险合同中,保险利益的存续时间对合同效力的延续并不产生影响。投保人在投保时，必须对被保险人具有保险利益；不具有保险利益的，合同无效。但保险合同一旦有效成立之后，其效力便立即与保险利益相分离。也就是说，当保险事故发生时，即使投保人对保险标的已不具有保险利益，该合同仍有效成立，保险人仍需按合同约定进行赔偿或给付。

三、损失补偿原则

损失补偿原则是指保险人对于保险标的因保险事故造成损失时，在保险责任范围内对其所遭受的实际损失进行补偿。损失补偿原则体现了保险的经济补偿功能，其目的是仅补偿被保险人因保险事故所造成的实际损失，使其及时恢复到正常的生产或生活中。

由于保险赔偿的数额均以实际损失为依据且以保险金额为限，因此，保险赔偿的性质更直观地表现为损失补偿的特点。损失补偿的范围为被保险人遭受的实际损失，主要包括保险事故发生时保险标的的实际损失、合理费用和其他费用。

（一）实际损失

实际损失是指保险事故发生时，保险标的因毁损、灭失导致实际价值的损失。实际损失的确定，是保险理赔的基本依据。实践中，保险标的的实际损失的具体数额，通常以损害发生时受损财产的实际现金价值来确定。在财产保险中，最高赔偿额以保险标的的保险金额为限。

（二）合理费用

合理费用是指保险人为防止或者减少保险标的的损失所支付的必要的、合理的费用。合理费用可以分为两种情形：一种是保险事故发生后的施救费用及后续的诉讼费支出等。我国《保险法》第 57 条第 2 款明确规定，保险事故发生后，被保险人为防止或者减少保险标的的损失所支付的必要的、合理的费用，由保险人承担；保险人所承担的费用数额在保险标的损失赔偿金额以外另行计算，最高不超过保险金额。第 66 条规定，责任保险的被保险人因给第三者造成损害的保险事故而被提起仲裁或者诉讼的，被保险人支付的仲裁或者诉讼费用以及其他必要的、合理的费用，除合同另有约定外，由保险人承担。另一种是保险事故发生后，为了确定保险责任范围内的损失所支付的受损标的的检验、估价、出售等费用。第 64 条规定，保险人、被保险人为查明和确定保险事故的性质、原因和保险标的的损失程度所支付的必要的、合理的费用，由保险人承担。

四、近因原则

近因原则是指在保险合同关系中，只有当损害结果的形成与危险事故的发生之间存在必然的因果关系时，保险人才承担保险赔偿的责任。保险责任的认定是一个较为复杂的问题，保险标的的损失往往是由很多情况造成的。保险人根据投保人投保的保险险种、险别，确定自己所承保的范围。当损失发生后，从判断致损原因与损害后果之间的因果关系，认定最直接、最接近的原因造成的损失是否属于其承保范围，进而判断是否承担赔偿责任。在保险实践中，一果多因的情况是普遍存在的，认定近因的关键在于厘清其内部逻辑关系，寻找出致损的决定性和支配性的原因。

（一）单一原因造成的损失

如果导致保险标的损害的原因只有一个，而这一原因又属于保险人承担的风险范围，那么这一原因就是该损失的近因，保险人应当承担保险责任。例如，投保人为被保险人投保了意外伤害保险，而被保险人在街道旁行走时被公交车碰撞造成了伤害。

（二）多种原因造成的损失

1.多种原因连续发生时的适用

两个以上的原因连续发生而致损，如果后因是前因直接、必然的发展结果或合理的延续，则前因为近因，此时的后因对结局不具有决定性的影响。如果前因是承保危险，而后因不论其是否为承保危险，保险人均要承担责任。例如，在著名的艾思宁顿诉意外保险公司案中，被保险人打猎时不慎从树上掉下来，受伤后的被保险人爬到公路边等待救援，因夜间天冷又染上肺炎死亡。肺炎是意外险保单中的除外责任，但法院认为被保险人的死亡近因是意外事故——从树上掉下来，因此保险公司应给付赔偿金。

2.多种原因间断发生时的适用

前因与后因之间没有必然的因果关系，后因不是前因必然的发展，并因后因的介入中断了前因对损害结果的支配力，同时后因"独立地"对损害结果产生作用，则该后因构成近因。例如，投保人只是投保了火灾险而没有投保盗窃险，当发生了火灾时，有的财产被抢救出来放在露天场所又被盗走。该案中，虽然事出火灾，但保险标的被放在露天场所，不是火灾的必然结果，即使放在露天场所，如果加强监管，也不必然被盗走，可见火灾与盗窃之间没有因果关系。盗窃行为介入了火灾，而独立地导致保险标的的灭失。故保险人不承担火灾险的赔偿责任。

3.多种原因同时发生的适用

多种原因同时发生，表现为多个原因之间没有因果关系，均属于近因。同时发生并不要求致损原因同时产生，只要多个原因之间没有因果关系，即使后因晚于前因产生也成立同时发生关系。如某工厂发生火灾，部分原因是雇员疏忽，部分原因是设备缺陷，此时，雇员疏忽与设备缺陷均成立近因。若致损的多种原因中，有的属于承保事故，有的属于责任免责，那么对于它们各自所造成的损失能够区分的，保险人仅赔付由承保近因所造成的损失。而在不可分时，应由双方协商赔付范围或由法官酌情按比例分配。

小　结

保险是由投保人根据合同约定，向保险人支付保险费，保险人对于合同约定的可能发生的事故因其发生所造成的财产损失承担赔偿保险金责任，或者当被保险人死亡、伤残、疾病或者达到合同约定的年龄、期限时承担给付保险金责任的商业保险行为。保险是一种以营利为目的的有偿行为，保险关系的实质是双方当事人基于各自的目的而产生的一种合同关系。保险行为是一种商业行为，是否通过订立合同形成保险合同关系，必须建立在当事人意思自治的基础上。保险法以保险关系作为调整对象。我国《保险法》规定，依法成立的保险合同，自成立时生效。

✦ 知识点

商业保险、最大诚信原则、保险利益原则、损失补偿原则、近因原则

✦ 复习思考

一、简答

1. 简述保险的概念与特征。
2. 简述保险法的基本原则。

二、案例分析

1. 赵某于 2022 年 12 月为其母亲投保人身保险，在被保险人身体状况一栏填写其母亲身体健康。时隔半年保险公司了解到被保险人投保前患有严重心脏病且不能正常工作。2023 年 9 月，投保人赵某携带被保险人死亡证明到保险公司要求死亡给付。保险公司表示赵某投保时违反了如实告知义务，被保险人属于带病投保。因此，保险公司不予赔偿。

问：本案中的保险公司是否需要承担赔付责任？

2. 李某经丈夫张某同意，在保险公司为其投保了人寿保险，期限为 5 年，李某为受益人。两年后，张某和李某离婚。三年后，张某因病去世。李某向保险公司请求偿付保险金。保险公司认为，李某和张某已经离婚，不再具有夫妻关系，故拒绝向其支付保险金。李某认为在与张某夫妻关系存续期间，为张某投保人寿保险，具有保险利益，该保险合同有效成立。此后，保险事故发生时，尽管李某与张某已经解除婚姻关系，但其作为受益人的身份并不受此影响，李某仍具有合法的保险金受益权。保险公司的拒付行为是没有法律依据的。

问：在本案中，保险公司的拒付行为是否合法？

三、课后作业

什么是近因原则？如何适用？

第二十七章　保险合同概述

【导语】保险合同是保险法律关系得以确立的基本形式，是通过对当事人权利义务的约定来保证保险商品交换关系实现的法律手段。保险合同与其他形式的合同一样，本质上都是平等主体的自然人、法人和其他组织之间设立、变更和终止民事权利义务关系的协议。

【重点】保险合同的概念与种类、保险合同的主体、保险合同的订立和履行、保险合同的解除与终止

第一节　保险合同的概念与特征

一、保险合同的概念

我国《保险法》第10条规定："保险合同是指投保人与保险人所签订的约定保险权利义务关系的协议。"保险合同是由投保人与保险人协商订立的。保险合同是双方当事人协商一致的产物，是双方当事人的共同约定，而非任何一方单方面的意思表示。

二、保险合同的特征

1.保险合同是最大诚信合同

我国保险法规定保险活动的当事人行使权利、履行义务应当遵循诚实信用原则。保险活动的特殊性，使得保险合同的诚信程度比一般的合同要求更高。一方面保险人主要是依据投保人对保险标的的陈述来决定是否承保和保险费的多少，另一方面保险合同的条款内容具有较强的专业性，因此，法律对于保险合同当事人的诚信要求高于一般合同的当事人，所以保险合同是最大诚信合同。

2.保险合同是格式合同

格式合同，又称附合合同或标准合同。格式合同是指合同条款由一方当事人提出，相对方当事人只能对此内容表示接受或拒绝的合同。我国《保险法》第13条规定："保险人应当及时向投保人签发保险单或者其他保险凭证。保险单或者其他保险凭证应当载明当

事人双方约定的合同内容。当事人也可以约定采用其他书面形式载明合同内容。"作为保险合同正式文本文件的保险单或其他保险凭证，是由保险人单方先行拟定的，投保人一般只能根据保险人单方事先制定的合同条款决定是否订立保险合同，而没有对合同条款进行协商的自由。

3. 保险合同是特殊的双务有偿合同

保险合同具有一般双务合同的特征，但在保险合同中投保人的给付义务是确定的，即保险费一定要支付，而保险人承担的保险金的赔偿或给付义务是不确定的，而取决于危险事故的发生与否。保险合同的当事人取得利益必须付出相应的代价，但因危险事故发生的偶然性，对于具体的保险合同，其对价往往无法体现等价有偿的基本原则。

4. 保险合同是射幸合同

射幸合同是指当事人权利的享有或义务的履行有赖于偶然事件发生的合同形式。保险合同的射幸性体现在：投保人向保险人支付保险费后所获得的仅仅是一种可能得到的补偿机会。一旦在保险期间发生了保险事故，保险人应当按合同约定进行赔偿，其赔偿金额远远高于投保人所支付的保险费。反之，如果在保险期间内没有发生保险事故，那么被保险人将不能获得任何赔偿。

第二节　保险合同的种类

一、财产保险合同和人身保险合同

根据保险标的性质的不同，保险合同可分为财产保险合同和人身保险合同。

财产保险合同是以物质财产及其财产利益为保险标的的保险合同。其目的在于补偿被保险人因危险事故对保险标的的造成的损失，保险人的责任以补偿被保险人的实际损失为限，且不得超过保险金额。

人身保险合同是以人的寿命和身体为保险标的的保险合同。大多数人身保险合同都是给付性的定额保险合同。人身保险合同包括人寿保险合同、健康保险合同和意外伤害保险合同。

二、定值保险合同与不定值保险合同

保险价值是指保险标的之价值。因为人身保险的保险标的无法估计其价值，故保险价值仅适用于财产保险合同。以保险标的的保险价值是否在合同中约定为标准，可分为定值保险合同与不定值保险合同。

定值保险合同是指当事人双方在合同中明确载明保险标的价值的保险合同。在该保险合同有效期内发生保险事故并造成财产全部损失时，无论保险标的的实际价值是多少，保险人都应当按约定的保险价值赔偿；如果是部分损失，则按照损失比例进行赔偿。

不定值保险合同是指在保险合同中，当事人不载明保险价值，而在合同中载明发生保险事故后，再估算保险标的的实际价值来确定损失额进行赔偿的保险合同。该合同中往往会记载保险金额，即最高赔付金额。

三、给付性保险合同和补偿性保险合同

根据保险合同的目的不同，可以分为给付性保险合同和补偿性保险合同。

给付性保险合同是指当保险事故发生后，保险人按合同中约定的赔偿金额支付给被保险人的保险合同。给付性保险合同是专门针对人身保险而言的，保险金额是由双方当事人尤其是投保人，根据实际需要和保费支付能力确定的。如果约定的保险事故发生，保险人必须依照保险合同中确定的金额予以支付。

补偿性保险合同是指在保险事故发生后，通过保险人的评定来确定被保险人的实际损失从而支付保险赔偿金的一种合同。在此种合同中，保险人的赔偿限定在保险标的的实际损失或保险金额的范围内。保险赔偿起着补偿的作用，通过这种补偿，投保人或被保险人的生产或生活秩序得以尽快恢复。各类财产保险合同，无论是定值保险还是不定值保险，都属于补偿性保险合同。

四、单保险合同和重复保险合同

以保险人的人数为标准可分为单保险合同和重复保险合同。

单保险合同是指投保人对于同一保险利益、同一保险事故，在同一保险期限内与一个保险人订立的保险合同。

复保险合同是指投保人对于同一保险利益、同一保险事故，在同一保险期限内与数个保险人分别订立的，且其保险金额总和超过保险价值的保险合同。我国《保险法》第 56 条规定，重复保险的投保人应当将重复保险的有关情况通知各保险人。各保险人按照其保险金额与保险金额总和的比例承担赔偿保险金的责任。同时，重复保险的投保人可以就保险金额总和超过保险价值的部分，请求各保险人按比例返还保险费。

五、原保险合同与再保险合同

以保险人承担保险责任的顺序为标准，可分为原保险合同与再保险合同。

原保险合同是指保险人与投保人原始订立的保险合同。原保险合同规定了保险人与被保险人之间的权利义务，当保险标的发生该保险合同责任范围内的损失时，由保险人对被保险人负责赔偿。

再保险合同又称分保合同，是指原保险人为了分摊已承保的风险而与再保险人订立的保险合同。我国《保险法》第 103 条规定："保险公司对每一危险单位，即对一次保险事故可能造成的最大损失范围所承担的责任，不得超过其实有资本金加公积金总和的百分之十；超过的部分应当办理再保险。"再保险通常以原保险人所承担的全部或一部分责任作为保险标的，再保险人负责承担按规定分摊的保险责任。

第三节　保险合同的主体

一、保险人

保险人又称承保人，是指与投保人订立保险合同，收取保险费并承担赔偿或者给付保险金义务的保险公司。我国对保险人的资格有较为严格的要求，只有依法设立的保险公司才能作为保险人，经营保险业务。

《保险法》第6条规定："保险业务由依照本法设立的保险公司以及法律、行政法规规定的其他保险组织经营，其他单位和个人不得经营保险业务。"同时，保险公司只能在其核准的经营范围内经营相应的保险业务。保险人必须依法组织、管理和使用保险费，其经营活动应当严格遵循保险法及相关法规的规定，并接受保险监管部门的监管。

二、投保人

投保人又称要保人，是指与保险人订立保险合同，并按照保险合同负有支付保险费义务的人。投保人可以是自然人，也可以是法人或其他组织。投保人在保险合同中最主要的作用，就是在保险合同成立后依法向保险人缴纳保险费。投保人应具备以下条件：一是具备完全民事行为能力，通常无民事行为能力人和限制民事行为能力人所签订的保险合同无效。二是对保险标的必须具有保险利益。投保人只有对所投保的保险标的享有保险利益时，才符合保险保障性的本质。三是投保人必须具有支付保险费的经济能力。

三、被保险人

被保险人是指其财产或人身受保险合同保障，享有保险金请求权的人。被保险人是保险合同中必不可少的当事人，是保险事故致损的受害人，是直接享有保险保障的权利人。

被保险人具有以下法律特征：（1）被保险人是保险事故发生时遭受损失的人。在财产保险合同中，被保险人为投保财产的所有权人或利益相关人；在人身保险合同中，被保险人为以其寿命或身体作为承保对象的人。（2）被保险人在保险事故发生后对保险人享有赔偿请求权。在财产保险合同中，由被保险人自己行使保险赔偿请求权。在人身保险合同中，由受益人享有保险金请求权。

四、受益人

受益人又称保险金受领人，是指在人身保险合同中，由被保险人或者投保人指定的享有保险金请求权的人。受益人既可以是投保人或者被保险人，也可以是其他人，但有一定的限制。如我国《保险法》第39条规定，投保人为与其有劳动关系的劳动者投保人身保险，不得指定被保险人及其近亲属以外的人为受益人。

受益人具有以下法律特征：（1）受益人享有赔偿请求权。（2）受益人在保险合同中只享受权利而不承担相应义务。（3）受益人由被保险人或者投保人指定，投保人指定受益人时须经被保险人同意。受益人的指定有两种方式：一是在保险合同中明确指定一人或数人为受益人。二是不具体指定受益人，只规定受益人的确定方法。在保险合同存续期间，投保人或被保险人可以撤销或者变更受益人。撤销或者变更受益人时无须事先征得保险人的同意，但须通知保险人。

第四节　保险合同的订立和条款

保险合同的订立程序与其他合同一样，都要经过要约与承诺两个阶段。订立保险合同的过程，就是保险合同的双方当事人之间就保险事项进行磋商，达到意思表示一致的过程。在保险合同中，要约表现为投保，承诺就是承保。

根据我国《保险法》第13条的规定，投保人提出保险请求，经保险人同意承保，并就合同的条款达成协议，保险合同成立。

一、投保

投保是指投保人向保险人提出订立保险合同的单方意思表示，即提出投保要求。投保是一种保险要约。

在保险实务上，投保的表现形式通常为填写投保单，表示要求购买保险的行为，即投保人向保险人索取投保单并依其所列事项逐一填写，以如实回答保险人所需了解的重要情况，并认可保险人规定的保险费率和保险条款，最后将投保单交付保险人。投保要约自投保单到达保险人时生效，对投保人具有法律约束力，即保险人一经承诺，保险合同即告成立。

投保单作为投保要约的书面形式，又称要保书，是投保人向保险人递交的订立保险合同的书面要约，投保单经保险人承诺，即成为保险合同的组成部分。投保单一般由保险人事先按统一的格式印制而成，投保人应按保险单的各项要求如实填写，不得有所隐瞒。

二、承保

承保是保险人在审核投保人填写的投保单后，完全同意接受投保人提出的保险要约的行为。保险人收到投保人填写的投保单后，经过核保审查认为符合承保条件，书面通知投保人的，构成承诺。

在保险实务中，承保通常采取书面的形式，即向投保人签发保险单或者其他保险凭证，并在保险单或者其他保险凭证上加盖保险公司公章。

书面通知包括以下形式：

（1）保险单。保险单简称保单，是保险合同成立后由保险人向投保人签发的保险合同的正式书面凭证，它是保险合同的法定形式。保险单应该将保险合同的内容详尽列明，明确当事人权利义务。

（2）保险凭证。保险凭证也是保险人向投保人签发的证明保险合同成立的书面凭证，实际上是一种简化了的保险单，所以又称为小保单。保险凭证与保险单具有同等法律效力。凡保险凭证中没有列明的事项，则以正式保险单所载内容为准，如果正式保险单与保险凭证的内容有抵触或保险凭证另有特约条款时，则以保险凭证的特约条款为准。

（3）暂保单。暂保单是保险人在签发正式保险单之前的一种临时保险凭证。暂保单的内容较为简单，仅表明投保人已经办理了保险手续，并等待保险人出立正式保险单。在正式的保险单作成交付之前，暂保单与保险单具有同等效力；正式保险单签发后，其内容归并于保险单，暂保单失去效力。如果保险单签发之前保险事故就已发生，暂保单所未载明的事项，应以事前由当事人商定的某一保险单的内容为准。

三、保险合同的主要条款

（一）保险合同双方当事人的基本情况

保险合同应如实标明投保人、保险人、被保险人和受益人的基本情况。通常保险人的基本情况均事先印制在保险单上，投保人、被保险人及受益人等的情况则需在合同中注明姓名、身份、年龄、住址等。

（二）保险标的

保险标的指保险合同所要保障的对象，是保险合同双方当事人权利义务的载体。不同的保险合同，其保险标的也是不同的。在财产保险合同中，保险标的体现为有形财产和相关利益，人身保险合同的保险标的则是被保险人的寿命和身体。

（三）保险责任和责任免除

保险责任是指保险合同所约定的危险发生并造成保险标的损失，或人身保险事故发生或期限届满时，保险人依合同应对被保险人或受益人承担赔偿或给付保险金责任的范围。责任免除也叫除外责任，指保险合同所规定的保险人不承担赔偿或给付责任的范围。除外责任一般在保险合同中明确列示。

（四）保险期间和保险责任开始时间

保险期间指保险人根据保险合同约定承担保险责任的时间范围。保险责任开始时间则是指保险合同约定保险人开始承担保险责任的时间。我国《保险法》第14条规定，保险合同成立后，投保人按照约定交付保险费，保险人按照约定的时间开始承担保险责任。

（五）保险金额

保险金额简称保额，是指保险合同当事人约定的保险事故发生时或者保险期限届满时保险人所支付的最高金额。保险金额是保险人收取保费的依据和进行损失赔偿的最高限额。

（六）保险费及其支付办法

保险费是指投保人为取得保险保障而支付给保险人的费用。对保险人来说，保险费是保险基金的来源；对被保险人来说，保险费是为获得保险保障而支付的对价。保险合同应对保险费的数额及其支付方式作出明确规定。

(七) 保险金赔偿或者给付办法

保险金的赔偿或给付办法是指保险人承担保险责任的方法。原则上保险赔偿或给付应当以现金支付作为基本方式。对于财产保险，也可以采取修复、重置等办法补偿损失。

(八) 违约责任和争议处理

违约责任是指保险合同当事人违反合同义务时，基于法律规定或合同约定必须承担的法律后果。保险合同一经成立，就对双方当事人具有法律效力，违约者应当承担法律责任。保险合同争议处理是指当事人双方发生纠纷后的解决方式，主要有协商、仲裁和诉讼。

(九) 订立合同的时间

保险合同必须具体而准确地写明订约的时间。

第五节　保险合同的履行

一、投保人义务的履行

(一) 交付保险费的义务

投保人交付保险费是其最基本的义务，是取得保险人承担保险责任的对价。

保险合同成立后，投保人应按照合同约定的时间、方式、数额交纳保险费。投保人未按约交纳保险费时，保险人可以根据具体情况决定解除保险合同或以诉讼方式强制交纳。

(二) 防止或避免保险事故的义务

防止或避免保险事故的义务，又称防灾防损义务，是指保险合同成立后，投保人或被保险人应尽最大努力防止保险事故发生，不得因已经投保而放任事故发生。

根据我国《保险法》的规定，在财产保险中，投保人或被保险人应当遵守有关生产、消防、安全、劳动保护等方面的法律法规，维护保险标的的安全；对于保险人依法提出的消除保险标的不安全因素和隐患的要求，投保人和被保险人应当采取措施予以满足。

(三) 发生保险事故及时通知的义务

我国《保险法》第21条规定，投保人、被保险人或者受益人知道保险事故发生后，应当及时通知保险人。故意或者因重大过失未及时通知，致使保险事故的性质、原因、损失程度等难以确定的，保险人对无法确定的部分，不承担赔偿或者给付保险金的责任，但保险人通过其他途径已经及时知道或者应当及时知道保险事故发生的除外。

(四) 危险程度增加的通知义务

危险程度增加，是指保险合同成立后，发生了当事人订约时未曾预料和估计到的危险因素，导致发生危险事故的可能性增大的情形。保险合同订立时，危险事故的危险程度是确定保险费的依据，而在保险合同的有效期内，基于主观因素或客观原因可能导致危险程度增加，投保人此时就应该及时将危险增加的情况通知保险人。

（五）积极施救义务

积极施救义务，是指保险事故发生后，投保人、被保险人或受益人应当积极施救，防止保险事故蔓延和损失扩大，并遵照保险人的相关指令，采取必要的、合理的措施，尽量减轻损害后果。如果投保人、被保险人或受益人不履行此项义务，保险人对由此造成的扩大的损失，不负赔偿责任。

二、保险人义务的履行

（一）条款说明义务

保险人的条款说明义务，是指在订立保险合同时，保险人应将保险合同中的重要条款及相关保险规则向投保人作出书面阐述或口头解释，使投保人在明白、自愿的基础上签订保险合同。

我国《保险法》第17条规定，订立保险合同，采用保险人提供的格式条款的，保险人向投保人提供的投保单应当附格式条款，保险人应当向投保人说明合同的内容。

（二）危险承担义务

危险承担义务，是指保险合同成立并生效后，若保险标的物遭受保险责任范围内的危险，发生财产损失或者人身伤亡，或者约定的条件成就、期限到来时，保险人应向被保险人或者受益人及时、有效地赔偿或给付保险金。

（三）保密义务

保密义务，是指保险人对其在办理业务过程中所知道的投保人、被保险人或者受益人的财产情况、业务情况或个人隐私等负有保守秘密的责任。

我国《保险法》从防止不正当竞争，维护投保人和被保险人正当权利的角度出发，明确规定保险人违反保密义务而给投保人和被保险人造成损失的，应当承担赔偿责任。

三、索赔和理赔

索赔和理赔是保险合同当事人履行保险合同义务的程序。

索赔是被保险人或受益人在保险事故出现而致损后，或在保险合同期限届满之时，按照保险合同的规定向保险人要求赔偿损失或给付保险金的行为。

理赔是保险人在被保险人或受益人提出索赔后，根据保险合同的规定，对保险财产的损失或人身伤害进行调查并处理有关保险赔偿责任的活动。

（1）索赔的一般程序。

①出险通知。投保人、被保险人或者受益人知道保险事故发生后，应当及时将保险事故发生的时间、地点、原因通知保险人。②采取合理的施救措施，保护事故现场。③接受

保险人的检验，以便保险人及时、准确地查明事故原因，迅速处理核赔。④提供索赔单证。⑤领取保险金。

（2）理赔的一般程序。

①立案检验。保险人收到被保险人的出险通知后，先立案并编号，再派专门人员到现场进行调查，记录损失的实际情况。②审查单证，审核责任。保险人通过调查和对单证的审查，确定赔偿责任。③核算损失，支付赔款。保险人收到被保险人或者受益人的赔偿或者给付保险金的请求后，应当及时作出核定，通过调查，确定损失的大小及赔偿的额度。④损余处理。财产保险中的保险标的遭受保险事故致损后，可能还有一定的剩余价值。保险人在理赔时，应当确定损余的价值和归属。⑤行使代位求偿权。在财产保险中，保险人在向被保险人支付保险金后，有权代被保险人向造成保险标的损害并负有赔偿责任的第三人请求赔偿。

第六节　保险合同的变更、解除与终止

一、保险合同的变更

保险合同的变更，是指保险合同成立后，在没有履行或没有完全履行前，因合同所依据的主客观情况发生变化，当事人依照法定的条件和程序对原有的合同条款进行修改和补充的情形。

（一）保险合同主体的变更

保险合同主体的变更主要是指投保人、被保险人或受益人的变更，一般情况下保险人是不发生变更的。

在财产保险合同中，保险主体的变更通常是由于保险标的权益发生了变更。如买卖、赠与、继承等法律行为导致标的所有权发生变动，新的权利人要求受让保险合同。此种情形下的主体变更，实质上是保险合同的转让。

我国《保险法》第49条规定，保险标的转让的，保险标的的受让人承继被保险人的权利和义务。

在人身保险合同中，保险主体的变更通常为投保人或受益人的变更，其中尤以受益人变更为典型。人身保险合同主体的变更不必征得保险人的同意，但应书面通知保险人。

我国《保险法》第41条规定，被保险人或者投保人可以变更受益人并书面通知保险人。

（二）保险合同内容的变更

保险合同内容的变更是指在主体不变的情况下，保险合同中记载事项发生变化所引起的变更。财产保险合同中，通常表现为保险标的数量、价值、存放地点、运输线路、保险期限、保险金额等的变更；人身保险合同中，通常表现为保险期限与保险金额的变更。

我国《保险法》第20条规定，投保人和保险人可以协商变更合同内容。变更保险合同的，应当由保险人在保险单或者其他保险凭证上批注或者附贴批单，或者由投保人和保险

人订立变更的书面协议。

二、保险合同的解除

保险合同的解除是指在保险合同有效期限尚未届满前，合同当事人依照法律规定或合同约定行使解除权，提前消灭合同效力的法律行为。

保险合同的解除有法定解除和任意解除两种形式。

（一）法定解除

保险合同的法定解除，是指当法律规定的事由出现时，保险合同当事人一方可依法对保险合同行使解除权。依照《保险法》的规定，当投保人或者被保险人有下列行为之一时，保险人有权解除合同：（1）投保人故意或者因重大过失未履行如实告知义务，足以影响保险人决定是否同意承保或者提高保险费率的；但合同成立已逾2年或保险人在合同订立时已经知道投保人未如实告知情况的除外。（2）被保险人或者受益人在未发生保险事故的情况下谎称发生了保险事故，向保险人提出赔偿或者给付保险金请求的。（3）投保人、被保险人故意制造保险事故的。（4）投保人或被保险人未履行其对保险标的的安全义务的。（5）在保险合同的有效期限内，保险标的危险增加，但被保险人未尽及时通知义务的。（6）效力中止的人身保险合同逾期未复效的。

（二）任意解除

保险合同的任意解除，是指作为保险合同当事人一方的投保人根据自己的意愿解除合同的情形。我国《保险法》第15条规定："除本法另有规定或者保险合同另有约定外，保险合同成立后，投保人可以解除合同，保险人不得解除合同。"由此可以认为，任意解除保险合同，是保险法赋予投保人的一项正当权利。人身保险合同中，投保人停止交纳保险费的行为，也可视为投保人意欲解除保险合同的意思表示。另外，在某些情形下，当事人无权随意解除合同。如我国《保险法》第50条规定："货物运输保险合同和运输工具航程保险合同，保险责任开始后，合同当事人不得解除合同。"

三、保险合同的终止

保险合同的终止又称保险合同的消灭，是指保险合同的效力因某种法定或约定事由的发生而归于消灭。保险合同一经终止，就失去了法律效力，保险双方当事人既不享有合同权利，也不再承担合同义务。

根据我国保险法的规定，保险合同终止的主要原因有下列几种：（1）保险主体资格丧失；（2）保险合同期限届满；（3）保险合同的标的因非保险事故而完全灭失；（4）保险事故发生后，保险人已全部履行了赔偿责任；（5）保险合同被合法解除；（6）法律、法规规定或合同约定的其他事由。

小　结

保险合同是指投保人与保险人所签订的约定保险权利义务关系的协议。在保险合同中，要约表现为投保，承诺就是承保。索赔和理赔是保险合同当事人履行保险合同义务的程序。我国保险法规定保险活动当事人行使权利、履行义务应当遵循诚实信用原则。保险人应当及时向投保人签发保险单或者其他保险凭证。保险单或者其他保险凭证应当载明当事人双方约定的合同内容。保险合同具有一般双务合同的特征，保险合同中投保人的给付义务是确定的，保险人承担的保险金的赔偿或给付义务是不确定的，取决于危险事故的发生与否。

知识点

投保、承保、索赔、理赔

复习思考

一、简答

1. 简述保险合同的特征。

2. 保险人应该履行哪些主要义务？

二、案例分析

1. 投保人王某向某保险公司投保内陆货物运输保险，保险标的为一块玉雕，以发票金额150万美元为保险金额，保险公司未提出异议。到达目的地后，王某发现玉雕破损，遂向保险人索赔。保险公司经过市场调查发现此玉雕同类产品的市场价格仅为20万元人民币，因此决定向王某赔偿20万元人民币。

问：在本案中，保险公司是否必须按约定承担相应的赔偿责任？

2. 魏某同保险公司签订了机动车辆保险合同，保险期限为一年，保险标的为古某的一辆中型面包车，用途栏填写为"自用代步工具"，保险公司按照该用途收取了保险费。后来古某开始经营个体营运业务，将这辆中型面包车用来运载货物，但未通知保险公司。古某在一次运货途中发生车祸，面包车全部毁损。古某向保险公司索赔时，遭到保险公司的拒绝，理由是投保人填写的标的用途为"自用代步工具"，但却将其用来从事个体营运，显然，后者的风险远远大于前者。投保人有义务将此情况告知保险公司，并依法变更相应的保险条款。因此，保险公司可以拒绝承担古某在运货途中发生车祸而造成的损失。

问：在本案中，投保人是否应当履行危险程度增加的通知义务？

三、课后作业

阐述索赔和理赔的一般程序。

第二十八章 财产保险合同

> **【导语】** 财产保险是由投保人与保险人签订的，对财产及其相关利益因保险事故造成的损失承担赔偿责任的协议。在财产保险中，因第三人对保险标的的损害而负有赔偿责任时，保险人自向被保险人赔偿保险金之日起，可在赔偿金范围内代位行使被保险人对第三人请求赔偿损失的权利。保险事故的发生造成保险标的推定全损时，被保险人可以明确表示将该保险标的的一切权利转移给保险人，从而请求保险人赔偿其全部保险金额。
>
> **【重点】** 财产保险合同的概念和特征、财产保险合同的主要内容、财产保险合同中的代位求偿权和委付、几种主要的财产保险合同

第一节　财产保险合同概述

一、财产保险合同的概念

财产保险合同是以物质财产及财产利益为保险标的的保险合同，即投保人以交付保险费作为对价，而获得保险人对被保险人因保险事故使其物质财产及财产利益遭受经济损失时的赔偿责任的保险合同。

二、财产保险合同的特征

财产保险合同除具有保险合同的一般特征外，还具有以下法律特征：

（1）财产保险合同的标的是财产及其有关利益。

一是有形的物质财产，包括动产和不动产。二是无形财产，主要是指由财产所产生的各种财产权利，如商标权、专利权、财产使用权等。三是损害赔偿责任，这是指被保险人因疏忽、过失等行为对他人造成损害，使他人财产遭受损失时，依法应当承担的民事赔偿责任。

（2）财产保险合同具有补偿性质。

财产保险是以补偿被保险人因保险事故遭受的经济损失为目的的保险种类。保险财

产或者与财产有关的利益都有确定的价值。通常在保险事故发生后，由保险人对被保险人的实际损失进行评估，并以支付保险赔偿金的形式给予补偿。

（3）财产保险合同的保险金额不得超过保险价值。

在财产保险中，投保人与保险人约定的保险金额必须以保险标的的实际价值为基础。保险金额不得超过保险价值，否则，超过部分无效。投保人与保险人约定的保险金额低于保险价值时，除保险当事人另有约定外，保险人按照保险金额与保险价值的比例承担保险责任。

（4）财产保险合同适用代位求偿原则。

如果第三人对被保险人发生的损失负有赔偿责任，保险人在赔付被保险人的损失后，在其赔付金额范围内，享有要求被保险人转让其对第三人追究赔偿损失的权利。

三、财产保险合同的内容

财产保险合同的主要内容是财产保险合同应当记载的各种事项，包括当事人的基本情况、双方当事人约定的相互间的权利义务等。

财产保险合同一般应具备以下主要内容：

（1）保险标的。

保险标的是财产保险合同的保障对象，是构成财产保险合同的首要内容。财产保险合同的保险标的必须是能够用货币衡量的财产和利益，必须是合法的财产和利益。

（2）保险金额。

财产保险合同的保险金额，是指合同双方当事人约定的危险发生后应当由保险人赔偿的最高限额。保险金额不仅是保险赔偿的标准，而且是计算保险费的依据。

财产保险合同中保险金额的确定，是以保险标的的价值为基础的。定值保险的保险金额就是保险赔付的金额，不定值保险的保险金额是保险赔付的最高限额，保险赔付的实际金额以保险事故发生时保险标的的保险价值来确定，但不超过约定的保险金额。

（3）保险费。

保险费是投保人为使被保险人在保险事故发生时取得保险金请求权而付给保险人的对价，也是保险人为承担一定的保险责任而向被保险人收取的费用。

保险费是根据双方约定的保险金额及依据相应的保险费率计算出来的，具体数额实际上是依据保险标的的保险价值确定的。

（4）保险责任与除外责任。

保险责任是指投保人与保险人在财产保险合同中约定的，当保险标的致损时，保险人应承担的一种补偿给付责任。

除外责任，是指保险人对某些危险所造成损失的免除责任，即某些危险不属于保险人承保的范围，这些危险发生造成被保险人的经济损失，保险人不承担赔偿给付责任。

在财产保险合同中还有一种特约责任，是指投保人和保险人协商，将保险责任以外的灾害事故附加一定条件以承保的赔偿责任，如机动车辆保险合同中的第三者责任保险。它实质上是一种投保人和保险人之间约定的扩大保险责任。

第二节　代位求偿权和委付

一、代位求偿权

《保险法》第 60 条第 1 款规定："因第三者对保险标的的损害而造成保险事故的，保险人自向被保险人赔偿保险金之日起，在赔偿金额范围内代位行使被保险人对第三者请求赔偿的权利。"这就是保险人的代位求偿权，代位求偿权仅存在于财产保险合同中。

（1）代位求偿权的成立条件。

保险法上的代位求偿权实质上是一种债权的转移，是在保险人给付了保险金额之后产生的被保险人对造成保险事故的第三者的债权的转移。因此，一般认为，保险人的代位求偿权需具备以下三个条件：①须第三人与保险人同时对被保险人因保险事故的发生所受损失负有赔偿责任；②被保险人没有放弃对第三人的赔偿请求权；③保险人已经向被保险人支付了保险赔偿金。

（2）代位求偿权的效力。

保险人的代位求偿权具有以下效力：①保险人直接向第三人请求赔偿；②被保险人放弃对第三人的赔偿请求权的行为无效；③被保险人负辅助保险人行使求偿权的义务；④被保险人就未从保险人处取得赔偿的部分损失对第三人享有赔偿请求权。

（3）代位求偿权的限制。

在代位求偿权的行使过程中，被保险人的家庭成员或者组成人员作为第三人故意造成保险事故，保险人不得对被保险人的家庭成员或其组成人员行使代位求偿权。其目的是防止因被追偿的家庭成员或者组成人员与被保险人具有一致的利益，而使保险赔偿失去意义。

（4）代位求偿权行使的时间。

一般情况下，保险人应当在向被保险人进行保险赔付后，并且取得被保险人的"权益转让证书"之后，才能向第三者行使代位求偿权。

二、委付

委付是指保险事故发生造成保险标的推定全损时，被保险人明确表示将该保险标的的一切权利转移给保险人，而请求保险人赔偿全部保险金额的法律行为。

我国《保险法》第 59 条规定："保险事故发生后，保险人已支付了全部保险金额，并且保险金额等于保险价值的，受损保险标的的全部权利归于保险人；保险金额低于保险价值的，保险人按照保险金额与保险价值的比例取得受损保险标的的部分权利。"

（1）委付的构成要件。

委付是在推定全损的情况下所实施的一种赔偿方式，为了各方当事人的经济利益，委付的构成要件包括：①保险标的必须推定为全损；②委付具有不可分性，必须适用于保险标的整体；③被保险人应在法定时间内向保险人提出书面委付申请即委付通知书；④委付具有单纯性，被保险人必须将保险标的的一切权利转移给保险人，并不得附加条件；⑤委付必须经保险人承诺接受才能生效。保险人一旦接受委付，便不得撤回。

（2）委付的效力。

委付发生后将产生以下法律效力：①被保险人应将保险标的上的一切权利转移给保险人，包括所有权、债权等；②被保险人有权要求保险人按照保险合同约定的保险金额全额赔偿。

第三节　几种主要的财产保险合同

一、企业财产保险

企业财产保险是指以投保人存放在固定地点的财产和物资作为保险标的的一种保险。

企业财产保险是我国财产保险业务中的主要险种之一，其适用范围很广，一切实行独立核算的法人单位，包括各类工商企业、国家机关、事业单位和社会团体等均可参加企业财产保险。

（一）企业财产保险的标的

（1）可保财产。可保财产是指保险人在保险条款中规定的可以承保的财产。作为企业财产保险标的的财产或物质，必须是被保险人享有所有权、占有权或者经营管理权的财产。

（2）特约可保财产。特约可保财产是指经保险合同双方当事人特别约定后在保险合同中载明的保险财产。

（3）不保财产。不保财产是指不能作为企业财产保险标的的财产。

（二）企业财产保险的保险责任与除外责任

1. 基本责任

企业财产保险基本险的责任范围为：（1）火灾；（2）雷击；（3）爆炸；（4）飞行物体及其他空中运行物体坠落；（5）被保险人拥有财产所有权的自用的供电、供水、供气设备因保险事故遭受损坏，引起停电、停水、停气以致造成保险标的的直接损失；（6）保险事故发生后，被保险人为防止或者减少保险标的的损失所支付的必要的、合理的费用。

2. 除外责任

企业财产保险的除外责任包括：（1）战争、军事行动或暴乱；（2）核辐射或污染；（3）被保险人的故意行为；（4）保险财产遭受保险责任范围内的灾害或事故引起停工、停业的损失以及其他间接损失；（5）因保险财产本身缺陷、保管不善导致的损坏，如变质、霉烂、受潮、虫咬、自然磨损以及消耗；（6）堆放在露天或罩棚下的保险财产以及罩棚，由于暴风、暴雨造成的损失；（7）其他不属于保险责任范围内的损失和费用。

3. 特约责任

特约责任，是指就除外责任中的某项责任，经双方当事人特别协商后确定由保险人承担的保险责任。

二、家庭财产保险

家庭财产保险是指以城镇居民家庭财产为保险标的的保险。凡属于城镇居民家庭或个人所有的财产，都可以作为保险标的，参加家庭财产保险。

家庭财产保险可分为基本险与综合险两大类。其中，基本险包括灾害损失险和盗窃险；综合险则承保法定范围内的所有风险。

（一）家庭财产保险的可保范围

1.家庭财产保险的可保财产

家庭财产保险的可保财产主要有：（1）各种家庭生活资料；（2）自有房屋及其附属设备；（3）农村家庭的农具、工具和已经收获的农产品；（4）个体劳动者的营业用具、工具、原材料和商品等。

2.家庭财产保险的不保财产

家庭财产保险的不保财产，是指在家庭财产综合保险中不能作为保险标的的财产。但经双方当事人协商，可投保其他家庭财产险种。

（二）家庭财产保险的保险责任与除外责任

1.保险责任

家庭财产保险的责任范围为：（1）火灾、雷击、爆炸、暴雨、洪水、台风、暴风、龙卷风、雪灾、雹灾、冰凌、泥石流、崖崩、突发性滑坡、地面突然塌陷等自然灾害事故；（2）飞行物体及其他空中运行物体坠落；（3）保险事故发生后，被保险人为防止或者减少保险标的的损失所支付的必要的、合理的费用。

2.除外责任

家庭财产保险的除外责任为：（1）战争、军事行动或暴力行动；（2）核辐射和污染；（3）电机、电器、电器设备因使用过度、超电压、碰线、弧花、漏电、自身发热等原因造成的本身损毁；（4）被保险人及其家庭成员、服务人员、寄居人员的故意行为所致的损失；（5）堆放在露天的被保险财产因暴风、暴雨等造成的损失；（6）被保险财产因虫蛀、鼠咬、霉烂、变质而造成的损失；（7）其他不属于家庭财产保险责任范围内的损失和费用。

三、货物运输保险

货物运输保险是以运输过程中的货物为保险标的，承担货物因自然灾害或意外事故造成的损失的一种财产保险。

货物运输保险所承保的货物主要是具有商品性质的贸易货物，一般不包括个人行李或船上使用的库存品及供应物资。

货物运输保险可分为水路运输保险、陆上运输保险、航空运输保险和联运保险。

（一）货物运输保险合同的责任范围

（1）货物运输保险的基本险的责任范围包括：①因火灾、爆炸、雷电、冰雹、暴风、暴雨、洪水、海啸、地陷、崖崩、突发性滑坡、泥石流，运输工具发生碰撞、损毁而造成的损失；②因装货、卸货或转载时发生非因包装质量不善和违章操作的意外事故而造成保险财产的损失；③发生上述灾害、事故时为救护、保护货物所支付的直接的、合理的费用。

（2）货物运输保险的基本险的责任范围除包括基本险责任外，还包括：①因受震动、碰撞、挤压而造成货物的破损；②因包装破裂致使货物散失的损失，遭受盗窃的损失；③外来原因致使提货不着的损失；④符合安全运输规定而遭受雨淋所致的损失；⑤液体货物因受碰撞或挤压致使所用容器包括封口，损坏而渗漏的损失；⑥用液体保藏的货物因液体渗漏而造成该货物腐烂变质的损失。

（二）货物运输保险的除外责任

货物运输保险的除外责任包括下列各项：①战争、军事行动或暴力行动；②核辐射和污染；③被保险货物本身的缺陷或自然损耗，以及由于货物包装不善所造成的损失；④被保险人的故意行为或重大过失行为；⑤其他不属于保险责任范围内的损失。

（三）运输工具保险的主要类型

1. 水上货物运输保险合同

水上货物运输保险合同是指保险人与投保人之间达成的，以在海上或内河航行的船只运送的货物作为保险标的，由保险人对于承保的货物因运输过程中遭受危险事故而造成损失时承担赔偿责任的合同，主要包括国内水上货物运输保险合同和海洋货物运输保险合同两大类。

2. 陆上货物运输保险合同

陆上货物运输保险合同是指保险人与投保人之间达成的，以陆上运输过程中的货物作为保险标的，由保险人对于被保险人的货物因运输过程中遭受危险事故而造成损失时承担赔偿责任的合同。陆上货物运输保险合同，按其适用范围分为国内陆上货物运输保险合同和国际陆上货物运输保险合同。

3. 航空货物运输保险合同

航空货物运输保险合同是指保险人与投保人之间达成的，以飞机载运的货物作为保险标的，由保险人承担被保险人货物在航空运输过程中遭受危险事故而造成损失时承担赔偿责任的合同。我国的航空货物运输保险合同分为国内航空货物运输保险合同和国际航空货物运输保险合同。

四、责任保险

责任保险是指以被保险人对第三者依法应负的赔偿责任为保险标的的保险。责任保险合同，是指被保险人因承保范围内的致害行为依法对第三者承担民事赔偿责任时，由保险人承担其赔偿责任的一种财产保险合同。

《保险法》第65条对责任保险作了以下特别规定：（1）保险人应当根据被保险人的请求直接向受损害的第三者赔偿保险金；（2）被保险人怠于请求的，第三者有权就其应获赔偿部分直接向保险人请求赔偿保险金；（3）被保险人给第三者造成损害但未向该第三者赔偿的，保险人不得向被保险人赔偿保险金。责任保险按其所承担的责任不同，可分为公众责任保险、产品责任保险、雇主责任保险和职业责任保险等。

1.公众责任保险

公众责任保险，是指承保被保险人在公共场所进行生产、经营或其他活动时，因发生意外事故造成他人人身伤亡或财产损失而产生的损害赔偿责任的保险。

根据中国人民财产保险股份有限公司《公众责任保险条款》（1999年版）规定，公众责任保险的责任范围包括：（1）被保险人在保险地点从事生产、经营等活动以及意外事故造成第三者的人身伤亡或财产损失；（2）事先经保险人书面同意的诉讼费用；（3）发生保险事故后，被保险人为减少对第三者的损害后果而支付的必要的、合理的费用。

2.产品责任保险

产品责任保险，是指保险人对被保险人因所生产、出售的产品存在缺陷，造成他人人身伤亡或财产损害而依法应当承担的民事赔偿责任的保险。

产品责任保险的责任范围主要包括：（1）被保险人生产、销售或修理的产品发生事故，造成他人人身伤害或财产损失，依法应由被保险人承担的损害赔偿责任；（2）被保险人为产品责任事故进行诉讼所支出的费用；（3）经保险人事先同意支付的合理费用。

3.雇主责任保险

雇主责任保险，是指保险人承保对雇主所雇用的人员在受雇期间的工作过程中，因遭受意外事故或因职业性疾病引起人身伤亡而产生的赔偿责任的保险。

具体为以下情形导致伤残或死亡而产生的赔偿责任：（1）在工作时间和工作场所内，因工作原因受到事故伤害；（2）工作时间前后在工作场所内，从事与工作有关的预备性或者收尾性工作受到事故伤害；（3）在工作时间和工作场所内，因履行工作职责受到暴力等意外伤害；（4）被诊断、鉴定为职业病；（5）因工外出期间，由于工作原因受到伤害或者发生事故下落不明；（6）在上下班途中，受到交通事故或意外事故伤害；（7）在工作时间和工作岗位，突发疾病死亡或者在48小时内经抢救无效死亡；（8）在抢险救灾等维护国家利益、公共利益活动中受到伤害；（9）原在军队服役，因战、因公负伤致残，已取得革命伤残军人证，到用人单位后旧伤复发；（10）法律、行政法规规定应当认定为工伤的其他情形。

4.职业责任保险

职业责任保险，是指承保各类专业技术人员在工作过程中，因疏忽或过失造成他人人身伤害或财产损失而引起的赔偿责任的保险。常见职业责任保险可分为律师职业责任保险、医疗职业责任保险、会计师责任保险、建筑及工程技术人员责任保险等。

该类保险通常由提供专业技术服务的单位如医院、会计师事务所、律师事务所等作为投保人，也可由从事自由职业的专业技术人员自己作为投保人。

小 结

财产保险合同是以物质财产及财产利益为保险标的的保险合同。投保人可以以交付保险费作为对价，从而要求保险人对被保险人因保险事故使其物质财产及财产利益遭受经济损失时承担赔偿责任。因第三者对保险标的的损害而造成保险事故的，保险人自向被保险人赔偿保险金之日起，可在赔偿金额范围内代位行使被保险人对第三者请求赔偿的权利。财产保险是以补偿被保险人因保险事故遭受的经济损失为目的的保险种类。在财产保险中，投保人与保险人约定的保险金额必须以保险标的的实际价值为基础。保险金额不得超过保险价值，如果第三人对被保险人发生的损失负有赔偿责任，保险人在赔付被保险人的损失后，在其赔付金额范围内，享有要求被保险人转让其对第三人追究赔偿损失的权利。

知识点

财产保险、代位求偿、委付

复习思考

一、简答

1. 简述财产保险合同的法律特征。
2. 代位求偿权具有哪些效力？

二、案例分析

2015 年 1 月，某建筑物机械拆除有限公司在某财产保险股份有限公司为 A 车投保。保险单载明：被保险人为某机械拆除公司，承保险种包括机动车损失保险，保险期间自 2015 年 1 月至 2016 年 1 月。双方在机动车损失保险条款中约定，保险人依据被保险机动车驾驶人在事故中所负的事故责任比例，承担相应的赔偿责任。被保险机动车方负同等事故责任的，事故责任比例为 50%。

问：合同履行期间，某机械拆除公司所投保车辆发生交通事故后，某财产保险股份有限公司是否应按照保险事故发生时保险车辆驾驶员在事故中的责任比例（如 50%）承担相应赔偿责任？

三、课后作业

简述几种主要的财产保险合同。

第二十九章　人身保险合同

> **【导语】**人身保险是指以人的寿命和身体为保险标的的保险。人身保险合同是人身保险法律关系的表现形式。不可争抗条款是为了维护投保人、被保险人和受益人的利益，防止保险人滥用合同解除权而专门设定的条款。保有价值条款是人身保险合同中的特有条款，投保人在交付保险费达到一定期限后便可享有保单的现金价值。人身保险合同规定宽限期条款，一方面是为了方便投保人，防止在人身保险漫长的交费年份中，因投保人一时疏忽或经济困难未按时交费，而使已经存续较长期限的保险合同归于无效；另一方面，也有利于保险人巩固、稳定已有的保险业务与成果。当投保人未如期支付保险费而使人身保险合同效力中止后，在法律规定的期限内，保险人与投保人达成协议，并经投保人补交保险费后，保险合同效力可恢复。投保人投保时所申报的被保险人年龄不真实，如果其真实年龄不符合合同约定的年龄限制，保险人可依法解除合同。人身保险合同将自杀条款列入保险人的免责条款，可以防止被保险人发生故意自杀图谋巨额保险金的道德风险。
>
> **【重点】**人身保险合同的概念和特征、人身保险合同的当事人及关系人、人身保险合同的主要条款、几种主要的人身保险合同

第一节　人身保险合同概述

一、人身保险合同的概念

人身保险合同是以人的寿命或身体作为保险标的的保险合同，即由投保人以交付保险费作为对价，以被保险人的寿命或身体作为保险标的，当发生合同约定的意外事故、意外灾害或疾病、年老等保险事故，导致被保险人死亡、伤残，或者保险期限届满时，获得由保险人向被保险人或受益人给付保险金的保险合同。

二、人身保险合同的特征

人身保险合同因以寿命或身体作为保险标的，除具有保险合同的一般特征外，还具有以下法律特征：

（1）保险标的的不可估价性。

人身保险以人的寿命或身体为保险标的，由于此二者并非商品，无法用货币或金额来加以计量、评估与表达，因此，人身保险的保险标的不存在保险价值，无法依据保险价值来确定保险金额。人身保险合同只能由保险人事先综合各种因素进行科学计算，由投保人选择适用，或者由投保人与保险人协商约定一个数额。

（2）保险金额的定额给付性。

人身保险中的保险金额通常由投保人根据自身需要和支付能力提出，并经保险人审核确认而最终确定。人身保险合同一经成立，保险人即应按约承担相应的保险责任，当约定事由发生时，即应当向被保险人或受益人支付合同约定的保险金额。

（3）保险期限的长期性。

相对于财产保险而言，人身保险的期限较长，往往可以持续几年或几十年甚至终身。除个别保险合同外，投保人可以任意选择中长期保险期限，且在期满后还可以办理续保手续。人身保险合同保险期限的长期性主要是为了降低费用和保障老年人的利益。

（4）保险费给付的非讼性。

根据《保险法》第38条的规定，人身保险合同一经成立，投保人有义务按照合同的约定向保险人支付保险费。投保人未履行此项义务时，保险人可依法采取中止合同或解除合同等救济方式，但不能通过诉讼途径强制投保人交付保险费。

三、人身保险合同的种类

（1）人寿保险、健康保险和人身意外保险。

人寿保险是指以被保险人的生命为保险标的，以生存或死亡为给付保险金条件的人身保险。人寿保险是最主要、最基本的人身保险，其主要险种有生存保险、死亡保险和生死两全保险等。

人身意外伤害保险是指以被保险人在合同期限内遭受意外伤害事故导致死亡或伤残为给付保险金条件的人身保险。

健康保险是指以被保险人患病、分娩生育所造成的医疗费用支出和工作能力丧失、收入减少为保险事故的人身保险。

（2）个人人身保险、团体人身保险和联合保险。

个人人身保险是指以单个自然人的生命、健康和意外伤害为保险责任范围，以单张保险单承保的人身保险。

团体人身保险是指以企业、事业单位、机关、社会团体等法人单位或其他组织等团体为投保人，以集体名义投保，以其职工的死亡、伤残、意外伤害等为保险责任范围的人身保险。

联合保险是指将存在一定利害关系的两个或两个以上的人（如父母、夫妻、子女等）视为联合被保险人，以单张保单同时投保的人身保险。

（3）分红保险和不分红保险。

分红保险是指被保险人参加保险后，在正常的保险保障之外，可以按约分期参与保险人利益分配的人身保险。

不分红保险是指被保险人只享有正常的保险保障而没有其他权利要求的普通人身保险。

第二节　人身保险合同的主要条款

一、不可争抗条款

不可争抗条款是指在人身保险合同期满一定期限后，保险人不得以投保人在投保时未作如实告知为由解除保险合同或拒绝承担保险责任。

我国《保险法》第16条规定，投保人故意或者因重大过失未履行如实告知义务时，保险人应当从知道该事由之日起，在30日内予以解除，逾期则丧失解除权。同时，自保险合同成立之日起超过2年的，保险人不得解除合同。

二、保有价值条款

保有价值条款是人身保险合同中的特有条款，是指人身保险合同的投保人在交付保险费达到一定期限后，便可享有保单的现金价值。无论投保人或保险人解除合同，还是因其他原因导致保单失效，投保人、被保险人或受益人都有权获得保单的现金价值。

我国《保险法》还赋予了投保人在无力交纳保费或不愿意继续交纳保费时，拥有选择如何处理保单的现金价值的三种权利：（1）直接领取退保金；（2）调整保险期限；（3）减额交清保费。

三、宽限期条款

宽限期条款是指根据法律规定或合同的约定，当投保人未按期交付人身保险的保险费时，保险人在一定期间内暂不行使合同解除权，并给予投保人补交保险费机会的条款。

我国《保险法》第36条则采取"自保险人催告之日起30日"或者"超过约定的期限60日"两个宽限期。

四、复效条款

复效条款是指当投保人未如期支付保险费而使人身保险合同效力中止后，在法律规定的期限内，保险人与投保人达成协议，并经投保人补交保险费后，保险合同效力得以重新恢复的条款。

根据《保险法》第37条的规定，适用人身保险合同的复效条款必须符合以下三个条件：（1）投保人的复效申请应当在保险合同效力中止后2年内提出；（2）投保人的复效申请得到保险人的同意；（3）投保人补交了中止期间欠交的保险费及利息。保险合同一旦复效，其效力自保险合同成立之日起算。

五、年龄误报条款

年龄误报条款是指投保人投保时所申报的被保险人年龄不真实，并且其真实年龄不符合合同约定的年龄限制时，保险人享有依法解除合同的权利。

投保人在投保时所误报的被保险人实际年龄可分为两种情形：一种是该年龄仍在该保险合同允许的范围内；另一种是已超过了该合同约定的年龄限制。在第一种情形下，因投保人申报的被保险人年龄不真实，致使投保人支付的保险费多于或少于应付保险费的，保险公司有权更正，并进行保险费的"多退少补"；在第二种情形下，保险人可以解除合同。但必须强调的是，保险人的这项权利，只限于保险人知道该事由之日起 30 日内或合同成立 2 年内行使。

六、自杀条款

自杀条款是指被保险人在投保后一定期间内自杀的，保险人不承担给付保险金的责任。

我国《保险法》第 44 条规定，以被保险人死亡为给付保险金条件的合同，自合同成立或者合同效力恢复之日起 2 年内，被保险人自杀的，保险人不承担给付保险金的责任，但被保险人自杀时为无民事行为能力人的除外。保险人依照前款规定不承担给付保险金责任的，应当按照合同约定退还保险单的现金价值。

第三节　几种主要的人身保险合同

一、人寿保险

人寿保险，又称生命保险，简称寿险，是指以被保险人的生命为保险标的，以被保险人在保险期限内的生存、死亡或生死两全作为给付保险金条件的人身保险。

人寿保险是人身保险业务中最典型、最主要的种类。依给付保险金条件的不同，又可分为死亡保险、生存保险和生存死亡两全保险等险种。

（1）死亡保险。死亡保险，是指以被保险人死亡为保险事故，当保险事故发生时，由保险人给付保险金的人寿保险，可分为定期死亡保险和终身死亡保险两种。

（2）生存保险。生存保险是指以被保险人在保险期满时仍然生存为给付条件的人寿保险。如果被保险人在保险期限内死亡，保险公司的保险责任就此终止，并且保险人不给付保险金，也不退回投保人所交的保险费。生存保险有明显的储蓄性质，亦被称为储蓄保险。

（3）生死两全保险。生死两全保险，是指投保人与保险人约定，当被保险人在保险合同约定的保险期限内死亡或保险期限届满仍然生存时，保险人均须按照合同约定承担给付保险金责任的人寿保险。生死两全保险由于具有保障性和储蓄性的双重功能，它既可作为化解风险的一种手段，也可作为一种储蓄为养老提供保障。

二、意外伤害保险

意外伤害保险，是指投保人交纳一定数额的保险费，保险人承诺于被保险人在遭遇特定范围内的灾害事故，致身体受到伤害而造成残疾或死亡时，依照合同约定向被保险人或受益人给付保险金的人身保险。

在意外伤害保险中，保险人承保的是特定的危险，即"特定范围内的灾害事故"所造成的损害。

（1）普通意外伤害保险合同，是指以个人为投保人，以被保险人在一般日常生活中可能遭受的意外伤害为保险事故而与保险人订立的合同，其保险期限一般为1年。

（2）团体意外伤害保险合同，是以各种社会组织为投保人，以该社会组织内的在职人员为被保险人而订立的保险合同。

（3）特种意外伤害保险合同，其保险责任范围仅限于某种特定原因、特定时间、特定地点造成的意外伤害，主要包括旅行意外伤害保险合同和电梯乘客意外伤害保险合同。

意外伤害保险的保险责任范围包括：①被保险人因意外伤害而死亡或伤残；②被保险人因意外伤害而支付的医疗费用；③被保险人因意外伤害而暂时丧失劳动能力的停工损失等。

意外伤害保险的除外责任范围包括：①战争、内乱、核事故等所致的伤害；②被保险人从事违法犯罪活动受到的伤害；③被保险人在寻衅斗殴中受到的伤害；④被保险人在酗酒、吸注毒品时发生的伤害；⑤因疾病造成被保险人的伤害；⑥投保人、受益人、被保险人故意造成的伤害；⑦被保险人从事不必要的冒险行为受到的伤害。

三、健康保险

健康保险，又称疾病保险，是指投保人与被保险人约定，以被保险人的身体为保险标的，对被保险人因遭受疾病或意外伤害事故所发生的医疗费用损失或工作能力丧失所引起的收入损失，以及因为年老、疾病或意外伤害事故需要长期护理的损失提供经济补偿的保险。

健康保险依保险责任及给付条件的不同，分为疾病保险、医疗保险、收入保障保险和护理保险。健康保险承保被保险人由于自身疾病、分娩或意外伤害事故所发生的医疗费用等支付，但并非所有上述费用均由保险人承担。

依照健康保险相关法规的规定，下列情形不属于健康保险的责任范围：①被保险人在签订保险合同时已经患病或怀孕；②被保险人故意自杀或企图自杀而造成的疾病及因此致残、致死的，法律另有规定的除外；③被保险人故意堕胎导致的疾病、残疾、流产、死亡的。

小 结

人身保险合同是由投保人以交付保险费作为对价，以被保险人的寿命或身体作为保险标的，当发生合同约定的意外事故、意外灾害或疾病、年老等保险事故，导致被保险人死亡、伤残，或者保险期限届满时，获得由保险人向被保险人或受益人给付保险金的保险合同，主要包括人寿保险、意外伤害保险、健康保险等。人身保险以人的寿命或身体为保险标的，无法用货币或金额来加以计量、评估与表达，无法依据保险价值来确定保险金额，人身保险合同只能由保险人事先综合各种因素进行科学计算，由投保人选择适用，或者由投保人与保险人协商约定一个数额。人身保险中的保险金额通常由投保人根据自身需要和支付能力提出并经保险人审核确认。相对于财产保险而言，人身保险的期限较长，往往可以持续几十年甚至终身。根据《保险法》的规定，人身保险合同一经成立，投保人有义务按照合同的约定向保险人支付保险费。

知识点

人身保险、人寿保险、意外伤害保险、健康保险

复习思考

一、简答

1. 简述人身保险合同的法律特征。
2. 试述你对复效条款的理解。

二、案例分析

1. 2010年吴先生已年满61岁，按规定不符合某保险合同约定的年龄限制。同年11月，其子为吴先生投保了人寿保险，且将被保险人的年龄申报为58岁，受益人为其子。2013年吴先生因突发心脏病而死亡，其子向保险公司请求给付保险金。保险公司认为投保人所填报的被保险人年龄不真实，且其真实年龄不符合合同约定的年龄限制，保险公司可解除合同并拒绝向受益人给付保险金。

问：在本案中，保险公司是否必须向受益人给付保险金？

2. 2009年，李某为其妻赵某签订《重大疾病终身保险合同》，保险金额为8万元，交费期20年，受益人为李某。李某在前3年均按期交费。2012年由于客观原因未按期交纳保险费，造成保险合同失效。2014年，经李某申请，保险公司同意其补交所欠保费及逾期利息，保险合同当月复效。2016年，被保险人赵某不堪疾病折磨而自杀身亡，李某要求保险公司理赔。保险公司拒绝给付。

问：在本案中，保险公司是否可以不承担保险责任？

三、课后作业

简述几种主要的人身保险合同。

参考文献

法律法规

中华人民共和国公司法（2005）（2024 年修订）

中华人民共和国个人独资企业法（2000 年修订）

中华人民共和国企业破产法（2007）（2013 年若干规定）

中华人民共和国证券法（2005）（2020 年修订）

中华人民共和国票据法（2004）（2011 年实施办法）

中华人民共和国保险法（2002）（2015 年修订）

专著

范健，王建文.商法学[M].北京：法律出版社，2015.

王保树.商法[M].北京：北京大学出版社，2014.

覃有土.商法学[M].北京：中国政法大学出版社，2007.

赵万一.商法[M].北京：中国人民大学出版社，2023.

陈洁.商法学教程[M].北京：当代中国出版社，2024.

施天涛.商法学[M].北京：法律出版社，2024.

徐学鹿，梁鹏.商法总论[M].北京：中国人民大学出版社，2009.

赵旭东.新公司法制度设计[M].北京：法律出版社，2006.

徐强胜.我国合同法中民商合一的规范技术研究[M].北京：北京大学出版社，2024.

李建伟.公司法学[M].北京：中国人民大学出版社，2024.

张卫英.公司法人责任中的两罚制[M].北京：知识产权出版社，2006.

高桂林.公司的环境责任研究[M].北京：中国法制出版社，2005.

谢俊林.中国破产法律制度专论[M].北京：人民法院出版社，2005.

李飞.当代外国破产法[M].北京：中国法制出版社，2006.

叶林.证券法[M].北京：中国人民大学出版社，2013.

杨峰.证券民事责任制度比较研究[M].北京：法律出版社，2006.

张旭娟.中国证券私募发行法律制度研究[M].北京：法律出版社，2006.

赵廉慧.中国信托法[M].北京：高等教育出版社，2024.

胡德胜，李文良.中国票据制度研究[M].北京：北京大学出版社，2005.

温世扬.保险法[M].北京：法律出版社，2016.

朱羿锟.中国商法（英文版）[M].北京：法律出版社，2003.

赖源河. 商事法争议问题研究［M］. 北京：清华大学出版社，2005.

卡拉里斯. 德国商法［M］. 北京：法律出版社，2006.

居荣. 法国商法（第 1 卷）［M］. 北京：法律出版社，2004.

松波仁一郎. 日本商法论［M］. 北京：中国政法大学出版社，2005.

克劳斯，沃特. 公司法与商法的法理基础［M］. 北京：北京大学出版社，2003.

博伊尔. 少数派股东救济措施［M］. 北京：北京大学出版社，2006.

胡普凯斯. 比较视野中的银行破产法律制度［M］. 北京：法律出版社，2006.

相关网站

中国民商法律网 http://www.civillaw.com.cn/

中国政法大学 http://www.cupl.edu.cn/

北京大学法学院 http://www.law.pku.edu.cn/

西南政法大学 http://www.swupl.edu

中国私法网 http://www.privatelaw.com.cn/new2004/index/index.asp

法律教育网 http://www.chinalawedu.com/

中国法学网 http://www.iolaw.org.cn/index.asp

北大法律信息网 http://www.chinalawinfo.com/

中国商法网 http://www.legalinfo.gov.cn/

中国法治网 http://www.sinolaw.net.cn/

经济与法网 http://www.jjyf.com/

后 记

　　桃李待日开,荣华照当年。东风动百物,草木尽欲言。历经几个春秋,本书终于顺利完成,我们既感责任重大,又充满喜悦。本书的编写旨在满足新时代的教育需求,帮助教师更好地完成教学任务,激发学生的学习兴趣,提高教学效果。本书涵盖了民商法学科领域的核心知识点,旨在为学生构建全面的知识体系;内容丰富,既有理论阐述,又有案例分析,有助于学生理解和掌握知识;设计了丰富的互动环节,如课堂讨论、实践操作等,以提高学生的学习积极性;充分利用信息技术,为教师和学生提供了智能化的教学辅助工具。

　　教师在使用本书时,可根据学生的实际情况和教学需求,灵活地调整教学内容和方法。学生在学习过程中,要注重理论与实践相结合,以提高自身的综合素质。教师和学生可利用信息技术提供的资源,拓展知识面,提高学习效率。随着信息技术的不断发展,我们将继续优化教材内容,以提升教学质量。未来,我们期待与更多教育工作者和学生携手,共同推动教育事业的发展。

　　在本书的编撰工作中,有太多的人值得我们感激和致谢。感谢我们的编写团队,你们的专业知识和严谨态度在整个编撰过程中起到了至关重要的作用,你们对于细节的关注和建设性的修改让这本书更加完美。这一路的历程,正是因为有你们的鼎力支持和批评指正而变得更加温暖和有价值。感谢中南大学出版社编辑沈常阳老师,感谢她为本书的编辑和出版做了很多细致的工作。感谢中南大学本科生院综合办杜阳老师,感谢他对本书的规划推进和出版资助提供的大力支持和帮助,确保了本书能顺利投入教学使用。

　　感谢那些在本书编撰过程中给予我们鼓励和支持的师长和学友们,你们的热情反馈和积极互动、你们的认可和鼓励,都是我们创作的源泉,让我们在面对困难和挑战时,始终保持着坚定的信念。感谢那些通过各种方式帮助我们宣传这本书的读者朋友们,你们在朋友圈、微博等平台上分享我们的书籍信息,推荐给身边的朋友,让更多的人知道了这本书,你们的宣传和推广一直在推动着我们不断前行。

　　最后,向所有在我们编撰过程中给予帮助和支持的人们表达最诚挚的谢意。